ARKANA

Buch

Sexualität und Magie sind seit altersher verbunden. So verstanden sich die weisen Frauen des Mittelalters nicht nur auf die Anwendung von Heilkräutern und die Zubereitung von Verhütungsmitteln, sondern auch auf eine aphrodisische Kochkunst. Enrico Malizia und Hilde Ponti laden mit den Hexen zu Tisch: 100 Hexenrezepte für erotische Gaumenfreuden haben sie zusammengetragen. Die Speisekarte reicht von Meeräsche à la Luzifer über Schwarzwald-Kaninchen Johanna von Orleans bis zur Liebestorte. Ausführlich beschreiben die Autoren die Zubereitung jedes einzelnen Gerichts, erklären die Wirkungsweise der Zutaten und das dazugehörige Ritual für die Hexenzeremonie. Darüber hinaus erfährt der Leser Wissenswertes über Dämonen und Hexen sowie über die Zusammenhänge von sinnlichen Wünschen mit Sexualität und der Anatomie der Sinnesorgane.

Autoren

Enrico Malizia ist Professor der Toxikologie an der Universität »La Sapienza« in Rom. Er verfasste über 300 wissenschaftliche Publikationen sowie einige literarische Werke und genießt als Toxikologe internationales Ansehen. Inspiriert von den fantastischen Visionen des mittelalterlichen Malers Hieronymus Bosch setzt er sich seit 25 Jahren mit der Welt der Hexen, Zauberer und Alchimisten auseinander. In seinem Heimatland wurde er mit der goldenen Verdienstmedaille des Gesundheits- und öffentlichen Bildungswesens ausgezeichnet.
Hilde Ponti ist Schriftstellerin und Journalistin und derzeit beim Fernsehen tätig.

Von Enrico Malizia ist bei Goldmann bereits erschienen:
Das Hexenrezeptbuch (21538)

ENRICO MALIZIA
HILDE PONTI

Hexenrezepte für Liebe und Verführung

100 raffinierte Gerichte aus der Tradition der weisen Frauen

Aus dem Italienischen von
Andrea Panster

ARKANA
GOLDMANN

Die italienische Originalausgabe erschien 1998
unter dem Titel »A tavola con le Streghe«
bei Edizioni Mediterranee, Rom.

Deutsche Erstausgabe

Umwelthinweis:
Alle bedruckten Materialien dieses Taschenbuches
sind chlorfrei und umweltschonend.
Das Papier enthält Recycling-Anteile.

Deutsche Erstausgabe November 2001

Umschlaggestaltung: Design Team München
Umschlagabbildung: Guido Pretzl
Satz: Uhl+Massopust, Aalen
Druck: Elsnerdruck, Berlin
Verlagsnummer: 21596
Redaktion: Tancredi De Polzer
WL · Herstellung: WM
Made in Gemany
ISBN 3-442-21596-X
www.goldmann-verlag.de

1. Auflage

Inhalt

Vorwort

Kastrierte Meeräsche »Luzifer«... vier Unzen Wachtelhoden... ein Tongefäß voll Regenwasser... Goldstaub, ersatzweise Safran... ein Kochlöffel aus Eschenholz... gegen den Uhrzeigersinn umrühren...

Das sind nur ein paar Kostproben aus den Rezepten, die von den Autoren mit Witz und Poesie aufgezeichnet und wiedergegeben wurden. Mit Witz und Poesie... die Myrte verdrängt, wo sie wächst, alle anderen Pflanzen – ebenso wie die Liebe...

Auch die Autoren leben jeden Augenblick mit Witz und Poesie, wovon ich mich vor einem Jahr bei meiner ersten Begegnung mit Enrico Malizia in der Fernsehsendung *Uno mattina* überzeugen konnte. Seine klaren, durchdringenden, lachenden Augen nahmen vorweg, was er sagen wollte. Wurden feucht, wenn er über den Saft der Heidelbeeren, Schokolade oder die Maremma sprach. (Worüber sollten wir uns, nachdem wir einander vorgestellt worden waren, schon unterhalten, wenn nicht über das Kochen oder die Maremma?)

Dass ich Toskaner bin, bemerkte Malizia sofort. Dass ich aus dem Arnotal stamme, etwas später. Er fragte mich nach den Märchen von Emma Perodi (ital. Pädagogin und Märchenbuchautorin 1850–1918) und ob ich etwas über die magischen Traditionen des Arnotals wüsste. Ich bejahte, und er bat mich, ihm von den magischen Liebesrezepten zu erzählen. Meine Antwort überraschte ihn sehr. Brot und Butter, sagte ich, seien meines Wissens die besten Aphrodisiaka: Sie hätten immer funktioniert. Bis ich im Alter von etwa fünfzig Jahren, als ich nicht mehr zehn Kilogramm Butter am Tag essen konnte, eine andere Art von Magie entdeckte. Lange Spaziergänge im Wald von Migliarino Pisano, bei denen ich Teppiche von Alpenveilchen bewunderte; die Pflege eines verletzten Damhirschjungen; als ich die kleinen Zentren der Toskana entdeckte; Ausritte in Argentinien; *Thanksgiving* in den USA, mit einem Truthahn aus den Hügeln West-Virginias; die rosa Pfingstrosen des Supramonte bei Orgosolo (Sardinien); Mammutbäume; Bohnen; der Geschmack von Olivenöl, »extra vergine«, duftend von der Pressung; das Bergmassiv des Pratomagno; Schinkenwurst aus Zibello... Natürlich zusammen mit dem geliebten Menschen.

Das zweite Mal, als wir uns begegneten, wieder bei *Uno mattina*, erzählte mir Malizia von dem Buch, an dem er gerade mit einer Journalistin arbeitete, und die instinktive Zuneigung wuchs. Er bat mich sogar, das Manuskript zu lesen, was ich mit großem Vergnügen und wachsendem Interesse getan habe.

Dabei lernte ich auch Hilde Ponti kennen, die Mitautorin eben jenen Buches. Wir unterhielten uns hauptsächlich über eine unserer gemeinsamen Leidenschaften: Gewürze. In der Tat duften die in diesem Text zusammengetragenen und ausgearbeiteten Rezepte nach diesen Wundern der Natur. Ein anderes Mal bat mich Hilde am Telefon bezüglich der Dosierung einiger Zutaten um Rat, da viele mittelalterlichen Texte keine Mengenangaben enthielten.

Ich beglückwünschte sie zu ihrem poetischen Talent, das im Laufe der Gespräche deutlich wurde: Als sei sie selbst eine Hexe, vermochte sie mit wenigen Worten meisterhaft einen Duft zu beschwören! Bei dieser Gelegenheit wies ich sie auch auf den am stärksten duftenden Pilz der Welt hin, den Mairitterling. Ihr Schweigen verriet mir, dass sie sich sehr für das Thema interessierte, und so versprach ich, ihr eines Tages ein Gedicht vorzulesen, das einzig und allein dem Mairitterling gewidmet ist. Ich werde mein Versprechen bei nächster Gelegenheit einlösen – schon weil ich ein Gentleman bin. Wer weiß, auf welche Weise sich die Kreativität, die ich kennen lernen durfte, sonst Bahn brechen wird. Womöglich kreiert Hilde Ponti ein liebliches Gericht, das vielleicht sogar ein kleines bisschen magisch ist.

Nach Abschluss meiner Lektüre bin ich zu folgenden Schlussfolgerungen gelangt: Nichts ist der Liebe – das Wort Sex mag ich nicht – abträglicher als Fast Food und Cola, worin mir die Statistiken Recht geben. Die Poesie, der Zauber, das Schöne und das Gute sind es, die der Liebe Nahrung geben.

Warum sollten Sie diese Rezepte also nicht probieren? Mit dem geliebten Menschen oder – dann und wann – auch alleine…

Rom, Juli 1997

GIUSEPPE BIGAZZI
Gran Maestro della Gioconda
Accademia del Mestolone

Einleitung

Es ist bekannt, dass die Französische Revolution Voltaires Vernunft verherrlichte und der Positivismus alles verneinte, was man nicht mit den Händen greifen konnte – ganz besonders das Übernatürliche. Es dürfte also kaum verwundern, dass der Großteil der Wissenschaftler und vor allem die Anthropologen, die sich ab Mitte des vergangenen Jahrhunderts wissenschaftlich mit Dämonologie, Hexerei und Magie auseinander setzten, verblüfft oder völlig ungläubig zurückblieben. Die Kirche räumte im Gegensatz dazu diese Phänomene ein und stellte sie unter Höchststrafe.

Der Sabbat, die Zusammenkünfte, das so genannte Teufelsmal, die Flugsalben und andere Praktiken sowie der Glaube an die Kräfte, der bis heute in der Vorstellung der Menschen überlebt hat, wurden von den Skeptikern ohne wissenschaftlichen Gegenbeweis als reine Erfindung, wenn nicht sogar Schwindel, verworfen.

Anfang des 20. Jahrhunderts erfuhren Dämonismus, Hexerei und Magie in der Bevölkerung einen neuen Aufschwung. Die Menschen waren von der industriellen Revolution enttäuscht und wollten an Wunder, an unerklärliche und übersinnliche Vorgänge, an Märchen und Mythen glauben können, obgleich sie wussten, dass diese eine Illusion waren.

Deshalb überrascht es nicht, wenn gerade diese Bereiche wichtige Forschungsgebiete für viele moderne Wissenschaftler sind. Schließlich repräsentieren sie mehr als ein Jahrtausend der westlichen Kultur (und eine noch größere Zeitspanne der asiatischen, afrikanischen und südamerikanischen Kulturgeschichte). Sie haben nicht nur überlebt, sondern gelangen in der Bevölkerung der Industrieländer zu neuer Blüte.

Hier setzt die anthropologische Forschung unter Zuhilfenahme aller anderen positivistischen Disziplinen an, um zu klären und zu prüfen, welche übernatürlichen Praktiken und Kräfte tatsächlich wissenschaftliche Gültigkeit haben.

Auch wir haben die Hexenrezepte, die angeblich Wunder wie das Fliegen am Sabbat bewirken, die Liebestränke, welche die Potenz steigern und fruchtbar machen sollen, sowie den Gebrauch von Giften und Gegengiften im Licht der neuesten Erkenntnisse studiert und bewertet und sie zum Gegenstand unseres Vorgängerbuches mit dem Titel *Das Hexenrezeptbuch* gemacht.

In der vorliegenden Arbeit untersuchen und kommentieren wir dagegen andere »magische« Rezepte, nämlich Kochrezepte. Sie sollen in der Lage sein, eine schlummernde Sexualität wieder zum Leben zu erwecken. Es handelt sich hier um wahrlich teuflische Kreationen – und das nicht nur, weil die Kräuterhexen es behaupten. Diese Frauen, die wir als die »esoterischen Pharmazeutinnen des Mittelalters« bezeichnen, widmeten sich der Hexerei, sammelten Naturprodukte – vor allem Kräuter – und verarbeiteten sie so, dass sie eine bestimmte Wirkung hatten. Sogar die »echten« Hexen, die schwarzen Hexen, die nicht nur Zauber wirkten und um die Chemie wussten, sondern auch obskure, schwarzmagische Praktiken anwandten und mit Dämonen Kontakt aufnahmen, glaubten daran. In der Tat versicherten sie gewöhnlich, der Teufel habe ihnen diese Rezepte diktiert, damit sie sie zu gegebener Zeit an die Menschen weitergäben und diese sich der Sünde der Wollust schuldig machten, was meist den Verlust des Paradieses und ewige Verdammnis nach sich zog.

Nun ist es an der Zeit, dass wir uns einiges etwas genauer ansehen.

Die Wunderheilungen, inzwischen ein Aspekt der alternativen Medizin, sowie die Verarbeitung und der Handel mit Kräutern gehören heute in den Bereich der Pflanzenheilkunde. Diese meist ganz und gar weiße Magie mag zwar theologisch verdammenswert sein, befindet sich aber auf einer völlig anderen Ebene als die schwarze Magie und ist in jedem Fall der Volksheilkunde zuzurechnen. In der Tat meint Hexerei *sensu structiori* die Goetie, die schwarze Magie, insofern als auch nur diese in den Prozessen angeklagt wurde. Weiße Magie wurde mündlich oder schriftlich von der Mutter an die Tochter oder innerhalb eines Hexenzirkels weitergegeben. Da die meisten Hexen Analphabetinnen waren, wurden die Manuskripte von den wenigen Hexen, die schreiben konnten, von Magiern oder Alchemisten abgefasst. Im letzten Fall gingen die Texte in Werke und Kodexe der Naturmagie oder Anleitungen ein, die teilweise auch von Gelehrten wie Gerolamo Cardani, Georgius Agricola und Paracelsus verfasst wurden. Möglich wäre zudem, dass Literaten oder Kopisten ihren Nutzen aus den Rezepten zogen und sie aufzeichneten, um sie bestimmten Kreisen zugänglich zu machen. Man glaubte, Hexen, die sich der schwarzen Magie verschrieben hatten, seien für Schadenszauber verantwortlich, welche die Sexualität blockieren, Unfruchtbarkeit und Krankheiten hervorrufen und sogar zum Tode führen können. Wirkungen, die mit großer Wahrscheinlichkeit auf Gift zurückzuführen waren, weshalb diese Hexen auch als Giftmischerinnen bezeichnet wurden. *Strix* (Eule) nannte man Hexen, die behaupteten, fliegen zu können.

Ein weiteres schwarzmagisches Phänomen war der böse Blick, der seinen Opfern schaden, ja sie sogar töten konnte. Meist wurde dazu eine kleine Wachsfigur angefertigt, die das Opfer darstellen sollte, und mit Nadeln durchbohrt. Auf diese Weise glaubte man, denjenigen tödlichen Schaden zufügen zu können, die man im Auftrag anderer oder im eigenen Interesse beseitigen wollte. Auch andere übernatürliche Kräfte werden derzeit erforscht, darunter die Lykanthropie, der Vampirismus, die Möglichkeit, sich Teufel dienstbar zu machen, mit einem Intimus zu arbeiten (einem Tier, das die Hexe vom Teufel bekommt), sowie die Fähigkeit, Unruhe zu stiften.

Die schwarzen Hexen, nicht etwa die Scharlatane, waren fest davon überzeugt, alle diese Dinge bewirken zu können, und handelten in der Gewissheit, ihrem Herrn, dem Teufel, zu dienen. Worauf sich dieser Glaube stützte, lässt sich derzeit nicht sicher sagen. Man nimmt an, dass es sich entweder um ein Überbleibsel primitiver Religionen, ein autosuggestorisches Phänomen oder um Selbstherrlichkeit handelte, für die nicht nur die Hexen teuer bezahlen mussten. Tausende von Frauen, die keine Hexen waren, fielen der Massenhysterie oder der Rache Einzelner zum Opfer und wurden unschuldig angeklagt. Das 19. (siehe *Die Hexe* von Jules Michelet) und 20. Jahrhundert (siehe *Die Teufel von Loudun* von Aldous Huxley und *Die Hexenjagd* von Arthur Miller) liefern uns genaue, auf den Prozessakten basierende Beschreibungen, deren meisterhafte Darstellung erschüttert.

Die in diesem Band gesammelten Rezepte werden häufig als »teuflisch« bezeichnet. In der Tat sehen diejenigen, die an diese übernatürliche Kraft glauben, in diesen Rezepten Werkzeuge, mit deren Hilfe Satan die Menschen durch die Hexen in Versuchung führt. Im Übrigen galt das gemeinsame Essen schon immer als Auftakt zur Sexualität.

In den Kommentaren haben wir versucht, die Frage zu beantworten, ob diese Rezepte in der Lage sind, den Gaumen zu befriedigen und die Sexualität anzuregen. Dabei sollte man nicht vergessen, dass in diesem Bereich die Fantasie, die psychische Verfassung des Einzelnen sowie die Umgebung eine große Rolle spielen.

Die kurze Schlussbemerkung befasst sich mit der Frage, was man unter einem Aphrodisiakum versteht, welche Aphrodisiaka es gibt, ob sie im Licht der modernen Wissenschaft Bestand haben oder ob es sich nicht vielmehr um den Ausdruck eines Seelenzustandes handelt, ausgelöst von Verlangen, Erinnerung und Fantasie. Den Schlusspunkt setzt die moralische Bewertung der Aphrodisiaka.

Die Rezepte

1 Die langen Küsse der Venus

Zutaten

Ein halbes Pfund Blütenblätter der Gartenrose, ein halbes Pfund Veilchenknospen, ein halbes Pfund Akazienblüten, ein halbes Pfund Holunderblüten oder die gleiche Menge Orangen- oder Zitronenblüten, eineinhalb Pfund gelbe Äpfel, ein halbes Pfund Pfirsiche und ein halbes Pfund Aprikosen – jeweils ohne Kerne –, ein Glas Malvasier, eine Gewürznelke, Zimtpulver, ein Büschel Pfefferminze, ein Büschel Enzian, ein Lorbeerblatt, ausreichend Mehl, ein Ei, eine Prise Salz, eine Prise Ingwer, ein halbes Glas Quellwasser, eine Hand voll Pinienkerne, Olivenöl, ein Pfund Blütenhonig aus der Macchia, drei Unzen Waldhonig.

Zubereitung

Ein halbes Pfund Blütenblätter der Gartenrose, dieselbe Menge Veilchenknospen, Akazienblüten sowie Orangen- und Zitronenblüten oder Holunderblüten in eine Schüssel geben, mit einer Schicht Blütenhonig bedecken und eine Stunde ruhen lassen.

Anschließend die hocharomatische Mischung umrühren und mit eineinhalb Pfund gelben, geschälten und in Scheiben geschnittenen Äpfeln bedecken. Das Fruchtfleisch von je einem halben Pfund zuvor entkernten Pfirsichen und Aprikosen in Scheiben schneiden und ebenfalls darüber geben.

Eine weitere halbe Stunde ruhen lassen, dann alles mit einem Glas Malvasier übergießen, in dem eine Nelke dreißig Tage gezogen hat. Zimtpulver, je ein Büschel Pfefferminze und Enzian sowie ein Lorbeerblatt dazugeben.

Mit einem Haselnusszweig einen Kreis um die Schüssel ziehen, die von nun an immer mit einem Tuch aus roher Baumwolle bedeckt sein muss, und sieben Mal im Geiste den Dämon Abraxas anrufen.

Aus Mehl, einem Ei, einer Prise Salz, einer Prise Ingwer und einem halben, mit einer Hand voll Pinienkernen vermischten Glas Quellwasser einen dünnflüssigen Teig herstellen. Den Teig gegen den Uhrzeigersinn glatt rühren.

Anschließend die vorbereitete Mischung aus dem magischen Kreis nehmen. Mit den Händen kleine Küchlein formen, durch den Pfannkuchenteig ziehen und im heißen Öl ausbacken. Abtropfen lassen und die Küchlein mit geschmolzenem Waldhonig beträufeln, solange sie noch lauwarm sind.

Falls die Sinne eingeschlummert sind, werden sie, kurz nachdem man diese Leckerbissen verkostet hat, ganz gehörig geweckt.

Kommentar

Die Blütenblätter der Rose, die Veilchen, Akazien-, Orangen-, Zitronen- und Holunderblüten wurden erstmals mit dem Mythos der Entführung Proserpinas durch Pluto, den Gott der Unterwelt, in Verbindung gebracht. Nach der Tat setzten die Blumen, die üppig auf der Wiese, dem Schauplatz der Entführung, geblüht hatten, weder Knospen noch Blüten oder Früchte an.

Ebenfalls der Mythologie zufolge erwuchsen Rosen und Veilchen aus dem Blut des wunderschönen Jünglings Adonis, in den Venus sich verliebt hatte. Zudem sollen die Rosen am selben Tag erblüht sein, an dem die Göttin auf der Insel Zypern dem Meeresschaum entstieg.

Jupiter ließ Veilchen in Ägypten entlang des Weges sprießen, den seine in eine weiße Kuh verwandelte Geliebte Io nahm, als sie dem Zorn Junos zu entfliehen versuchte.

Der Sage nach entsprangen diese Blumen dem Blut des Hermaphroditen Agdistis, eines Sohns des Zeus. Agdistis entbrannte in feuriger Liebe zu seinem eigenen Sohn, dem wunderschönen, von Göttern und Menschen gleichermaßen begehrten Attis. Der Gott des Rausches und des Weins, Dionysos, berauschte Agdistis und entmannte ihn daraufhin. Aus dem abgetrennten Geschlecht erwuchs später ein Mandelbaum, nach anderen Quellen war es ein Granatapfelbaum.

Kränze aus Rosen und Veilchen schmückten im alten Rom die Gräber an den Tagen des Totengedenkens *(dies violaria et rosaria)* und die Bankette zu Ehren des Gottes Dionysos und der Bacchantinnen. Nero liebte die Rosenblüten so sehr, dass einer seiner Freunde sich ruinierte, als er ihm zu Ehren und um sich bei ihm beliebt zu machen, für mehr als viertausend Sesterzen ein mit diesen Blumen geschmücktes Bankett ausrichtete.

Im Mittelalter war die Rose das Zeichen der Liebe. Die weiße Rose stand für die mystische Liebe, wie etwa zur Mutter Gottes, die rote Rose war das Symbol der Leidenschaft. Blaue Veilchen bedeuteten Treue, violette Veilchen Reue, purpurrote Veilchen unwiderstehliche Liebe und Glück.

Diese Blumen waren Symbole der Liebe und des Todes und wurden als solche von vielen Dichtern besungen –

von Anakreon bis Sappho, von Alcaeus bis zu dem unbekannten Autor der *Antologia Palatina*, von Bonvesin de la Rivas *Disputatio rosae cum viola* bis zum *Rosenroman*, von Dantes *Rime* bis hin zu Lorenzo de' Medici, von Angelo Polizianos *Ballata delle rose* bis zu Matteo Boiardo, von Torquato Tasso bis zu Giacomi Leopardis *Samstag im Dorf*, von Giuseppe Verdis *Violetta Valery* in *La Traviata* bis zu Umberto Ecos *Der Name der Rose*.

Die Rosenkreuzer wählten Rose und Kreuz zu ihrem Symbol, während die Rose allein die Loge der Freimaurer repräsentiert. Martin Luther schmückte sein Emblem mit ihr. Die weiße Rose im Wappen des Hauses York bekämpfte die rote Rose des Hauses Lancaster. Die Tudors, die dem erbitterten Kampf zwischen den beiden Häusern ein Ende setzten, vereinten beide Rosen in ihrem Wappen.

Die Rose

In der Alchemie steht die Rose – weiß und rot – für dualistische Systeme. Da einige Rosen sieben Blütenblätter besitzen, wird die Rose mit den sieben Planeten und den sieben Metallen in Verbindung gebracht. Der fünfte Absatz der *Tavola di Rubino*, eines kabbalistischen Werkes, lautet: »Und er hat im Bösen geherrscht, im Blut jenseits der Rose, in der Abscheu der Vier.« Ein Vers, dessen verborgene Bedeutung auf die magische Kraft dieser Blume, Böses, Unheil, gewaltsamen Tod und Schande zu verhindern, hinweist.

Rosen, Veilchen und Blumen anderer Art wuchsen in den Gärten des alten Rom, auf Malmaison, dem Schloss Josephines und Napoleons, und auf Schloss Sissinghurst in Kent, um die zahlreichen Liebschaften der Schriftstellerin Vita Sackville West zu feiern. Am bekanntesten dürfte wohl ihre Beziehung zu Virginia Woolf gewesen sein.

Abgesehen von Symbolgehalt und Geschichte hat die Kombination dieser fünf Blüten eine stark erotisierende Wirkung, da sie das Auge und auf Grund des intensiven und durchdringenden Duftes der Orangen- und Zitronenblüten sowie in geringerem Maße der Akazien und des Holunders noch mehr die Nase stimuliert.

Die gelben Äpfel werden mit Pfirsichen und Aprikosen vermischt. Der Apfel ist seit jeher ein Zeichen der Liebe: von dem Apfel, den Eva Adam darbot, bis hin zu dem Apfel, den Dionysos Venus gab; vom Urteil des Paris bis hin zu Herkules, der zur Strafe unter anderem die Aufgabe bekam, die goldenen Äpfel aus dem Garten der Hesperiden zu holen.

Apfel und Sexualität gehören zusammen: Laut Catull kam es einer Liebeserklärung gleich, wenn man jemandem einen Apfel zuwarf. In Athen gehörte es zur Hochzeitszeremonie, dass Ehepaare gemeinsam einen Apfel verzehrten. Die blühenden Gärten der Liebe waren, ob bei Griechen oder Kelten, voll von Apfelbäumen.

Dioskurides bezeichnet die Äpfel wegen ihres Geschmacks und einiger dem Honig ähnelnder Wirkungen als *appie melimele*, die roten als *epirotiche* oder *orbicolate*.

Im Märchen fiel Schneewittchen nach dem Biss in einen verzauberten Apfel in einen tiefen Schlaf. Ursprünglich sollte die Frucht sie töten, belegte sie aber dann mit einem Bann, der nur durch einen Akt der Liebe gebrochen werden konnte: den Kuss des Prinzen. Auch in den Legenden dient der Apfel oft als Mittler, ja er ersetzt sogar den Pfeil

Amors, zum Beispiel, als eine Fee dem Sohn des Sagenkönigs Conn einen Apfel zuwirft. Einen Monat später ist der verzauberte junge Mann gezwungen, ihr zu folgen, Sklave eines Gefühls, das stärker ist als er.

Abgesehen von ihrer symbolischen Bedeutung sind die Süße und der üppige Geschmack dieser Früchte in der Lage, über den Geschmackssinn die Sexualität zu beeinflussen.

Der Malvasier ist ein aus einer süßen Traube gekelterter Wein. Bereits vor mehr als 5000 Jahren wurde die Rebe in der Ebene von Mesopotamien angebaut. Der Wein, Produkt eines Fermentationsprozesses, galt bei den meisten orientalischen Kulturen als göttliches und heiliges Getränk. Die Babylonier setzten ihn bei öffentlichen Festen und in den Tempeln als Rauschmittel ein. Die vom Wein Berauschten vereinigten sich mit den Priesterinnen, die die Liebesgöttin Ishtar verkörperten. König und Würdenträger durften zuerst ihr Verlangen stillen. Auch an das Volk wurde Wein ausgeschenkt, so dass sich das Fest in eine Massenorgie verwandelte. Die genaue Rezeptur dieses Getränks ist nicht bekannt. Man weiß jedoch, dass es aus zerdrückten Trauben und Datteln bestand, die mit Gewürzen und berauschenden Substanzen vermischt wurden.

Ähnlich verhielt es sich im alten Ägypten, wo dem Wein *magische* Kräuter wie Alraune, Bilsenkraut, Cota und blaue Seerose beigemischt wurden. Berühmtheit erlangte der Wein Kleopatras, der Opium und halluzinogene Nachtschattengewächse wie Tollkirsche (Belladonna), Alraune und Stechapfel enthielt.

In der Bibel gibt es ebenfalls Berichte über den Weinbau, gleichzeitig wird auf die nachteilige Wirkung übermäßigen Weingenusses hingewiesen. Lehrreich sind in diesem Zusammenhang die Geschichte des betrunkenen Noah, der nicht merkt, dass es sein Sohn Cam ihm gegenüber an Respekt fehlen lässt, sowie die Erzählung von den Töchtern Lots, die den Vater betrunken machen und sich zu ihm legen, um Kinder von ihm zu empfangen.

Etwas später wurde der Wein bei Griechen und Römern zum göttlichen Getränk des esoterisch-erotischen Kultes des phallischen, trunkenen Gottes Dionysos Bacchus, dessen Wurzeln in Thrakien und Piräus liegen und der begleitet von einer Schar Satyrn und Nymphen über Asien nach Griechenland kam. Wie aus dem Rezept hervorgeht, wurde die erotisierende Wirkung des Weines mit vielen weiteren Zutaten gesteigert. In der Praxis bedeutete das, dass der Wein mit Pflanzen, die als Aphrodisiaka und Halluzinogene galten, zu einer gekonnten Mischung verarbeitet und anschließend im Verhältnis eins zu drei mit Wasser verdünnt wurde. Die größte Bedeutung kam in diesem Zusammenhang offenbar dem Fliegenpilz oder *amanita muscaria* zu. Er enthält zahlreiche psychoaktive Substanzen, die Wichtigste ist das Muscimol.

Vom Mittelalter und der Renaissance bis heute stand demnach der Wein in der Massenerotik an erster Stelle. Noch heute ist er neben dem Bier und den hochprozentigen Getränken das wichtigste sexuelle Stimulans. Eine Wirkung, die vorwiegend auf seinen Alkoholgehalt zurückzuführen ist.

Im vorliegenden Rezept wird der Malvasier mit Zimt aromatisiert. Seit Jahrtausenden wird aus diesem duftenden Gewürz ein stimulierendes Öl mit stark erregender Wirkung gewonnen, die es besonders dann entfaltet, wenn es auf die Genitalien aufgetragen wird. Zudem wird das Getränk mit Pfefferminze, der Pflanze Aphrodites, mit Enzian und Lorbeer versetzt, die wir später besprechen werden.

Die Anrufung des Dämons Abraxas verleiht dem Gericht zusätzlichen suggestiven Reiz.

Dieser Dämon, der auf Abbildungen mit dem Kopf eines Hahnes, den Füßen eines Drachens und einer Peitsche in der Hand dargestellt wird, war der Gott der gnostischen Sekte der Basaliden. Diese wurden nach ihrem Gründer und Meister Basalides benannt, der im zweiten Jahrhundert nach Christus im ägyptischen Alexandria lebte. Basalides behauptete, der Evangelist Matthäus habe ihm die Lehre, die er predigte, verkündet. Diese beinhaltete eine komplizierte Kosmologie, die auf Mani zurückgreifend auf einem Dualismus von Gut und Böse, Gott und Teufel basiert. Basalides widmete sich in zahlreichen Schriften dieser Lehre, darunter ist auch ein 24-bändiges, mit Anmerkungen versehenes Evangelium, das restlos verbrannt wurde. Die Basaliden stellten Abraxas auch auf andere Weise dar: mit dem Kopf eines Königs und Schlangen als Zehen. Die magische Formel *Abrakadabra* leitet sich vom Namen dieses Dämons ab, dessen Buchstaben im Griechischen die Zahl 365 ergeben und dem folglich die Geister aller 365 Tage des Jahres unterstehen. Die Darstellung mit dem Kopf eines Hahnes und der Peitsche zeigt Abraxas als Herrscher des hemmungslosen Sadomasochismus.

Die weiteren Zutaten des Rezeptes, hauptsächlich Eier, Ingwer und Pinienkerne, werden später analysiert.

Zusammenfassend lässt sich sagen, dass dieses Gericht nicht nur der Geschmackssinn befriedigt, sondern auch einen sexuellen Reiz auslösen kann.

2 Explosiver Schweinebraten

Zutaten

Ein Stück Schweinefleisch, Weißweinessig, eine Hand voll Fenchelsamen, eine Prise Koriandersamen, die gleiche Menge Damiana, zehn Wacholderbeeren, zwei Prisen schwarzer Pfeffer, eine Prise Muskatnuss, Salz, Schweinefett, Olivenöl, ein kleines Glas Wacholderschnaps, ein Tropfen Kardamomessenz.

Zubereitung

Die Geschichte dieses ganz besonderen Gerichtes lässt sich bis etwa in die Jahre 1438–1445 zurückverfolgen, als in Florenz das berühmte Konzil (das einzige, bei dem die Stadt mit der Lilie Gastgeber war) zur Klärung der Schwierigkeiten zwischen römisch-katholischer und orthodoxer Kirche stattfand. Bei einer der Mahlzeiten für die Prälaten beider Kirchen wurde ein Schweinebraten serviert, der den griechischen Bischöfen so sehr schmeckte, dass ihr Metropolit Velluti Zati ausrief: »Arista!« (Hervorragend!).

Von diesem Augenblick an hieß der Schweinebraten in Florenz *arista*. Die Nachricht verbreitete sich in Windeseile, bis schließlich eine Wirtin ein Gericht für diejenigen ihrer Gäste ausarbeitete, die sich im Anschluss an das Essen mit ihr aufs Zimmer zurückzogen. Gegen 1500 wurde das Gericht von einigen Kräuterhexen aus der Stadt Castelluccio wiederentdeckt und perfektioniert. Man nennt es auch *Explosiver Braten*. Der Leser möge guten Gebrauch davon machen!

Haut und Fett entfernen. Dann das Stück Schweinefleisch mit Weißweinessig abwaschen und mit einem Jutetuch trockentupfen. Anschließend sofort eine Handvoll Fenchelsamen, eine Prise Koriandersamen, eine Prise Damiana, die Wacholderbeeren, zwei Prisen schwarzen Pfeffer, eine Prise Muskatnuss sowie ein wenig Salz in einem Steinmörser zerstoßen.

Das Fleisch mit einem scharfen Messer einschneiden, spicken und überall großzügig mit dem vorbereiteten Pulver einreiben.

Mit Schweinefett und etwas Olivenöl in einen Bräter geben. Etwa eine Stunde bei mäßiger Hitze im Ofen braten.

Zehn Minuten vor Ende der Garzeit ein kleines Glas Wacholderschnaps und einen Tropfen Kardamomessenz aufgießen.

Wer seinem Partner dieses Gericht heiß serviert, kann anschließend jedem Wunsch Ausdruck verleihen, ohne fürchten zu müssen, dass er unerfüllt bleibt.

Kommentar

Der Schweinebraten bewirkt einen starken Blutstau im kleinen Becken und den Genitalien.

Dem Fenchel, einer besonders stark duftenden Pflanze, sagte man nach, er rege die Milchproduktion sowie die Ausscheidung von Urin und Menstruationsblut an, entgifte die Nieren und verleihe große körperliche Stärke. Um die Muskeln zu stählen, würzten die römischen Gladiatoren alle Speisen damit. Auch im Mittelalter und der Renaissance war der Fenchel wegen dieser Wirkung ausgesprochen beliebt. Man schätzte ihn so sehr, dass siegreiche Athleten mit einem Fenchelkranz geschmückt wurden. Im Mittelalter feierte die Pflanze anderweitig Triumphe: Man streute sie auf die Straßen, über die das Allerheiligste getragen wurde.

Der aus Indien stammende Kardamom (*elettaria cardamomum*) war bereits im antiken Griechenland und in Rom bekannt. Man erzählt, Dioskurides habe ihm seinen Namen gegeben. Das Gewürz *Amomum* roch angenehm nach Ingwer und fand in der Küche, als Aphrodisiakum sowie in der Medizin Verwendung. Heute lässt sich auch erklären warum. Die Kapseln enthalten bis zu acht Prozent eines ätherischen Öls, das auch für die anregende Wirkung verantwortlich sein soll.

Koriander, der seit Urzeiten als Gewürz verwendet wird, wird aus den Samen der Pflanze gewonnen und verströmt beim Mahlen das typische Aroma. Im alten Ägypten und in Palästina galt Koriander als Aphrodisiakum. Man glaubte auch, er erhöhe die Fruchtbarkeit, so dass Dioskurides ihn in Verbindung mit Wein (*Korianderwein*) zur Steigerung der männlichen Samenproduktion empfahl.

Der Damiana-Strauch verströmt auf Grund des in der gesamten Pflanze enthaltenen ätherischen Öls einen besonderen Duft. Wegen dieses Öls wurde er zuerst von den indianischen Hochkulturen, dann auch in Europa und Nordamerika als Aphrodisiakum geschätzt. Die Pflanzenteile können getrocknet und geraucht oder als Aufguss getrunken werden. Am wirkungsvollsten ist jedoch ein Alkoholextrakt. Die ersten Informationen über die Pflanze, die auch bei Asthma und anderen Krankheiten eingesetzt wird, haben wir den Maya zu verdanken. Ihren jetzigen Namen gab ihr der Missionar Juan Maria de Salvatierra, der sie Ende des 17. Jahrhunderts nach dem heiligen Damian, einem der griechischen Zwillingsbrüder und ersten christlichen Märtyrer, benannte. Die Zwillinge mussten schreckliche Qualen erdulden, wurden in Ketten gelegt und ins Meer geworfen, auf dem Scheiterhaufen verbrannt und ans Kreuz geschlagen, aber jedesmal von einem Engel errettet, bis man sie schließlich im Jahre 303 nach Christus enthauptete. Nach ihrer Heiligsprechung wurde Kosmas der Schutzheilige der Ärzte, Damian der Heilige der Apotheker.

Wacholderbeeren verbrannte man in der Antike und im Mittelalter, um die Luft zu reinigen und böse Geister zu vertreiben. Auf dem Land gibt es diesen Brauch bis heute. Die Pflanze war den drei Erinnyen oder Eumeniden (»Wohlgesinnten«) oder auch Semnai (»Ehrwürdigen«) geweiht, die später zu chthonischen Göttinnen (Göttinnen der Unterwelt) wurden. Sie hießen Megaira, Allekto und Teisiphone. Die Töchter der Gaia, die aus dem bei der Entmannung des Uranos vergossenen Blut erschaffen und in die Unterwelt verbannt worden waren, bieten einen fürchterlichen Anblick: Ihr bedrohliches Antlitz ist von Schlangen anstelle von Haaren umgeben, in den Händen halten sie Fackeln und Peitschen. Ihre Aufgabe war es, Meineidige und Verbrecher zu bestrafen – besonders wenn das Blut der eigenen Familie an ihren Händen klebte. Die Erinnyen konnten auch als gnädige Göttinnen erscheinen, die Wohlstand und Fruchtbarkeit brachten. Der Rauch grüner Wacholderzweige war ein Opfer für die Götter der Unterwelt. Die Beeren wurden dagegen bei Begräbnissen verbrannt, um weiteres Unglück abzuwenden. Durch Destillation entstehen hochprozentige Alkoholika wie etwa Gin, deren anregende Wirkung ebenso bekannt ist wie ihre Fähigkeit, einen sehr starken Blutzufluss ins kleine Becken zu bewirken.

Wenden wir uns nun dem magisch duftenden Pfeffer zu, von dem es zwei große Gruppen gibt: Da ist zum einen der seit der Antike bekannte *piper* oder Pfefferbaum. Zum anderen gelangte die scharfe Chilischote oder *capsicum* nach der Entdeckung Amerikas nach Europa. Beide Pfeffersorten gehören mit allen ihren Unterarten zu den am meisten geschätzten Gewürzen. Eine stark aphrodisierende Wirkung sagt man dem Pfeffer wohl deshalb nach, weil er unter anderem das Alkaloid Peperin enthält, das in der Lage ist, Kontraktionen der glatten Muskulatur, auch der der Sexualorgane, auszulösen. In Süditalien wie auch in Indien kommt den »teuflischen« Chilis die größte Bedeutung von allen Gewürzen zu. Sie reizen die Schleimhäute im Unterleib und verursachen auf diese Weise einen Blutstau im kleinen Becken. Ihr Duft soll, besonders dem Gedankengut des Mittelalters und der Satanisten zufolge, amourösen Unternehmungen zuträglich sein und sie unterstützen. Zudem wird behauptet, Chilischoten könnten auf Grund ihrer angeblich magnetischen Kräfte einen Liebeszauber bewirken, der, wie die Anhänger des Magnetismus meinen, selbst aus der Ferne erfolgreich ist. Auch der aus Indonesien stammende Kubebenpfeffer (*piper cubeba*) enthält Stoffe, die die sexuelle Aktivität steigern.

Bei der Muskatnuss handelt es sich um den Samen der *myristica fragrans*. Die Muskatnuss hat eine oval-runde Form, eine harte, glänzend braune Schale und verfügt dank ihres ätherischen Öls über einen außergewöhnlichen Geschmack und Duft. Dieses Gewürz, das sowohl in der Küche als auch in der Parfümherstellung breite Verwendung findet, reizt sowohl Gaumen als auch Genitalien. Ende des 15. Jahrhunderts empfahlen Kupplerhexen den Frauen, die mehrmals hintereinander mit einem Mann schlafen wollten, im Ganzen verzehrte und den Fäkalien wieder entnommene Muskatnüsse und Pfefferkörner zu verabreichen. Die Vorgehensweise war genau festgelegt: Die Frau schluckte Samen und Körner, die sie, nachdem sie sie wieder ausgeschieden hatte, unter besonders schmackhafte Speisen mischen und dem Angebeteten zu essen geben musste. Sowohl in Asien als auch in Europa wurde die Muskatnuss bis zum 15. Jahrhundert als zuverlässiges Aphrodisiakum eingesetzt. In der Tat enthält sie ein stimulierendes ätherisches Öl, dessen Hauptbestandteil das *Myristicin* ist. Dabei handelt es sich um den Ausgangsstoff für die Gewinnung von MDA, woraus MDMA oder *Ecstasy* hergestellt wird.

Fazit: Dieses Gericht hat ohne Zweifel eine unspezifische, sexuell anregende Wirkung. Es ist also anzunehmen, dass die orthodoxen Bischöfe in Florenz erheblich zu kämpfen hatten, um den Versuchungen des Teufels zu widerstehen und keine Sünde zu begehen.

3 Hasenkroketten

Zutaten

Eine Prise Salz, eine Prise Ingwer, eine Prise gemahlene Myrten- und Wacholderbeeren, weitere Gewürze, drei Knoblauchzehen, ein Walnusskern, einige Tropfen Aleatico, vier Skrupel geriebener Käse, zwei Skrupel Brotkrumen, Milch, Maismehl (ersatzweise Semmelbrösel), Gänsefett oder Olivenöl.

Zubereitung

Einen Hasen braten, das Fleisch vom Knochen lösen und fein hacken. Mit je einer Prise Pfeffer, Salz, Ingwer, gemahlenen Myrten- und Wacholderbeeren sowie den anderen Gewürzen würzen. Gut vermischen und drei zerdrückte Knoblauchzehen, eine Walnuss und ein paar Tropfen Aleatico daruntergeben.

Falls möglich, die Mischung ein paar Stunden in das Fell des Hasen einwickeln. Dadurch wird sie von allen schädlichen Einflüssen befreit. Man kann die Mischung aber auch ebenso lange in einer Schüssel ruhen lassen, die zuvor mit einer Hand voll Eichenblätter gewaschen wurde.

Anschließend die Mischung in eine andere Schüssel geben, mit vier Skrupel geriebenem Käse und zwei Skrupel in Milch eingeweichter und sorgfältig ausgedrückter Brotkrume vermengen. Ein sehr frisches, möglichst von einem noch warmen Ei stammendes Eigelb hinzugeben und die Farce ein paar Minuten umrühren.

Kleine Kroketten formen, in Maismehl (oder Semmelbröseln) wenden und in Gänsefett oder Olivenöl ausbacken.

Man sagt, diese Leckerei löse bei beiden Geschlechtern brennendes Verlangen und sinnliche Fantasien aus.

Kommentar

Das Fleisch des Hasen ist, wie das Wild im Allgemeinen, nicht nur die Basis besonders schmackhafter Gerichte, sondern auch sexuell anregend. Sei es, weil es wärmt und einen Blutstau bewirkt; sei es, weil dieser Leckerbissen mindestens drei der fünf Sinne und auf diese Weise auch den sechsten anregt. Die Wirkung lässt sich noch steigern, wenn man das Fleisch so zubereitet, dass es in jeder Hinsicht einladend ist.

Die Griechen nannten den Hasen wegen seiner großen Ohren *lagos*, und für seinen Geschmack gebührt ihm Martial zufolge die größte Ehre unter den Vierbeinern: »Inter quadrupedes gloria prima lepus.«

Die Wirkung von Pfeffer und Wacholderbeeren wurde bereits in Rezept Nummer zwei beschrieben.

Ingwer

Der Ingwer oder *zingiber officinalis* ist eine mehrjährige, in den asiatischen Tropen beheimatete Staude. Das äußerst aromatische und scharfe Gewürz wird aus der Wurzel hergestellt und auch in verdauungsfördernden Arzneimitteln verwendet. Seit einem Jahrtausend ist der Ingwer Hauptbestandteil von Soßen und Süßspeisen der orientalischen und angelsächsischen Küche und findet zudem in *Currymischungen* und *Ginger ale* (Ingwerbier) Verwendung. Um die Sinne zu schärfen, arbeiteten Kochkunst, Gewürz- und Parfümherstellung Hand in Hand mit den Hexen. Ihr gemeinsames Ziel war es, Vergnügen zu bereiten, die Gesundheit zu fördern, die Spermaproduktion anzuregen, den Beischlaf herbeizuführen sowie das Herz zu erfreuen und zu stärken. Die subtilen Aromen steigern das sinnliche Empfinden und damit auch den sexuellen Reiz. Sie haben das erotische Arzneibuch des späten Mittelalters, der Renaissance und des Barock um prächtige Rezepte voll Überfluss, wie das vorliegende, erweitert. In den asiatischen Lehren gilt der Ingwer als *heiß*. Das bedeutet, er ist in der Lage, Feuer und Hitze im Körper zu entfachen und die Sexualorgane zu stimulieren. Dort, wo Ingwer angebaut wird, setzt man ihn wegen seines ätherischen Öls und der scharfen Bestandteile, die Kreislauf und Verdauung anregen und eine belebende Wirkung haben, als Aphrodisiakum ein.

Die Nymphe Myrsine, die es gewagt hatte, Pallas Athene in einem Wettkampf zu besiegen, wurde von der Göttin getötet. Von Reue ergriffen verwandelte diese sie in eine wohlriechende Pflanze. Der Myrtenstrauch war der Venus geweiht. Um ihre Nacktheit zu verbergen, hatte sich die Göttin nämlich in ein Myrtenwäldchen geflüchtet und war von der Pflanze beschützt worden. Auch den Grazien sowie Hymen, Gott der Ehe, ist die Myrte teuer. Somit gilt sie als Pflanze der keuschen wie der leidenschaftlichen Liebe par excellence. Dennoch besteht nicht nur zur Liebe, sondern auch zum Krieg eine enge Verbindung, denn auf Grund der Liebschaft zwischen Venus und Mars stand die Myrte auch unter dem Schutz des Kriegsgottes. Es war Brauch, die Köpfe derjenigen, die einen Feind ohne Blutvergießen besiegt hatten, mit Kränzen aus Myrte und Lorbeer zu schmücken.

Im alten Rom war die Myrte eine der symbolträchtigsten Pflanzen. Schenkt man dem Geschichtsschreiber Titus Livius Glauben, wurde die Stadt genau an der Stelle erbaut, an der zuvor ein Myrtenstrauch stand. Romulus pflanzte zwei Myrtensträucher auf dem Forum: einen für das Volk, den anderen für die Aristokratie. Die Pflanzen blühten abwechselnd. Später wurde der Venus Mirtea in der ewigen Stadt ein Altar geweiht. Seither gehört die Pflanze zu den Geburtstagsfeierlichkeiten Roms am 21. April. Als die Sabiner den Römern unterlegen waren, die sich ihrer Frauen bemächtigen wollten, der berühmte *Raub der Sabinerinnen*, und die Könige Romulus und Titus Tatius den Frieden besiegelt hatten, schmückten die Sieger ihre Häupter zu Ehren der kriegerischen und siegreichen Venus mit Myrtenkränzen.

Die Myrte war aber auch der Baum der Toten und sollte deutlich machen, dass der Mensch, der sein Leben der Liebe und der Natur verdankt, letztendlich in den Schoß der Natur zurückkehrt. Myrten wuchsen in den Wäldern des Hades, und der Legende nach erhängte sich Phaidra, die Frau des Theseus, die ihren ehelichen Pflichten nicht nachkam, an einer Myrte. Myrtenblätter wurden auch in die Särge der Pythagoräer gelegt.

Die Myrte und die Liebe

In der griechisch-römischen Antike und im Mittelalter gab man dem Duft dieses Strauchs den Vorzug vor den wertvollsten Essenzen. Jeder, der sich mit einem aus seinen Blättern hergestellten Wasser wusch, sollte Schönheit und Liebe erringen und bewahren können. Die Myrte, so hieß es, verdränge dort, wo sie wächst, jede andere Pflanze. Genauso wie die Liebe alle anderen Gefühle auslöscht, sobald sie sich einer Kreatur bemächtigt hat.

Zusammenfassend lässt sich sagen, dass der Duft der Myrte mindestens zwei Sinne beflügelt: Geschmack und Erotik. Die in diesem Rezept mit Wacholderbeeren und anderen Gewürzen verwendeten Myrtenbeeren tragen nicht wenig zu seiner aphrodisierenden Wirkung bei.

Der Knoblauch, und ganz besonders die Knoblauchknolle, ist eine der wichtigsten Arzneimittelpflanzen mit wissenschaftlich nachgewiesener Wirkung. Seit jeher verfeinerte man mit Knoblauch den Geschmack der Speisen. Er wurde und wird aber auch als Aphrodisiakum und Bestandteil von Liebestränken verwendet, da er zum Beischlaf anregt und die Harnausscheidung erleichtern soll. Zu diesem Zweck wurde er im alten Ägypten und in Rom, wo er der Göttin Ceres geweiht war, gepresst und mit Koriander vermischt. Im Mittelalter glaubte man,

Knoblauch könne zur Wollust verführen und Impotenz heilen. Folglich durfte er nicht fehlen, um das vorliegende Gericht noch appetitlicher zu machen.

Die Walnuss ist auch für die Hexen ein magischer Baum. Dort trafen sie sich einmal die Woche sowie – mit allergrößtem Pomp – in der Johannisnacht. Unter dem Walnussbaum von Benevent schworen die schwarzen Hexen Italiens bei ihrer Initiation dem Teufel die Treue, dort erlernten sie die Grundlagen der Hexerei und dorthin flogen sie, nachdem sie ihren Körper mit bestimmten Salben eingerieben hatten (siehe *Das Hexenrezeptbuch*).

In griechisch-römischer Zeit stand die Pflanze für Ehe, die Liebe, die sie weckte, und Fortpflanzung. Die jungen Mädchen spielten mit den Nüssen, bewahrten sie bis zu ihrer Eheschließung auf und warfen sie nach der Hochzeitszeremonie unter die Anwesenden. Symbolisch bedeutete das, dass sie von diesem Augenblick an erwachsen und somit bereit waren, sich zuerst den Freuden der Ehe und dann der Familie zu widmen. Die Frucht des Walnussbaumes, die unser Rezept verfeinert, besitzt auch viele medizinische Eigenschaften, auf die wir hier allerdings nicht eingehen werden. Vielmehr interessiert uns ihre blutstauende und sexuell anregende Wirkung. Die Römer bezeichneten die Walnüsse als *Drüsen Jupiters*.

Käse und Wein

Beim Aleatico, einer Weinsorte, kommen zur Wirkung des Alkohols noch Duft und Geschmack hinzu, was seine Funktion als Aphrodisiakum verstärkt. Ähnlich ist es mit dem Käse, der mit Hilfe von Lab aus Milch hergestellt wird. Paracelsus sinnt über dieses Wunder, das *mysterium casei,* nach: Ähnlich wie bei der Gerinnung des Blutes nimmt das ursprünglichste aller Nahrungsmittel bei dieser Metamorphose symbolische, feste Formen an und wird haltbar gemacht. Dieses abscheuliche, armselige Nahrungsmittel mit seinem faulen, stechenden Geruch ähnelt dem Wein. Die gepressten Trauben werden zur Vergärung in den Keller hinunter gebracht, wo sie als Wein wiedergeboren werden und sich im Laufe der Zeit sowie mit zunehmendem Alter verjüngen. Ebenso kehrt der Käse nach der Reifezeit mit neuem Geschmack, schwerem Duft und anregender Wirkung sowie dem Ruf, ein Aphrodisiakum zu sein, zurück. Vom Mittelalter bis zur Französischen Revolution sah man auf den Käse herab, doch zur Zeit der Restauration feierte er abermals auf den Tischen Triumphe und erfreute die Sinne der Feinschmecker. Seine Rehabilitation hat er zu einem großen Teil dem Werk Jean-Anthelme Brillat-Savarins zu verdanken.

Weizen und Weizenmehl wurden offenbar nie direkt als Aphrodisiaka eingesetzt; als Energielieferanten und Stärkungsmittel dienten sie aber allemal. Auf Grund des nachgewiesenen Gehalts an *Tocopherol* oder *Vitamin E* schreibt die moderne Forschung dem Weizen jedoch eine aphrodisierende Wirkung zu, da dieses Vitamin sexuelle Leistungsfähigkeit und Fruchtbarkeit verbessern soll. Betreffs der Wirkung dieser Substanzen gehen die Meinungen auseinander, da die zuvor beschriebenen und im Tierversuch nachgewiesenen Resultate nicht notwendigerweise auch auf den Menschen übertragbar sind.

Das Ei, ein weiterer Bestandteil unseres Rezeptes, das im Mittelalter und in der Renaissance niemals alleine verzehrt, sondern immer nur als Zutat anderer Speisen verwendet wurde, ist zweifelsohne ein Energiespender. Laut dem französischen Gastronomen Maurice Edmond Saillant Curnonsky findet sich Eigelb, das reich an Phosphor (und – so meinen wir – auch an Cholesterin, dem Grundbaustoff der Sexualhormone) ist, in vielen Liebestränken. In Marokko bereitet man daraus einen als ausgesprochen wirksam geltenden Trank. Eine ähnliche Wirkung sagt man der Milch nach, die bei den Säugetieren in etwa dieselbe Aufgabe erfüllt wie das Ei bei den niederen Tierarten und die ebenfalls als Stärkungs- und Kräftigungsmittel galt.

Das Gänsefett bewirkt einen besonders starken Blutstau, wie auch die aus der fetten Leber des Vogels zubereitete Gänseleberpastete, deren anregende Wirkung man heute rühmt.

Zu guter Letzt handelt es sich bei den im Fett ausgebackenen Kroketten um ein Gericht, das einen Blutstau im kleinen Becken bewirkt.

Zusammenfassend können wir sagen, dass wir hier ein Rezept vor uns haben, das nicht nur den Gaumen erfreut.

4 Hammelhoden mit Wunderkraft

Zutaten

Zwei Widderhoden (mittelalterliche Zutat, die man durch die Hoden eines Hammels ersetzen kann), zwei Kalbshoden, eine Unze Ochsenmark, eine halbe Unze Kalbsknochenmark, eine Prise Salz, eine Prise Pfeffer, eine Prise Fenchelsamen, ein Skrupel Koriander, eine

Knoblauchzehe, eine Schalottenzwiebel, ein Eigelb, drei Esslöffel Milch, der Saft einer halben Zitrone, eine halbe Hand voll Kalbsfett oder drei Esslöffel Olivenöl, drei Esslöffel Hühnerbrühe (aus dem Fleisch einer sterilisierten Henne), ein Esslöffel Rotwein.

Zubereitung

Die Widderhoden (Ersatz siehe Zutaten) und die beiden Kalbshoden kurz aufkochen und abkühlen lassen. Nur der innere Teil wird weiterverwendet.

Eine Unze Ochsenknochenmark, eine halbe Unze Kalbsknochenmark, eine Prise Salz, Pfeffer, Fenchelsamen, ein Skrupel Koriander, Knoblauch und Schalotte in einen Kupfertiegel geben, der die negative Feuchtigkeit absorbiert.

Mit einem Löffel aus Erlenholz, zumindest aber einem neuen Kochlöffel, umrühren. Danach die Hoden in Scheiben schneiden.

Inzwischen in einem weiteren tiefen Topf das Eigelb mit drei Esslöffeln Milch und dem Saft einer halben Zitrone verschlagen.

Mit der zuerst zubereiteten Mischung sowie dem ausgelassenen Kalbsfett oder Olivenöl in einen Topf geben. Bei kräftiger Hitze einige Zeit anbraten. Mit drei Esslöffeln Brühe und einem Esslöffel Rotwein ablöschen, wenn die Zutaten zu duften beginnen. Erneut aufkochen, dann die Hitze reduzieren und die Soße eindicken lassen.

Das Gericht wird warm serviert. Danach lebt man seine Impulse ohne Zögern aus.

Kommentar

Die Hoden, das Kalbs- sowie das Ochsenknochenmark wirken blutstauend, und begünstigen demnach sexuelle Aktivitäten. In der Rangfolge ihrer Wirksamkeit stehen die Widderhoden an erster Stelle. In der Toskana, in Spanien und der Provence genießen sie den Ruf, hervorragende Aphrodisiaka zu sein. In Italien wird der Widder, in Spanien und in Lateinamerika der Stier mehr geschätzt. In Algerien und Marokko sagt man Löwenhoden wahre Wunder nach. Alexandre Dumas war nicht nur ein großer Romanautor, sondern auch ein perfekter Gastronom. Er kreierte ein Gericht mit Hammelhoden, dem man eine beachtliche stärkende Wirkung zusprach.

Ludwig XV. ließ Madame de Pompadour Hoden servieren, da er seiner großen Favoritin vorwarf, in intimen Augenblicken gefühlskalt zu sein.

Die Eigenschaften von Pfeffer, Fenchel, Koriander und Eiern wurden bereits erörtert.

Die Schalotte unterstützt besonders in warmen Ländern die Verdauung. Sie regt den Appetit an und wirkt reinigend, während ihr zarter, leicht bitterer und erfrischender Geschmack andere Aromen abzurunden vermag. Die Bezeichnung Schalotte leitet sich vom Namen der Festung Askalon ab, der auch im judäischen Umland sehr häufig vorkam. Von dort erreichte die Schalotte zuerst Griechenland, dann Italien. Die lateinische Bezeichnung lautete *bulbo* oder *radice tunicata*. Die Schalotte wird jung geerntet und ähnelt mit ihrer rotgoldenen, brüchigen Haut der Narzissenzwiebel. »Jene, die regelmäßigen Gebrauch von ihr machen, stellen eine spürbare Zunahme der Spermaproduktion und eine große Bereitschaft zum Beischlaf fest«, behauptete der Bologneser Arzt Baldassare Pisanelli. Diese Eigenschaften wurde ihr allerdings 1589 von Francesco Gallina, dem Arzt Heinrichs III. von Valois, abgesprochen, dem einmütig beigepflichtet wurde.

Brühe, besonders eine aus einer sterilisierten Henne gekochte und mit Ei vermischte Hühnerbrühe, wirkt sehr kräftigend, was der Wein in diesem Rezept noch verstärkt.

Abschließend lässt sich sagen, dass es sich hier um ein Gericht aus Hoden und Innereien handelt, dessen anregende Wirkung auf die Sinne besonders stark ausfallen kann.

Zudem glaubten die Kräuterhexen, derart versteckte Körperteile seien mit den uneingestandenen Wünschen gleichzusetzen, die jeder Mensch hegt. Aus diesem Grund verwendeten sie sie häufig in Rezepten mit sinnlichem Charakter.

5 Delikatessschnecken

Zutaten

Schnecken in gewünschter Menge, ein Schöpflöffel Vino Cotto (in Kupferkesseln aufgekochter Wein), eine Hand voll Reismehl oder die gleiche Menge weißes Mehl, eine Tasse Milch, eine Handvoll Basilikum und Pfefferminze, Regenwasser, Essig, eine Prise Salz, knapp eineinhalb Liter Oxyporum (ersatzweise Eukalyptushonig, vermischt mit einem gemahlenen schwarzen Pfefferkorn), ein guter Liter Wein, der mit Myrrhe oder zwei Nelken aromatisiert wurde, zwei Eier, zwei gemahlene Paradieskörner (oder zwei gemahlene schwarze Pfefferkörner), eine Tasse Olivenöl, drei Prisen Ingwer.

Zubereitung

In der ersten Nacht des zunehmenden Mondes genügend Schnecken für ein reichhaltiges Essen sammeln. Die Schnecken in ein sechseckiges Tongefäß mit schwerem

Deckel geben. Den Deckel in sechs aufeinander folgenden Nächten lüften und ein wenig vom dem mit etwas Reismehl oder weißem Mehl angedickten Vino Cotto hineingießen. Die Milch mit einer Hand voll Basilikum und Pfefferminze aromatisieren, und die Schnecken in den folgenden zehn Nächten damit benetzen, was die Ausscheidung beschleunigt.

Am siebzehnten Tag die Schnecken einen halben Tag lang in Wasser, Essig, Salz, gemahlenem Ingwer sowie knapp eineinhalb Liter Oxyporum oder der gleichen Menge mit gemahlenem Pfeffer vermischten Eukalyptushonig einlegen.

Wenn die Zeit verstrichen ist, die Schnecken mit reichlich Wasser abspülen, dann sanft in dem Wein, der mit einer Unze Myrrhe oder zwei Nelken aromatisiert wurde, garen lassen.

Die Schnecken aus ihrem Haus nehmen und in einen Teig tauchen, den man aus zwei verschlagenen Eiern, einer Prise Salz und zwei gemahlenen Paradieskörnern oder zwei gemahlenen schwarzen Pfefferkörnern (siehe Zutaten) herstellt.

Anschließend im heißen Fett ausbacken.

Falls gewünscht, vor dem Servieren mit einer Prise Ingwer würzen.

Dieses Gericht verleiht jedem Annäherungsversuch eine Art Zauber.

Kommentar

Die langsame, sich über siebzehn Tage erstreckende Zubereitung dieser Delikatesse dient nicht nur der Reinigung der als Aphrodisiakum gepriesenen Schnecken, sondern soll ihnen auch die in dieser Hinsicht größtmögliche Wirkung verleihen.

Die Römer und die Schnecken

Man kannte Schnecken bereits in der griechisch-römischen Antike, und neben ihren gastronomischen und aphrodisierenden Qualitäten wurden ihnen, wie Galen berichtet, auch viele medizinische Wirkungen zugeschrieben.

Plinius der Ältere ordnet sie im neunten Buch seines Monumentalwerkes *Historia naturalis* den Wassertieren zu. Fulvius Lippinus legte kurz vor dem Bürgerkrieg zwischen Cäsar und Pompeius auf dem Besitz der Tarquinier einen Schneckengarten an, in dem die Tiere nach Gattungen sortiert waren: Die größten stammten aus Illyrien, die fruchtbarsten aus Afrika, die weißen Schnecken aus Rieti. Alle drei Arten wurden mit gekochtem und mit weißem Mehl vermischtem Reis gemästet und appetitlicher gemacht. Man konnte sie in Gasthäusern kaufen, wo sie in ihrem Haus gekocht wurden. Bei den Venezianern heißt die Schnecke *bonalo*, bei den Spaniern *caracol*, und bei den Franzosen *limasson* oder *escargot*.

Dem großen Koch Apicius, der im ersten Jahrhundert nach Christus zur Zeit von Kaiser Tiberius lebte, gebührt die Ehre, in *De re coquinaria* (Kochkunst) das erste kulinarische Schneckenrezept festgehalten zu haben. Das 468 Rezepte und zehn Bände umfassende Traktat beschreibt die römische Küche, ihre Zutaten, Gewürze und Zubereitungsarten, von der Antike bis hin zur Regierungszeit von Kaiser Claudius. Salz verwendeten die Römer im Überfluss – nicht nur, um die Speisen mit Salz und anderen Gewürzen schmackhaft zu machen, sondern auch, um sie zu konservieren. Besonderer Beliebtheit erfreute sich die Methode des Pökelns.

Das Oxyporum ist eine Mischung aus Kreuzkümmel, Ingwer, Datteln, Pfeffer und Honig, die Appetit und Verdauung anregen soll.

Öl war das im antiken Rom am häufigsten verwendete Fett und im sechsten Jahrhundert vor Christus eingeführt worden. Schweineschmalz wurde vorwiegend in den ärmeren Bevölkerungsschichten verzehrt, andere tierische Fette waren dagegen sehr begehrt. Apicius erwähnt hier das Fett des Fasans, in dem die *isicia* ausgebraten wurde, eine dem Wurstbrät ähnliche Masse, die man damals sehr schätzte.

Fleisch, ausgenommen das kleiner Tiere, kam selten auf den Tisch und wurde nur gekocht oder gebraten verzehrt. Apicius empfiehlt eine Fleischsoße nach Art von Ostia nach folgendem Rezept: »Das Fleisch in Stücke schneiden und kochen. Anschließend mit Gewürzen marinieren und im Ofen auf dem Spieß garen. Danach die Stücke noch kleiner schneiden und sofort mit einer mit Stärke gebundenen Soße übergießen.«

Die Römer aßen gerne Schnitzel von Schwein, Zicklein oder Lamm. Diese servierten sie in einer weißen Soße, die sie mit Pfeffer, Kreuzkümmel, Raute, mit Honig gesüßtem Wein, Essig, Thymian und Oregano würzten. Auch Spanferkel waren sehr beliebt.

Da der Fischfang bei den Römern anfangs unbekannt war, war Fisch in der ersten Zeit selten. Erst die Ausdehnung der Republik und der ständige Kontakt mit anderen Völkern, darunter einige, die vom Fischfang lebten, machte den Fisch auch in Rom als Nahrungsmittel bekannt. Apicius gab einige Rezepte aus der Anfangszeit des Imperiums wieder, darunter auch das folgende Rezept für den *minutal* (ein Ragout aus Fisch, Fleischküchlein und klein geschnittenem Gemüse) nach Art des *Matius*, der ein großer Gastronom, Autor kulinarischer Traktate und Freund Cäsars war: Fleisch aus der Schweineschulter wird in Stücke geschnitten und mit der Schwarte gekocht; nach der Hälfte der Garzeit gibt man Fischstücke und Äpfel dazu. Einer der beliebtesten Fische war der *scarus* oder Papageifisch, den Optatus, unter Tiberius Claudius Befehlshaber der Flotte, aus Troas einführen ließ, um damit die Küste zwischen Ostia und Kampanien zu bevölkern. Begehrt war auch der Seebarsch, besonders wenn er zwischen den Tiberbrücken Sublicius, Fabricius und Cestius gefangen worden war. Laut Sergius Orata, der zur Zeit des Bürgerkriegs lebte und ein großer Fischliebhaber war, sind die Seebarsche aus dem Lukriner See, die er in Teiche einsetzen ließ, bei weitem am schmackhaftesten.

Doch zurück zum vorliegenden Rezept. Ein weiterer wichtiger Bestandteil ist das Basilikum, eines der wohl bekanntesten Kräuter, dessen Name sich vom griechischen Wort *basileus* (König) ableitet. In Ägypten mischte man getrocknetes Basilikum in den Balsam, mit dem die königlichen Mumien behandelt und konserviert wurden. Im Mittelalter sollte es den Basilisken abwehren, ein mythologisches Ungeheuer, das der Legende nach aus dem Blut der Medusa, Herrscherin der Schlangen, erschaffen worden war und dessen Blick jeden tötete, den er traf. Man konnte sich davor schützen, indem man den Blick mittels einer reflektierenden Oberfläche, zum Beispiel eines Spiegels, zurückwarf oder ein Säckchen mit Basilikumblättern bei sich trug. Sein Duft und das im Basilikum enthaltene ätherische Öl sind für seine Verwendung in der Küche und seine aphrodisierende Wirkung verantwortlich. Wie die anderen intensiven Gewürze und Aromen vermag das Basilikum den Geruchssinn zu stimulieren, was wiederum weitere Mechanismen in Gang setzt und die Sinne elektrisiert.

Zur Bedeutung der Pfefferminze

Der Legende nach erhielt die Pfefferminze, eine kleine, äußerst aromatische Pflanze, ihren Namen von der Nymphe *Minte*. Von Proserpina in den Armen ihres Gatten Pluto (Hades für die Griechen) überrascht, wurde Minte in eine kleine, bescheidene Pflanze verwandelt, deren positive Eigenschaften allerdings schon seit langer Zeit bekannt sind. Die Hexen feierten die Pfefferminze als eines der für ihre besondere Nacht, die Sommersonnenwende oder Johannisnacht, wichtigsten Kräuter. Der sowohl süße als auch herbe Geschmack der Minze galt als Symbol von Kälte, Angst und Tod, stand also für Hades, dem sie entrissen wurde. Gleichzeitig war ihr Aroma Ausdruck der Süße der Liebe. Als weigere sie sich, ihre Wurzeln zu verleugnen, fördert die Pflanze dieses Gefühl. In altrömischer Zeit banden junge Bräute die Pfefferminze zu so genannten *Coronas Veneris*, die sie während der Hochzeitszeremonie trugen. Viele halten den Duft der Minze für den Auslöser ihrer aphrodisierenden Wirkung. Pisanelli hingegen behauptet, Pfefferminzsirup könne den Beischlaf fördern. Ein Aphorismus der Medizinschule in Salerno lautete: »Nunquam lenta fuit stomacho succurrare mentha.« (Die Pfefferminze kommt dem Magen immer schnell zu Hilfe.)

Hinter den vom *amoneum granum paradisi* abgeleiteten Paradieskörnern verbirgt sich nichts anderes als der Guineapfeffer. Wir verweisen hier auf die zu Rezept Nummer zwei gemachten Beobachtungen.

Ingwer, Myrrhe, Wein und Eier wurden ebenfalls bereits besprochen.

6 Vulva sterilis oder »Die Unersättliche«

Zutaten

Die Vulva einer Sau, Weißwein vom Lago di Fondi, eine Zwiebel, zwei Büschel Dill oder etwas Staudensellerie, eine halbe Hand voll Petersilie, eine Knoblauchzehe, zwölf Wacholderbeeren, vier Lorbeerblätter, ein Skrupel Ingwer, drei Gewürznelken, eine Prise Safran, eine Hand voll Fenchelsamen, eine Hand voll weißes Mehl, Olivenöl, der Saft einer Zitrone, vier Esslöffel Orangensaft, ein Eigelb, zwei Prisen Salz.

Zubereitung

Horaz erwähnt dieses Gericht in einem seiner Briefe, Plinius lobt es in der *Historia naturalis*, Cato preist seinen Geschmack in *De Agricola*, Martial äußert sich in seinen Schriften nicht weniger angetan, und Apicius veröffentlicht verschiedene Versionen des Rezepts. Wir haben die Version ausgewählt, deren Zutaten den heute verwendeten am ehesten entsprechen.

Die Vulva einer mittelgroßen Sau sorgfältig säubern. Eine Zwiebel, zwei Büschel Dill oder einen Stängel Staudensellerie, Petersilie sowie eine Knoblauchzehe grob hacken und in den Weißwein vom Lago di Fondi geben. Die

Beize mit einer Prise Salz, zwölf zerstoßenen Wacholderbeeren, vier zerbrochenen Lorbeerblättern, Ingwer, drei Gewürznelken, einer Prise Safran und einer Hand voll Fenchel würzen. Das Fleisch zwei Stunden darin einlegen. Wenn die Zeit verstrichen ist, das Fleisch herausnehmen und mit weißem Mehl bestäuben. Dann in vier Esslöffeln Öl anbraten, bis es auf beiden Seiten schön gebräunt ist.

Inzwischen die Beize abseihen, mit der das Gericht nach und nach aufgegossen wird.

Wenn das Fleisch fast bernsteinfarben ist, den Saft einer Zitrone und den mit einer Prise Salz und einem Eigelb verschlagenen Orangensaft darübergießen.

Sobald der Bratenfond eingekocht ist, kann das Gericht aufgetragen werden.

Wer von dieser antiken Spezialität kostet, dem werden alle Genüsse zuteil.

Kommentar

Die Vulva einer Sau wurde in der griechisch-römischen Antike häufig als Aphrodisiakum verwendet. In diesem Rezept, das wir dem Können und der Kreativität des großen Kochs Apicius verdanken, verstärken die Art der Zubereitung sowie verschiedene Zutaten die Wirkung noch. Titus Petronius erzählt, beim Gastmahl des Trimalchio sei diesem Gericht der beste Platz auf den Tischen eingeräumt worden, und man habe es zusammen mit Hoden angerichtet.

Wir möchten in diesem Zusammenhang daran erinnern, dass man sowohl zur Zeit der Römer als auch in der Renaissance und im Barock glaubte, die erotisierende Wirkung eines Gerichtes sei umso stärker, je komplizierter seine Zubereitung und je mehr Zutaten verwendet wurden.

Erwähnenswert ist auch die Zwiebel, die zusammen mit dem Knoblauch einen der geschmacklichen Schwerpunkte der europäischen Küche bildet. Sie besitzt nicht nur kulinarische Vorzüge, sondern es wurden auch verschiedene pharmazeutische und therapeutische Wirkungen nachgewiesen. Ferner fördert sie laut Pisanelli den Beischlaf, steigert die Spermaproduktion und den Appetit.

Der Sellerie, eine alte Heilpflanze aus dem Garten, gilt ebenso wie der Dill als eines der bekanntesten Aphrodisiaka, wie aus Volksliedern und Gedichten hervorgeht. Man glaubte, dass besonders der Selleriesalat den Liebenden mehr Kraft für die Vereinigung schenke und die Sexualorgane stärke. Wissenschaftlich bewiesen ist diese Wirkung jedoch nicht. Wir glauben daher, dass der Sellerie seinen Ruf hauptsächlich seiner leicht phallischen Form zu verdanken hat. Es ist also der Anblick der Pflanze, der die Leidenschaft entfacht.

Die Petersilie, deren Ruhm bis in die Antike zurückreicht, verleiht Gerichten meist frisch gehackt ihre wohlbekannte Würze. Im antiken Griechenland schmückte man bei Festen das Haupt mit Petersilienkränzen, um Fröhlichkeit zu verbreiten sowie Appetit und Sexualität anzuregen. Petersilienstängel fanden im Mittelalter bei der Zubereitung magischer Liebestränke Verwendung, während die Wurzel einer der Grundbestandteile der Hexensalben war, mit deren Hilfe die Hexen am Sabbat fliegen konnten. Ferner enthält die Petersilienwurzel Apiol, ein ätherisches Öl. In kleinen Dosen ist es ein sexuelles Stimulans, in größeren Mengen kann es Fehlgeburten auslösen und zu schweren Vergiftungen führen.

Lorbeer als Symbol der klassischen Antike

Der Lorbeerbaum ist Apollo geweiht. In seinem Heiligtum in Delphi wurde den Siegern der Pythischen Spiele, benannt nach der von Apollo getöteten Schlange Python, ein Kranz aus Lorbeer überreicht. In Theben bestand der Siegerpreis der *Daphnephorie* dagegen aus einem mit Lorbeer verschlungenen Olivenzweig. In Delphi kaute die Orakelpriesterin, die Pythia, Lorbeerblätter. Auch sie ist nach der Schlange benannt. Anderen Quellen zufolge leitet sich ihr Name von der Juno ergebenen Sibylle ab, die Laios, dem König von Theben, sein Schicksal prophezeite: Sein Sohn Ödipus werde ihn töten und anschließend die Königin zur Frau nehmen – ohne zu wissen, dass sie seine Mutter ist.

In römischer Zeit bekränzte man das Haupt der Sieger mit Lorbeer. Diese Tradition blieb bis heute erhalten, und auch Dichter wurden auf diese Weise geehrt, was die Herkunft der Wörter *laurea* (ital. *Universitätsabschluss, Promotion*) und *laureato* (ital. *Akademiker, Doktor*) erklärt. Lorbeer wurde bei vielen medizinischen Indikationen verabreicht, was heute in vielen Fällen nicht mehr zeitgemäß ist. In der Küche jedoch ist der Lorbeer wegen seines Aromas und seines Geschmacks noch immer sehr beliebt. Zudem gilt er als Sexualstimulans.

Bei den Gewürznelken handelt es sich um die getrockneten Blütenknospen eines auf den Molukken heimischen Baumes, der überall in den Tropen, vor allem aber in Indonesien wächst. Seit ungefähr 5000 Jahren werden Nelken als Gewürz, Aphrodisiakum und Volksmedikament verwendet. Die Chinesen kauten die Knospen unter anderem, um vor amourösen Begegnungen den Atem zu erfrischen. Wenn man die Nelken presst, erhält man ein ätherisches Öl, dessen Hauptbestandteil das Eugenol ist, ein Sexualstimulans mit leicht psychoaktiver Wirkung. Eine Überdosis Nelkenöl kann also gefährlich sein.

Safran wurde bereits vor vielen Jahrhunderten im Orient, im alten Ägypten und in Griechenland angebaut. Man schrieb ihm nicht nur große heilende Kraft zu und verwendete ihn als Gewürz, sondern glaubte auch, er könne die Potenz junger Männer steigern. Aspasia, die berühmte Kurtisane und Geliebte des Perikles, dem sie einen Sohn schenkte, kannte seine wundersame Wirkung gut. Dem berühmten Bildhauer Polyklet, den sie vor den Gefahren unmäßigen Safrangebrauchs warnen wollte, schickte sie ein Päckchen mit Safranblüten und folgendem Hinweis: »Gebrauche ihn, aber missbrauche ihn nicht!« Die Griechen glaubten auch, Safran könne die Wollust der Frauen steigern. Marschall Richelieu bediente sich einer Safrankonfitüre als Stimulans. Auf Grund seiner psychoaktiven und erregenden Wirkung soll das ätherische Öl in der Lage sein, intensive Orgasmen herbeizuführen. Safran diente zudem als Opiumersatz. Große Mengen Safran sind giftig und können Fehlgeburten auslösen, kleinere Dosen erleichtern die Entbindung.

Die Orange mit ihrer bitteren Schale und ihrem süßen Fleisch hat eine Blüte, deren durchdringender und sinnlicher Duft davon kündet, wie viel Kraft vonnöten ist, um die bitteren Erfahrungen des Lebens zu überwinden. Er symbolisiert aber auch die Süße der Liebe. Die stimulierende Wirkung der Orange bleibt jedoch allein auf ihren betörenden Duft beschränkt.

Bis auf ihren Mangel an Süße ähnelt die Zitrone der Orange. Ihr Fruchtfleisch schmeckt sauer, ihr Duft ist nicht ganz so anregend für den Geruchssinn. Außerdem steigert sie den Appetit und wirkt adstringierend. Ihr Saft ist ätzend.

Knoblauch, Myrte, Ingwer, wilder Fenchel, weißes Mehl, Öl und Eier wurden bereits besprochen.

Fazit: Das Rezept bezaubert nicht nur, weil es sich um einen sehr intimen Körperteil handelt, sondern es entfaltet seine blutstauende und aphrodisierende Wirkung auch durch die Zutaten der Soße.

7 Kranich der Zärtlichkeit

(Heutzutage kann man ersatzweise auch
einen schönen Kapaun verwenden.)

Zutaten

Ein Kranich, Weinblätter, ein halbes Pfund Schweineschmalz oder die gleiche Menge fetter Speck, sechs Lorbeerblätter, eine halbe Zimtstange, eineinhalb Liter Rotwein, ein Viertelliter Essig, fünf Prisen Salz, eine Hand voll Pinienkerne, der Saft einer Zitrone und die gleiche Menge Weißwein, eine Hand voll Rosinen, eine gute Hand voll getrockneter Apfel (Äpfel an einem kühlen, luftigen Ort trocknen lassen oder Trockenobst kaufen), die gleiche Menge Aprikosen, zwei Unzen Steinpilze, vier Tassen Olivenöl, eine Hand voll Wildfenchelsamen, zwei Prisen Thymian oder Dill, fünf Wacholderbeeren, drei Schöpflöffel Bratenfond, das Herz eines Kranichs, zwei

Teelöffel Honig, eine Prise Kreuzkümmel, eine Prise Koriander.

Zubereitung

Den Kranich ausnehmen, gut waschen und mit den Weinblättern trockentupfen, bevor er auch innen gesalzen und wieder zugebunden wird. Einige Zeit, mindestens aber 24 Stunden lang, an einem trockenen Ort abhängen lassen. Man kann aber auch beim Metzger einen mindestens drei Kilogramm schweren, bereits ausgenommenen und zusammengebundenen Kapaun kaufen.

Den gut abgehangenen Kranich mit einem halben Pfund Schweineschmalz oder klein geschnittenem fetten Speck, sechs Lorbeerblättern, einer halben zerstoßenen Zimtstange, einem Liter Rotwein, einem Viertelliter Essig, drei Prisen Salz, einer Hand voll Pinienkerne, der gleichen Menge Rosinen, einer guten Hand voll geschälten, entkernten und in Scheiben geschnittenen und getrockneten Äpfeln sowie der gleichen Menge Aprikosen in einen sehr großen Kupfertopf geben. Mit dem Kapaun wird ebenso verfahren. Alles gut vermischen. Sodann drei Unzen geschnittene Steinpilze zugeben.

Bei mäßiger Hitze ein paar Stunden garen lassen. Beim Kranich rechnet man vier Stunden insgesamt, beim Kapaun fünfundzwanzig Minuten pro halbes Kilogramm. Häufig wenden, damit das Tier von beiden Seiten schön gar wird.

Wenn die Flüssigkeit auf die Hälfte eingekocht ist, den Kranich oder den Kapaun herausnehmen und mit dem Bauch nach oben in einen Topf mit vier Tassen Olivenöl geben. Erhitzen und eine Handvoll Wildfenchelsamen, Thymian oder Dill, fünf Wacholderbeeren und drei Schöpflöffel Fond hinzufügen.

Den Kranich noch eine gute weitere Stunde zugedeckt Geschmack annehmen lassen. Beim Kapaun reicht eine halbe Stunde. Das Herz des Tieres zwei Minuten kochen, anschließend zu Brei verarbeiten. Mit zwei Teelöffeln flüssigem Honig, einer Prise Kreuzkümmel und der gleichen Menge Koriander, dem Saft einer Zitrone und ebenso viel Weißwein vermischen. Kranich oder Kapaun von Zeit zu Zeit mit dieser Flüssigkeit übergießen.

Bei sanfter Hitze so lange weiterköcheln lassen, bis sich die Aromen gut miteinander vermischt haben und die Soße halbwegs eingekocht ist.

Den Leckerbissen auf einen Teller geben und mit den beiden Soßen anrichten.

Den im Kupfertopf verbliebenen Fond durch ein engmaschiges Tuch oder ein Sieb passieren und in die vorbereitete Soßenschüssel gießen.

Als Beilage serviert man Sellerie, Radieschen oder Gemüsefenchel, die mit einer Prise Salz gewürzt und mit Olivenöl beträufelt wurden.

Die folgenden Stunden werden mit Sicherheit ausgesprochen fröhlich sein.

Kommentar

Der Kranich vereint in sich den vollen Geschmack sowie die blutstauende und sexuell anregende Wirkung von Wildbret. Gleiches lässt sich vom schmackhaften Fleisch des Kapauns sagen. Fest steht, dass das Fleisch des Kranichs das gesamte Mittelalter hindurch sehr geschätzt wurde, was zahlreiche Dokumente und nicht zuletzt die berühmte vierte Novelle des sechsten Tages des *Dekameron* belegen. Der Duft des vom venezianischen Koch Chichibio zubereiteten Kranichs lockt Brunetta, seine Geliebte, herbei. Sie droht, ihm nie wieder ihre Gunst zu gewähren, falls er ihr nicht einen Schenkel des Kranichs überlässt. Nach einigem Zögern stimmt Chichibio zu, der die Freuden, die Brunetta zu schenken weiß, schätzt. Damit fordert er den Zorn seines Herrn Currado Gianfigliazzi heraus, den er mit einer amüsanten und fantasievollen Entschuldigung besänftigt.

Steinpilze werden in diesem Rezept ebenfalls verwendet. Wie alle Speisepilze sind sie ein Genuss für den Gaumen, der auch auf die Sexualität abfärbt. Es wird sogar behauptet, Steinpilze seien in der Lage, eine eingeschlafene Sexualität zu neuem Leben zu erwecken.

Pinienkerne (später mehr dazu) wirken blutstauend, wie übrigens auch die gut ausgereiften oder getrockneten Trauben, die Ovid in *Ars amandi* als Aphrodisiakum empfiehlt. Zahlreiche Gelehrte wie Pisanelli und Gallina bestätigen das, schreiben diese Eigenschaft der jungen Traube, die sich noch nicht zur Weinherstellung eignet, im Gegensatz zu Plato jedoch ab.

Der Duft des Thymians lockt Insekten aller Art, aber auch den Menschen an. Sein ätherisches Öl und seine Blätter werden nicht nur in der Küche, sondern auch zur Belebung der Sinne verwendet.

Seit der Antike werden die Samen des Kreuzkümmels als Aphrodisiakum genutzt. Sie sollen in Verbindung mit Opium die angeblich sexuell anregende Wirkung der Droge verstärken. In dieser Eigenschaft ist der Kreuzkümmel Bestandteil der *Vujikarana* (der indischen Aphrodisiaka des *Ayurveda*); am berühmtesten ist das *Majum*, eine Mischung aus Marihuana, Haschisch, Opium, Stechapfel, Nelke, Kardamom, Weihrauch und Anis. Die Zutaten werden mit zerlassener Butter, Mehl, Milch und Zucker vermischt. Ein anderes beliebtes Aphrodisiakum, das adelige Inder noch heute verwenden, entsteht durch die Kombination von Opium, Kreuzkümmel, Weihrauch und getrocknetem und gereinigtem Käse.

Honig, der immer noch als Kräftigungsmittel eingenommen oder bei der Zubereitung magischer Liebesrezepte verwendet wird, wird auf einem ägyptischen Papyrus aus dem Jahre 1700 vor Christus erwähnt. Das älteste Rezept für ein Sexualstimulans auf pflanzlicher Basis lautet wie folgt: »Ein Jojobablatt, das Blatt einer dornigen Akazie, eine Gabe Honig. Gut umrühren und vier Tage durchziehen lassen.« Auch Ovid schlägt in *Ars amandi* vor, hymettischen Honig zur Stimulierung zu verwenden.

Es ist bekannt, dass Radieschen unter anderem eine erhebliche blutstauende Wirkung haben.

Lorbeer, Äpfel, Aprikosen, Wacholder, Wein, Koriander, Kreuzkümmel, Sellerie und Fenchel wurden bereits in den Kommentaren der vorangegangenen Rezepte besprochen.

Der *Kranich der Zärtlichkeit* – oder, je nachdem, der Kapaun – scheint seinem Namen alle Ehre zu machen und zu halten, was er verspricht.

8 Etruskergebäck

Zutaten

Drei Pfund weißes Mehl, drei Prisen Hefe, ein Gefäß Wasser aus dem Fluss Albegna (ersatzweise etwa ein Viertelliter reines Quellwasser), vier Esslöffel Honig, zwei Hand voll getrocknete Feigen, eine Hand voll Pinienkerne, die gleiche Menge Pistazien, zwei gemahlene Pfefferkörner, eine halbe Muskatnuss, eine Spur Vanille.

Zubereitung

Drei Pfund weißes Mehl und drei Prisen Hefe mit einem Viertelliter Wasser, das bei Vollmond aus dem Fluss Albegna geschöpft wurde, oder der gleichen Menge Quellwasser zu einem Teig verarbeiten. Den Teig gut durchkneten, dann vier Esslöffel Honig, die getrockneten Feigen, eine Hand voll Pinienkerne, die gleiche Menge Pistazien, zwei gemahlene Pfefferkörner, etwas geriebene Muskatnuss und eine Spur Vanille dazugeben.

Im Ofen bei mittlerer Hitze so lange backen, bis eine mittelgroße Kerze zu einem Viertel heruntergebrannt ist[1].

Die Süßspeise lauwarm, vielleicht mit einem bei Zimmertemperatur ausgeschenkten Glas *Fragolino* (hochprozentiger italienischer Erdbeerlikör) servieren. Danach, so sagt man in der Maremma, fühlt man sich »wie ein echter Lucumone«, also wie ein König. In der Tat scheint es, als hätten die Etrusker auch die raffiniertesten sexuellen Spielarten gekannt. Was Magie und Hexenkunst anbelangt, so gab es in allen sozialen Schichten Eingeweihte, die über umfassendes Wissen verfügten.

Der Legende nach zog ein Mann namens Lucumone auf der Suche nach der gesellschaftlichen Stellung, die ihm in Tarquinia verweigert geblieben war, nach Rom. Er reiste in Begleitung seiner Frau, einer wunderschönen Hexe, die ihn mit ihren Sprüchen bezaubert hatte und jedem die Zukunft vorherzusagen vermochte. Dadurch hatte sie sich den Undank der einen und den Neid der anderen Tarquinier zugezogen.

Auf Höhe des Janikulus packte ein Adler den Hut des Mannes und flog damit davon. Er stieg zur Sonne empor,

[1] Es dauert etwa vierzig Minuten, bis eine mittelgroße Kerze zu einem Viertel heruntergebrannt ist.

stieß herab und setzte die Kopfbedeckung wieder auf dem Haupt des Mannes ab.

Da prophezeite ihm Tanaquila, seine Frau: »Eines Tages wirst du König von Rom sein!« Im ersten Augenblick schienen ihm ihre Worte verhängnisvoll.

»Da haben wir's wieder«, dachte Lucumone besorgt, der im Grunde sehr ehrgeizig war und sich beweisen wollte. Nichtsdestoweniger liebte er seine Frau aus tiefstem Herzen. »Nun ja, schön wäre es schon«, musste er sich eingestehen. Aber wie konnte das möglich sein, schließlich war er ein Fremder? »Wahrscheinlich ist das nur eines ihrer üblichen Hirngespinste. Die Etrusker haben sie verwöhnt.«

In der ewigen Stadt konnte auch eine Ehefrau und Hexe von Vorteil sein. Unser Held wurde sich dessen allmählich bewusst und begann, die Zauberkünste Tanaquilas für sich zu nutzen.

Rätselhafterweise zog er die Aufmerksamkeit und die Sympathie von König Ancus Marcius auf sich, der ihm seine politische Gunst schenkte. Und so kam es, dass er nach dem Tode von Ancus Marcius wie von Zauberhand unter dem Namen Tarquinius Priscus römischer König wurde.

Kommentar

Getrocknete Feigen sind nahrhaft und blutstauend. Hippokrates schreibt im zweiten Buch der *Regelung der Lebensweise*, der Verzehr getrockneter Feigen mache Lust auf Wein und sei somit ein Anzeichen von Erregung.

Die Vanille ist eine tropische Kletterpflanze, deren Früchte von den vorkolumbianischen Völkern mit Kakao vermischt als Aphrodisiakum sowie zur Heilung von Impotenz eingesetzt wurden. Ihr magischer Duft machte die Vanille auch im antiken Asien und im Mittelmeerraum als Sexualstimulans bekannt.

Pinienkerne enthalten viele Nährstoffe, fördern den Beischlaf und regen die Produktion von Sperma an. Laut Baldassare Pisanelli lässt sich die stimulierende Wirkung von Eiern erheblich steigern, wenn man vor dem Essen vier Tropfen Pinienkernöl darüber träufelt. Um dasselbe Resultat zu erzielen, empfiehlt der königliche Leibarzt Francesco Gallina, »Pinienkern- und Pistazienöl mit Muskatnuss und Zucker oder eine Kugel, bestehend aus dem Fleisch eines Kapauns, Rebhühnern, Pinienkernen, Pistazien und Zucker« zu sich zu nehmen.

Athenaeus und Pier Andrea Mattioli behaupten, Pistazien – vor allem Pistazien aus Ägypten oder Syrien – hätten eine ähnliche Wirkung wie Pinienkerne. Früher hielten die Gelehrten die Pistazie für nicht besonders nahrhaft, schrieben ihr aber eine wundersame Wirkung bei der Wiederbelebung venusischen Verlangens zu. Der Zensor Lucius Vitellius, der Abgesandte von Kaiser Tiberius in Syrien, brachte die Pistazien nach Italien. Im Mittelalter und der Renaissance wurden sie von den Venezianern importiert. Ihre magenfreundliche Wirkung, die Galen den Pistazien absprach, wurde allerdings von Avicenna bestätigt.

Alle anderen Zutaten in diesem Rezept wurden bereits besprochen.

Das magische Ritual, die Faszination der Etrusker und die enthaltenen Aphrodisiaka machen dieses Gebäck zu einem Gaumenkitzel, der zu weiteren sinnlichen Genüssen anregt.

9 Garnelen auf portugiesische Art

Zutaten

Eineinhalb Dutzend Sandgarnelen pro Person, sieben Esslöffel Olivenöl, zwei Teelöffel gehackter Knoblauch, eine Zwiebel, eine Prise Salz, zwei gemahlene schwarze Pfefferkörner, eine Tasse trockener Weißwein, eine halbe Unze frischer Ziegenkäse, eine Hand voll Dill oder nach Wunsch eineinhalb Hand voll Petersilie.

Zubereitung

Pro Person eineinhalb Dutzend Garnelen aussuchen, Panzer und Darm entfernen, und die Garnelen waschen.

Sieben Esslöffel Olivenöl, zwei Teelöffel gehackten Knoblauch, eine halbe Hand voll Dill, eine in Ringe geschnittene Zwiebel, Salz und gemahlenen Pfeffer in eine Kasserolle geben. Alles bei kräftiger Hitze anbraten.

Die Hitze reduzieren, wenn die Zwiebel braun zu werden beginnt. Die Garnelen zugeben und nach ein paar Minuten mit einer Tasse trockenem Weißwein ablöschen.

Wenn der Wein etwas eingekocht ist, die Garnelen aus der Kasserolle nehmen und in einem Tontopf ruhen lassen.

Inzwischen eine halbe Unze frischen Ziegenkäse, eine halbe Hand voll gehackten Dill und die gleiche Menge gehackte Petersilie vermischen und in die Soße geben. Solange rühren, bis alles gut vermengt und eine glatte Soße entstanden ist.

Die Soße durch ein Sieb oder ein grobes Mulltuch passieren und über die Garnelen gießen.

Das Gericht wird warm serviert.

Kommentar

Garnelen wirken wie alle Krustentiere blutstauend und somit sexuell stimulierend. Glaubt man Latini, war Nello Brentio der Erste, der sie gegessen und davon berichtet hatte.

Aus den Samen des Dills, eines in Asien beheimateten Krautes, das auch in Südeuropa verbreitet ist, wird ein trockener Extrakt gewonnen, dessen starker Duft dem Kreuzkümmel ähnelt, der unter anderem einen sehr aromatischen Geschmack hat. Wegen dieser Eigenschaften und ihres ätherischen Öls werden die Dillsamen seit der Antike – und hier besonders von den Griechen – zum Würzen, aber auch als Aphrodisiakum verwendet.

Alle anderen Zutaten wurden bereits behandelt und tragen zu der geschätzten Wirkung des Rezeptes bei.

10 Triumph des Fleisches

Zutaten

Ein halbes Pfund Rindfleisch, ein halbes Pfund Schweinefleisch, ein junges Huhn, zwei Pfund Sandgarnelen, eine Tasse Olivenöl, zwei Prisen Meersalz, vier Prisen bernsteinfarbener Ingwer (die dunkelste Ingwerqualiät), ein halbes Pfund frischer Lauch, ein halbes Pfund Schalotten, zwei Gläser Rotwein.

Zubereitung

Ein halbes Pfund Rindfleisch und ein halbes Pfund Schweinefleisch klein würfeln. Das Fleisch in einen Kochtopf geben und ein abgezogenes und in sehr kleine Stücke geschnittenes Huhn sowie zwei Pfund Sandgarnelen hinzufügen.

Eine Tasse Olivenöl darüber gießen, mit Salz und reichlich bernsteinfarbenem Ingwer würzen, und bei kräftiger Hitze anbraten. Wenn das Fleisch angebräunt ist, ein halbes Pfund frischen Lauch, ein halbes Pfund Schalotten (beides in Ringe geschnitten) sowie zwei Gläser Rotwein hinzufügen.

Wenn die Flüssigkeit eingekocht ist, das Gericht bei sehr geringer Hitze eine halbe Stunde lang kochen lassen, gelegentlich umrühren.

Ein frischer Wein sollte diese Mahlzeit begleiten.

Kommentar

Möglicherweise haben Rind- und Schweinefleisch sowie die Sandgarnelen, die im Mittelalter sehr beliebt waren, eine blutstauende Wirkung. Hinzu kommt noch die Art, auf die das vorliegende Rezept zubereitet wird.

Besondere Wirkung entfaltet der Wein. Im Anschluss an ein wärmendes Eiweißgericht werden größere Mengen dieses wichtigen Aphrodisiakums getrunken.

11 Teuflischer Stockfisch

Zutaten

Ein gesalzener Stockfisch, vier Tassen Olivenöl, der Saft einer Zitrone, eine Zwiebel, eine Prise Oregano, eine Prise Dill, eine halbe Unze Petersilie, zwei Nelken, vier Wacholderbeeren, vier kleine Heringsfilets, zwei Esslöffel geriebener Käse, eine Prise Ingwer, eine Löffelspitze Zimt, eine Spur geriebene Muskatnuss, Salz, ein halbes

Pfund weißes Mehl, eine halbe Tasse Quellwasser, eine halbe Fingernagelspitze Goldpulver; Letzteres ist eine für das Mittelalter typische Zutat, die man durch die gleiche Menge Safran ersetzen kann.

Zubereitung

Den gesalzenen Stockfisch mindestens vierundzwanzig Stunden unter fließendem Wasser wässern und in sehr kleine Stücke schneiden.

Trockentupfen und eine halbe Stunde in einer Marinade aus zwei Tassen Olivenöl, dem Saft einer Zitrone, einer geschnittenen Zwiebel, einer Prise Oregano, der gleichen Menge Dill, Petersilie, zwei Nelken und vier Wacholderbeeren einlegen.

Inzwischen aus vier gewässerten Heringsfilets mit etwas Öl, zwei Esslöffeln geriebenem Käse, einer Prise Ingwer, einer Löffelspitze Zimt und einer Spur geriebener Muskatnuss ein Püree herstellen. So lange rühren, bis sich die Zutaten zu einer glatten Masse verbunden haben.

Anschließend die Stockfischstücke aus der Marinade nehmen, abtropfen lassen und in einen nur sehr sparsam gesalzenen, aus Quellwasser und weißem Mehl hergestellten, dünnflüssigen Teig tauchen.

In heißem Öl ausbacken und die Happen mit einer halben Fingernagelspitze Goldpulver, ersatzweise der gleichen Menge Safran, bestäuben.

Das Gericht mit einer Teufelssoße servieren. Dazu verrührt man das aus Heringsfilets, Käse und süßen Gewürzen hergestellte Püree mit der abgeseihten Marinade.

Kommentar

Der Stockfisch ist bereits an sich sexuell stimulierend. Zubereitungsart und Zutaten, insbesondere die Verbindung von Hering, Ingwer, Zimt und Muskatnuss, machen ihn nur noch teuflischer.

12 Bourride[2]

Zutaten

Drei oder vier kleine Stücke Seeteufel pro Person, zwei Stangen Lauch, zwei Prisen Petersilie, eine Scheibe Zitrone, zwei oder drei Esslöffel Weinessig, ein knappes Pint Quellwasser, zwei Prisen Salz, eine Knoblauchzehe, zwei oder drei Tassen Olivenöl, einen Esslöffel saure Milch (ersatzweise saure Sahne), zwölf kleine Büschel Petersilie, die gleiche Menge Pfefferminze, eine Prise graue Ambra, ersatzweise eine Prise getrockneter und geriebener Rogen der Meeräsche, eine Prise Safran.

Aïoli

Zutaten

Drei Knoblauchzehen, ein Eigelb, eine Prise Salz, etwa eine Tasse Olivenöl.

Zubereitung

Um eines der besten Gerichte der provenzalischen Küche für zwei Personen zuzubereiten, benötigt man pro Person drei oder vier kleine Stücke Seeteufel.

[2] Dieses provenzalische Gericht wurde, wie auch die Aïoli, von Mistral und anderen Dichtern besungen. Es gibt verschiedene Zubereitungsmöglichkeiten, ein Charakteristikum der *Bourride* bleibt aber immer gleich: Die Brühe, in der der Fisch gegart wird, rührt man anschließend unter die Aïoli, eine Art Knoblauchmayonnaise.

Zuerst eine Fischbrühe kochen. Kopf, Haut und Gräten des Fisches mit einer klein geschnittenen Lauchstange, zwei Prisen gehackter Petersilie, einer Scheibe Zitrone (im Mittelalter verwendete man stattdessen Agrest), zwei oder drei Esslöffeln Weißweinessig und einem knappen Pint Quellwasser in einen Topf geben. Ausreichend salzen und alles zwanzig Minuten köcheln lassen. Die Brühe abseihen.

Inzwischen die Aïoli herstellen: Drei Knoblauchzehen im Mörser zerstoßen oder im Mixer pürieren. Ein Eigelb und eine Prise Salz zufügen und mit einem Löffel aus hellem Holz umrühren, da dieser gute Einflüsse am besten aufnimmt. Das Öl in einem dünnen Strahl hineinlaufen lassen und unterrühren. So lange in eine Richtung rühren, bis die Soße cremig wird. Nun etwas mehr Öl hineingeben und weiter immer nur in eine Richtung rühren, bis eine dickflüssige Creme entsteht.

Sodann eine halbe Tasse Öl mit der zweiten, ebenfalls in Scheiben geschnittenen Lauchstange in eine große Pfanne geben. Wenn der Lauch Farbe annimmt, eine zerdrückte Knoblauchzehe dazugeben. Nun die Seeteufelstücke hineinlegen, die mit gemahlener grauer Ambra oder einer Prise geriebenem Rogen der Meeräsche gewürzt wurden. Nach und nach mit der abgeseihten Fischbrühe aufgießen.

Bei geringer Hitze zwanzig Minuten garen lassen. Wenn die Soße zum Teil eingekocht ist, den Fisch herausnehmen und warm stellen.

Den Fond, der nach und nach mit der gesamten Fischbrühe aufgegossen wurde, bei kräftiger Hitze noch etwas einkochen lassen. Bei sehr geringer Hitze ein letztes Mal aufkochen, anschließend durch ein Sieb gießen.

Nun in einer neuen Pfanne bei kräftiger Hitze den zuvor durch ein Sieb gegossenen Fond mit der fertigen Aïoli verrühren.

Wenn eine dickflüssige Creme entstanden ist, mit zwölf kleinen Büscheln Petersilie und der gleichen Menge Pfefferminze sowie einer Prise Safran würzen. Die Creme noch einige Minuten köcheln lassen, dann den Fisch wieder in die Pfanne legen.

Das Gericht wird warm gegessen; die Soße serviert man in einer Schüssel.

Kommentar

Der auf provenzalische Art zubereitete Seeteufel mit Aïoli kann sogar die anspruchsvollsten Feinschmecker locken, die stets ein Gericht mit dem anderen vergleichen. Und da das eine zum anderen führt, kann man, nachdem der Gaumen zu seinem Recht gekommen ist, frohen Mutes jegliche Kritik unterlassen. Möglicherweise ergibt sich auf diese Weise auch für den Alkoven eine hervorragende Gelegenheit, denn sich in der Liebe zu verlieren gilt mehr als alles andere.

Vorsicht ist zwar nicht bei der *Bourride* selbst, aber beim Verzehr von Essig geboten. Verschiedene Gelehrte der Renaissance, darunter auch Pisanelli und Gallina, waren der Ansicht, er sei für Frauen, die an Unterleibserkrankungen leiden, nicht geeignet.

13 Fisch »Benevent«

Zutaten

Ein großer Zackenbarsch, zwei Prisen Koriander, drei Knoblauchzehen, eine Teelöffelspitze Kardamom, Salz, zwei Tassen frisch gepresstes Olivenöl, ein Kalbspenis, besser noch ist der Penis eines mindestens fünfzehn Monate alten Stiers, drei Prisen Kreuzkümmel, drei Prisen Dill, eine Prise Bohnenkraut, die gleiche Menge Majoran, ein Korb Walnüsse, der Saft zweier Zitronen, ein Hauch geriebenes Moos, drei Esslöffel Zimtblüte, eine Tasse Weißwein.

Zubereitung

Einen großen Zackenbarsch schuppen, ausnehmen, abspülen und mit Walnussblättern trockentupfen.

Unterdessen in einem Mörser zwei Prisen Koriander, drei Knoblauchzehen, eine Teelöffelspitze Kardamom sowie drei Prisen Bohnenkraut, das bei zunehmendem Mond mitsamt der Wurzel geerntet wurde, zermahlen. Die Kräutermischung gut durcharbeiten, etwas salzen und nach und nach das frisch gepresste Olivenöl zugießen, in dem mindestens vier Tage lang der Penis eines Kalbs oder eines jungen Stiers eingelegt wurde, der anschließend zu Mus verarbeitet und mit zwei Esslöffeln Zimtblüte gewürzt wurde.

Den Zackenbarsch mit der Mischung füllen. Anschließend den Bauch des Fisches mit dreifachem Zwirn zunähen. Den Fisch in einen Fischtopf legen. Frisch gepresstes Olivenöl mit drei Prisen Kreuzkümmel, der gleichen Menge Dill, einer Prise Majoran sowie der gleichen Menge Bohnenkraut würzen und darüber gießen.

Bei mäßiger Hitze garen, bis eine mittelgroße Kerze zu einem Viertel heruntergebrannt ist, also vierzig Minuten.

In der Zwischenzeit einen Korb Walnüsse so fein hacken, dass eine Art Paste entsteht. Eine Tasse Weißwein mit dem Saft zweier Zitronen mischen und unter die Walnusspaste rühren. Die Soße gut umrühren, so dass eine dickflüssige Creme entsteht. Mit zwei Prisen Salz, einem Hauch gemahlenem Moos und nach Belieben einem Esslöffel Zimtblüte würzen.

Nun ist der Zackenbarsch beinahe fertig. Den Fisch vor dem Servieren mit etwas Soße übergießen. Wer möchte, kann bei Tisch noch Soße nachfassen.

Griechisches Feuer

Um die Wahrscheinlichkeit einer erotischen Begegnung zu erhöhen, sollte man sich ein paar Stunden vor dem Verkosten des Leckerbissens der Herstellung von griechischem Feuer widmen.

Weidenkohle oder ersatzweise Reisigkohle entzünden. Über dem Feuer drei Schöpflöffel Aquavit, eine Handvoll Schwefel, drei Esslöffel pulverisierten Kampfer, eine Prise Sommerfliederblüten (nicht unbedingt erforderlich) und ein paar in Stücke geschnittene Fäden von neuer Wolle möglichst in einem Zinntopf zum Kochen bringen. Die Zutaten gut verrühren und entzünden, wenn sie genügend Zeit hatten, die Stimmung des Kochs und die Atmosphäre der Umgebung aufzunehmen.

Damit werden zwangsläufig alle bösen Kräfte in demjenigen, der das Ritual abhält, sowie in seiner Umgebung vernichtet.

Kommentar

Der Zackenbarsch ist einer der schmackhaftesten Fische, und sein Fleisch hat ohne Zweifel blutstauende Wirkung, die durch die Zubereitung, die Verwendung von Gewürzen und das magische Ritual noch verstärkt wird.

Beim Bohnenkraut und allen seinen Unterarten handelt es sich um ein aus dem Mittelmeerraum stammendes einjähriges Gewächs. Seit der Zeit der Griechen und Römer wird es als Medikament und Aphrodisiakum verwendet. Mit der Begründung, Bohnenkraut sei zu giftig und zu gefährlich, rät Ovid in *Ars amandi* grundsätzlich von seiner Verwendung ab. In kleinen Dosen, wie den im Rezept genannten drei Prisen, gibt es jedoch praktisch keine Gegenanzeigen. Bohnenkraut ist gut für die Verdauung und hat eine anregende Wirkung.

Der Penis eines Kalbs oder eines jungen Stiers diente, ebenso wie die Sexualorgane anderer Tiere – besonders wenn es sich um starke und aggressive Arten handelte –, vom Mittelalter bis ins 19. Jahrhundert als Aphrodisiakum. So mancher verwendet ihn sogar noch heute. Seine Wirkung wurde nie nachgewiesen. Wir gehen davon aus, dass seine vermeintliche Wirkung darauf beruhte, dass er die komplexen psychischen Vorgänge beeinflusste, die Sexualität und Geist, Symbolismus, Analogie und Vorstellungskraft miteinander verbinden.

Der Majoran, eine Pflanze aus dem Mittelmeerraum, war von Osteuropa bis nach Zentralasien bekannt. Bereits seit der Antike nutzt man das duftende *herba majorana* nicht nur in der Arzneimitteltherapie, sondern auch als Aphrodisiakum – vermutlich gerade wegen seines hinreißenden Duftes.

Auch das Moos ist Bestandteil unseres Rezeptes. Diese überaus weit verbreitete Pflanze, von der es 12 000 Arten gibt, ist sehr wichtig für die Verteilung von Wasser. Samtiges Moos wächst nicht nur auf feuchtem Untergrund, sondern auch auf Grasflächen. Feuchtigkeit spielt für seine Fortpflanzung eine entscheidende Rolle, da die männlichen Mooszellen Wasser benötigen, um zu den weiblichen Strukturen zu gelangen. Diese senden chemische Stoffe aus, die den männlichen Zellen den Weg weisen. Bei ihrer Vereinigung entstehen die Sporen. Der besonders intensive Geruch des Mooses ist dafür verantwortlich, dass man ihm seit der Antike eine stimulierende Wirkung zuschreibt. Neueren Forschungen zufolge ist dieser jedoch tatsächlich auf Sexualduftstoffe zurückzuführen, die viele in einer moosreichen Umgebung lebende Kleinsäugetiere (Maulwurf, Maus, Ratte, Biber, aber auch Hyäne, Rind und sogar die Eule) absondern. Diese Tiere, die zu den Moschusarten gehören und vermutlich von in Tibet, China und Sibirien beheimateten Exemplaren abstammen, produzieren das Sekret in einer Drüse zwischen Bauchnabel und Genitalien. Welche der Theorien auch richtig sein mag – der Duft von Moschus übt seit Urzeiten einen starken Reiz auf die menschlichen Sinne aus.

Um die Wahrscheinlichkeit einer sexuellen Begegnung zu erhöhen, wird dem Koch sowie dem Auftraggeber des Gerichtes geraten, nach dem beschriebenen Ritual und mit den angegebenen Zutaten ein griechisches Feuer zu entzünden.

Wir erinnern in diesem Zusammenhang an den Sommerflieder, der in Asien und Madagaskar, aber auch in Südeuropa wächst. Der Duft der Pflanze – oder besser, ihrer Blütenstände, Blüten, Früchte und Blätter – zieht Insekten, vor allem aber Schmetterlinge an. Analog dazu glaubte man, der Duft des Sommerflieders könne eine so starke körperliche Anziehung bewirken, dass jeder, der ihn einatmete, zu außergewöhnlichen sexuellen Leistungen im Stande sei.

14 Dorade in spanischer Soße

Zutaten

Eine Dorade, drei Prisen Ingwer, eine Prise zerstoßene Kreuzkümmelsamen, zwei oder drei Prisen Salz, zwei Tassen Olivenöl, zwei Zwiebeln, ein halbes Glas Essig oder ersatzweise ein halbes Glas Agrest, eine Prise Ingwer, zwei Schöpflöffel getrocknete Rosenblütenblätter oder ersatzweise eine Hand voll getrocknete Pflaumen, eine Prise Bärenklausamen, ein kleiner Schöpflöffel geschmolzener Honig, eine halbe Hand voll Rosinen, ein Glas Malagawein.

Zubereitung

Die Dorade säubern und in vertikale Stücke schneiden. Die Stücke auf einen Teller legen und mit drei Prisen Ingwer, einer Prise (Daumen, Zeige- und Mittelfinger der linken Hand) zerstoßenen Kreuzkümmelsamen und einer Prise Salz würzen. Die Stücke auf beiden Seiten ein dutzend Mal mit der Mischung einreiben und eine halbe Stunde ruhen lassen.

Anschließend die Scheiben mit Mehl bestäuben und in zwei Tassen heißem Öl braten. Abtropfen lassen, auf einen Teller geben und beiseite stellen.

Zwei fein gehackte Zwiebeln und ein halbes Glas Essig oder ersatzweise ein halbes Glas Agrest in das zum Braten verwendete Öl geben und mit einer weiteren Prise Salz würzen.

Etwas andünsten, und eine Prise Ingwer, zwei Schöpflöffel getrocknete Rosenblütenblätter oder ersatzweise eine Hand voll getrocknete und in einer Tasse Mandelmilch eingeweichte Pflaumen sowie eine Prise Bärenklausamen hinzufügen.

Die Zutaten bei mäßiger Hitze unterrühren. Wenn die Zwiebeln glasig sind, einen halben Kochlöffel geschmolzenen Honig sowie eine halbe Hand voll in weißem Malagawein eingeweichte und abgetropfte Rosinen zugeben.

Bei sanfter Hitze weiterkochen, bis die Soße etwa auf die Hälfte einreduziert ist.

Nun die Temperatur wieder erhöhen, die Fischscheiben in die Soße legen und darin wenden, so dass beide Seiten die unterschiedlichen Aromen annehmen.

Das Gericht wird warm verzehrt, schmeckt aber auch kalt.

Kommentar

Der Dorade oder Goldbrasse wird, wie allen Fischen, eine sexuell anregende Wirkung zugeschrieben. Das chinesische Sprichwort: »Fisch will schwimmen«, bezieht sich auf die Vereinigung. Der Fisch galt bereits im antiken China als Phallussymbol. Die Dorade ist besonders reich an Nährstoffen und soll den Beischlaf fördern. Ihren Namen hat sie ihrem goldenen Rücken zu verdanken, nach dem die Griechen sie *chrysophris* (goldener Fisch) nannten. Ihre Seiten schimmern dagegen silbrig. Laut Latini entdeckte Aurelio Ceste diesen Fisch für die Küche und lieferte auch eine kulinarische Beschreibung. Sergius Orata seinerseits war der Erste, der die Dorade in Teichen züchtete, und man sagt, er habe sich selbst nach seiner Leidenschaft für eben diesen Fisch benannt. Die kleinste Doradenart wird in der Provence *sanguene*, die handtellergroße Art *daurade* und die in der Größe dazwischenliegende *moiane* genannt. In Paris kennt man sie unter dem Namen *brame de mer* (Pisanelli).

Dadurch, dass die Dorade mit Gewürzen wie Ingwer und Kreuzkümmel zubereitet wird, die als ausgesprochene Aphrodisiaka gelten, erreicht man eine sehr starke Anreicherung mit anregenden Substanzen, was die Wirkung des Fisches noch erhöht.

Weitere, der Sexualität zuträgliche und stimulierende Zutaten garantieren ein befriedigendes Ergebnis.

15 Zackenbarsch auf andalusische Art

Zutaten

Ein Zackenbarsch, eineinhalb Tassen Olivenöl und etwa die gleiche Menge Walspeck (im Mittelalter verwendete Zutat; heute empfiehlt es sich, den Walspeck durch weitere eineinhalb Tassen Olivenöl oder zwei Hand voll fetten Schweinespeck zu ersetzen), zwei Pfund Lauch, eine Knoblauchzehe, eine Teelöffelspitze Harz des Drachenbaums (für das Gelingen des Rezeptes nicht unbedingt erforderlich), eine halbe Prise Euphorbium (mittelalterliche Zutat, die für das Gelingen des Gerichtes nicht unbedingt erforderlich ist), zwei Prisen Salz, eine kleine Kugel graue Ambra oder sechs Safranfäden, ein Teelöffel Koriander, sieben kleine Stücke gewässerter Hering, drei getrocknete Holunderbeeren, eine Hand voll Datteln, die gleiche Menge geröstete Mandeln, der Saft einer Zitrone, eine halbe Tasse Weißwein, ein walnussgroßes Stück getrocknetes und gemahlenes Hippomanes oder ersatzweise die gleiche Menge getrockneter und gemahlener Rogen der Meeräsche.

Zubereitung

Einen Zackenbarsch in Scheiben schneiden und auf einen großen Teller legen. Drei Tassen Olivenöl (oder eineinhalb

Tassen Olivenöl und die gleiche Menge fetten Speck) in eine Kasserolle geben. Zwei Pfund Lauch mit einem frisch geschliffenen, spitzen Messer in Ringe schneiden. Zuvor die äußere Lauchschicht entfernen und mit dem Herz des Tieres in ein Jutesäckchen oder aber in ein herzförmiges, mit Gänsefedern gefülltes Säckchen gleicher Größe legen und später unter einem Feigenbaum vergraben.

Den Boden des Topfes mit einem Teil Lauch bedecken. Die Zackenbarschscheiben auf das Lauchbett legen und mit einer gehackten Knoblauchzehe, zwei Teelöffeln Ingwer, einem Hauch Drachenbaumharz, einer kleinen Kugel gemahlener grauer Ambra oder ersatzweise sechs zerstoßenen Safranfäden, einer halben Prise Euphorbium und ausreichend Salz würzen. Das Harz des Drachenbaums und das Euphorbium sind für das Gelingen des Rezeptes nicht unbedingt erforderlich.

Mit den restlichen Lauchringen bedecken, die zuvor mit einem Teelöffel Koriander, sechs kleinen gewässerten und pürierten Heringsstücken sowie drei pulverisierten Holunderbeeren gewürzt wurden.

Das Gericht erhitzen, bis das Öl siedet. Dann die Datteln sowie die gerösteten und gehackten Mandeln darüber geben. Mit dem Saft einer Zitrone abschmecken, der mit einer halben Tasse Weißwein und einem walnussgroßen Stück getrockneten und pulverisierten Hippomanes oder ersatzweise der gleichen Menge getrocknetem und gemahlenem Rogen der Meeräsche verrührt wurde. Nun das Gericht bei kräftiger Hitze mindestens eine Viertelstunde lang zugedeckt garen. Dann bei sanfter Hitze weitere zwanzig Minuten zugedeckt köcheln lassen.

In dieser Zeit das Messer, mit dem der Lauch in Scheiben geschnitten wurde, waschen und abtrocknen. Dann stößt man es genau in die Mitte des in das Jutesäckchen gewickelten Herzens und beschwört siebenmal den Dämon Behemoth, dessen Name weitere siebenmal rückwärts wiederholt wird. Nun ist das Jutesäckchen verhext und kann vergraben werden.

Sobald das Gericht fertig ist, wird es warm verzehrt.

Kommentar

Hier haben wir ein weiteres Zackenbarschgericht, dessen anregende Wirkung durch den Walspeck oder den fetten Schweinespeck sowie die anderen Zutaten, die fast alle bereits erwähnt wurden, verstärkt wird.

Gehen wir kurz auf den Drachenbaum ein, eine ursprünglich auf den Kanarischen Inseln beheimatete Pflanze, die auch in Afrika und Südspanien wächst. Ihren Namen erhielt sie von der kräftig roten Flüssigkeit, die austritt, wenn man ihre Rinde anritzt – dem *Drachenblut*. Die Pflanze und noch mehr ihr Harz genießen vor allem in Spanien den Ruf, Aphrodisiaka zu sein.

Graue Ambra

Graue Ambra ist eine leichte, wachsartige und fette Ausscheidung des Pottwals und vermutlich krankhaften Ursprungs. Sie wird in warmem Wasser geschmeidig und verflüchtigt sich bei Hitze. Dabei verströmt sie einen schweren, äußerst verwirrenden Duft, weswegen sie in der Parfümherstellung verwendet wird. Im Mittelalter diente die graue Ambra als Aphrodisiakum, was vermutlich an folgender Analogie lag: Graue Ambra wurde meist im Meer treibend gefunden, und auch Venus, die Göttin der Liebe und der Schönheit, war den Wellen entstiegen.

Eine der weiteren Zutaten ist das Euphorbium. Seinen Blüten und Blättern – beide sind von großer Schönheit – sagte man aphrodisierende Kräfte nach. Dieses entbehrt jedoch jeglicher Grundlage und wurde nie nachgewiesen.

Ein paar Datteln verfeinern das Rezept, reizen mit ihrem delikat süßen Geschmack die Geschmacksnerven und sprechen auf diese Weise so manches Mal über den Geschmackssinn auch andere Sinne an.

Mandeln galten im antiken Mesopotamien und in Ägypten wegen ihres Geschmacks und ihres Duftes, aber auch wegen der blutstauenden Wirkung auf das kleine Becken als berauschend.

Dem Hippomanes schrieb man seit dem Mittelalter eine besondere Wirkung in Liebesdingen zu. Den Schriften zufolge ist das Hippomanes das berühmteste Mittel der Liebesmagie. Aber worum handelt es sich? Glaubt man jenen, die der Zauberkunst kundig sind, so handelt es sich um eine schwarze, runde, einer getrockneten Feige ähnliche Geschwulst auf der Stirn jedes tausendsten neugeborenen Fohlens. Dieser Wucherung sollte die ganz besondere Kraft zu eigen sein, glühende Leidenschaft zu wecken.

Damit das Hippomanes wirken kann, muss es pulverisiert, mit dem Blut des begehrten Menschen vermischt und mit starkem Rotwein wie folgt verabreicht werden: »Ein Drittel trinkt der Verliebte, zwei Drittel das Objekt der Begierde.« Das Hippomanes erfährt in fast allen magischen Texten sehr große Anerkennung. Freilich ist es keinem der vielen Gelehrten, die sich mit dem Thema befassten, je gelungen, ein solches Mal auf der Stirn auch nur eines einzigen Fohlens zu entdecken. Zu allen Zeiten behaupteten jedoch Hexen und Zauberer, die mythische Wucherung gefunden und regelmäßig bei Fällen von unerwiderter

Liebe eingesetzt zu haben. In diesem besonderen Fall ist die Wirkung unserer Meinung nach rein psychologisch: Welche Pülverchen in Ermangelung des Hippomanes tatsächlich verabreicht wurden, bleibt im Dunkeln.

Das Wundermittel wird den heiligen Texten zufolge wie folgt zubereitet: »Ein Stück Hippomanes bei abnehmendem Mond in einem neuen, frisch glasierten Tontopf sieben Tage trocknen lassen. Was übrig bleibt, in eine Gänse- oder Rebhuhnpastete mischen, die man zusammen mit dem geliebten Menschen verzehrt. Die Wirkung lässt nicht auf sich warten. Noch bevor die Mahlzeit verdaut ist, wird man heiß begehrt. Eine Besonderheit, die nicht unerwähnt bleiben sollte: Man verspürt grenzenloses Vergnügen.«

Alle anderen Zutaten wurden bereits besprochen.

Behemoth

Zur Zubereitung des Rezeptes gehört auch ein magisches Ritual, die Anrufung Behemoths. Dieser Teufel, der über Völlerei und Gaumenfreuden herrscht, nimmt häufig die Form großer Tiere, eines Elefanten, eines Wals oder eines Ochsen, an. Behemoth ist zudem Kellermeister und Mundschenk der Unterwelt und beschützt jene, deren Leben aus Orgien und Gelagen besteht.

16 Gefüllte Zahnbrasse

Zutaten

Eine schöne Zahnbrasse, eine halbe Tasse Olivenöl, drei gehackte Zwiebeln, vier Esslöffel Pinienkerne, acht Esslöffel gehackte Walnüsse, eine Hand voll Rosinen, ein Büschel Pfefferminze, ein Büschel Bohnenkraut, eine Prise Zimtblüte, zwei gemahlene Paradieskörner oder ersatzweise zwei gemahlene schwarze Pfefferkörner, eine Prise Ingwer, zwei Prisen Salz, ein Hühnerei, zwei Prisen Dill, die gleiche Menge Petersilie, eine Hand voll Semmelbrösel, zwei Hand voll Brotkrumen, zwei Gläser Wein, sechs oder sieben Stich Butter.

Zubereitung

Eine schöne Zahnbrasse durch die Kiemen ausnehmen, damit der Bauch unverletzt bleibt.

Sehr sorgfältig waschen und mit Olivenblättern trockentupfen. Mit der Handfläche auf den Fisch drücken und ihn fünfmal in einem imaginären magischen Kreis gegen den Uhrzeigersinn drehen, um das Fleisch noch mürber zu machen.

Nun die Gräte in der Nähe des Kopfes und kurz vor dem Schwanz brechen, ohne die Haut zu verletzen. Mit zwei Fingern in die Kiemenöffnung fahren, die Gräte packen und vorsichtig daran rütteln, bis sie sich herausziehen lässt. Das Fleisch, das sich daran befindet, beiseite legen.

Sodann den Fisch kräftig vom Schwanz zum Kopf hin massieren. Dabei wird das Fleisch immer weiter zerkleinert und kann durch die Kiemen entnommen werden. Zu dem zuvor beiseite gestellen Fleisch geben.

Nun die Füllung zubereiten. Drei gehackte Zwiebeln mit vier Esslöffeln gehackten Pinienkernen, der doppelten Menge gehackten Walnüssen, einer Hand voll Rosinen, einem Büschel Pfefferminze, der gleichen Menge Bohnenkraut und Majoran bei geringer Hitze und unter ständigem Rühren eine Viertelstunde in einer halben

Tasse Olivenöl anbräunen. Dann eine Prise Zimtblüte, zwei zerstoßene Paradieskörner oder ersatzweise zwei gemahlene schwarze Pfefferkörner, eine Prise Ingwer, Salz sowie das auf die oben beschriebene Weise gewonnene Fleisch des Fisches hinzufügen.

Alles einige Minuten garen lassen und zwei Prisen fein gehackten Dill und Petersilie dazugeben.

Die Farce sodann gründlich mit den in Wein eingeweichten und sorgfältig ausgedrückten Brotkrumen sowie einem verschlagenen Hühnerei verrühren.

Die Zahnbrasse durch die Kiemenöffnung damit füllen.

Den gefüllten Fisch in den stark vorgeheizten Ofen geben und mit der halb zerlassenen Butter sowie den Semmelbröseln bestreuen. Etwa eine halbe Stunde backen und von Zeit zu Zeit mit einem halben Glas Weißwein begießen.

Lauwarm servieren.

Kommentar

Die Zahnbrasse gilt wie viele Fische als Sexualstimulans. Zu dem Rezept gehört auch ein magisches Ritual, das vor allem die Leistungsfähigkeit desjenigen steigern soll, der das Gericht serviert. Nach dem Gesetz der Resonanz wird dadurch auch das Objekt der Begierde auf tausenderlei Arten verführt.

Ein wichtiger Bestandteil des Rezeptes ist der Zimt, ein aus dem gleichnamigen Baum gewonnenes Gewürz. Er dient seit der Antike als Aphrodisiakum. Das dickflüssige ätherische Öl, das durch Destillation aus Blättern und Zweigen gewonnen wird, hat einen starken, durchdringenden Duft. In die Genitalien einmassiert, löst es beim Wiedererwachen sexuelles Verlangen aus. Das Gewürz mit dem typischen zart-berauschenden Aroma bekommt man, wenn man die Zimtwurzel entrindet und die Rinde trocknet. Auch die anderen Teile der Pflanze verströmen einen süßen Duft.

Alle anderen Zutaten wurden bereits in den bisherigen Rezepten besprochen.

17 Krake »Magdalena«

Zutaten

Zwei mittelgroße Kraken, eine gute halbe Tasse Olivenöl, ein halbes Pfund Zwiebeln, ein halbes Glas Rotwein, eine halbe Tasse Agrest oder ersatzweise der Saft einer Zitrone, eine halbe Tasse Mandelmilch, eine Hand voll Rosinen, vier getrocknete Pflaumen, ein Zweig Rosmarin, eine Prise Kardamom, drei Lorbeerblätter, eine Messerspitze gemahlene Muskatnuss, eine Messerspitze pulverisierter Bernstein oder ein Hauch getrockneter und geriebener Rogen der Meeräsche.

Zubereitung

Zwei mittelgroße Kraken säubern und bei geringer Hitze mit etwas Öl in einer Kasserolle andünsten, bis sie rot werden.

Mit einer noch unbenutzten Klinge in Stücke schneiden und mit einer halben Tasse Olivenöl in einen Topf geben. Eine Unze grob gehackte Zwiebeln dazugeben. Wenn die Zwiebeln anfangen, braun zu werden, mit einem halben Glas Rotwein, einer halben Tasse Agrest oder ersatzweise dem Saft einer Zitrone sowie einer halben Tasse Mandelmilch ablöschen und eine Hand voll Rosinen, das Fruchtfleisch von vier in je sechs Teile geschnittenen Pflaumen, einen Zweig Rosmarin, eine Prise Kardamom, drei zerstoßene Lorbeerblätter, eine Messerspitze gemahlener Muskatnuss, eine Messerspitze Bernstein oder die gleiche Menge Rogen der Meeräsche hinzufügen; auch diese Zutaten werden gemahlen.

Bei sehr sanfter Hitze zugedeckt etwa eine Stunde schmoren, bis die Kraken ganz und gar weich sind. Die Kraken aus dem Fond nehmen und auf einen Servierteller geben.

Den Fond einkochen lassen und durch ein Sieb gießen. Die von den festen Bestandteilen befreite Flüssigkeit in eine Soßenschüssel gießen.

Nun kann dieses triumphale Gericht aufgetragen werden.

Kommentar

Der Krake gehört zur Familie der Kopffüßer, der höchsten Familie der Weichtiere, und genießt mehr als alle anderen Tiere dieser Gattung den Ruf, blutstauend und aphrodisierend zu wirken. In der Tat diente ihr Fleisch schon immer als Energiespender. In Südfrankreich glaubt man, dass diejenigen, denen es nicht gelingt, ihren Nutzen aus der Wirkung des Kraken zu ziehen, ihr Verlangen mit in den Schlaf nehmen, wo sie im Traum erneut damit konfrontiert werden. So manchen lässt es selbst nach dem Aufwachen noch nicht los, so dass er erst zur Ruhe kommt, nachdem er sich selbst Befriedigung verschafft hat. Die Wirkung des Kraken verpufft niemals ungenutzt – im Gegenteil, sie bleibt sogar über einen längeren Zeitraum hinweg bestehen.

Der Effekt der Weichtiere wird durch Gewürze und Kräuter verstärkt, deren Eigenschaften bereits zuvor dargelegt wurden.

18 Wachtelragout

Zutaten

Drei Wachteln, einige Lammhoden, fünf Wachtelhoden, eine apfelgroße Menge Fett vom Kapaun oder die gleiche Menge fetten Speck, zwei Esslöffel mit Süßdolde gewürztes Öl, zwei Eigelb, eine oder zwei Prisen Salz, zwei gemahlene Paradieskörner oder ersatzweise gemahlenen schwarzen Pfeffer, eine halbe Zimtstange, eine halbe kleine Kugel geriebene Ambra oder eine Unze geriebener Rogen der Meeräsche, drei Nelken, ein knapper halber Schöpflöffel Brühe vom Kapaun, ein Glas Apfelschnaps, zwei Prisen Safran, der Saft einer halben Zitrone, eine halbe Fingernagelspitze Goldpulver, das man heute durch etwas geriebene Muskatnuss ersetzen kann.

Zubereitung

Hervorragend geeignet, den Mann einer überaus fordernden Frau zu stärken.

Die Lammhoden säubern und von der Haut befreien. Mit den Wachtelhoden ebenso verfahren. Die Hoden mit einem apfelgroßen Stück Fett vom Kapaun oder einer Hand voll fettem Speck sowie zwei Esslöffeln mit Süßdolde aromatisiertem Öl und zwei verschlagenen Eigelb bei sanfter Hitze in eine tiefe Kasserolle geben.

Nach zehn Minuten sind die Hoden wunderbar zart.

Nun Salz, zwei geriebene Paradieskörner oder gemahlenen schwarzen Pfeffer, eine halbe pulverisierte Zimtstange, eine halbe Kugel geriebene gesprenkelte Ambra oder ersatzweise die gleiche Menge geriebenen Rogen der Meeräsche sowie drei zerstoßene Nelken hinzufügen.

Umrühren und die Soße nach ein paar Minuten mit etwas Brühe vom Kapaun aufgießen. Weitere fünf Minuten warten, dann ein kleines Glas Apfelschnaps hineingeben, der mit zwei Prisen Safran verrührt wurde.

Wenn die Hälfte der Flüssigkeit verdampft ist, den Saft einer halben Zitrone dazugeben, in dem die zuvor zerstoßen verwendeten Nelken vierundzwanzig Stunden eingelegt waren.

Das Gericht noch einige Minuten auf dem Herd lassen. Mit einer halben Fingernagelspitze Goldpulver bestäuben und würzen, sobald die einzelnen Zutaten zu einer dicken, sämigen Soße verkocht sind. Bei diesem Gericht kann das Goldpulver auch durch einen Hauch geriebene Muskatnuss ersetzt werden.

Das Ragout wird warm verzehrt.

Wie sich die Wirkung verstärken lässt

Wenn das Gericht nicht ganz die gewünschte Wirkung hat, kann man sie mit folgendem Wundermittel verbessern:

Vier Unzen Wachtelhoden mit einem halben Esslöffel Benzoeöl sowie der gleichen Menge Styraxöl und Holunderextrakt vermischen.

Ein Skrupel Ambra der Levanteküste hinzufügen, was aber nicht unbedingt notwendig ist. Alle Zutaten gut verrühren.

Das Mittel wird nach dem Essen auf die weiblichen und männlichen Genitalien aufgetragen.

Kommentar

Hoden galten das ganze Mittelalter hindurch als Aphrodisiaka: Die stärkste Wirkung schrieb man Wachtelhoden, die ebenso wie das Fleisch anderer Wildarten blutstauende Wirkung haben, Widderhoden und Lammhoden zu. Gleiches wurde auch dem Kapaun, der Schildkröte, dem Spatz und der Amsel nachgesagt. Unserer Ansicht nach basiert die Wirkung von Hoden lediglich auf Einbildungskraft und Analogie.

Bei der gesprenkelten Ambra, wie der Ambra der Levanteküste, handelt es sich um eine Bernsteinart. Aus diesem fossilen Harz wurden viele Schmuckgegenstände, besonders für Frauen, hergestellt. Aus Gründen der Analogie glaubte man, es sei in der Lage, die Verführungskräfte zu steigern.

Der Körper kann Goldpulver, das ebenso giftig ist wie Silberpulver[3], nicht aufnehmen, so dass es vollständig wieder ausgeschieden wird. Styrax- und Benzoeöl, die das Gericht noch wirkungsvoller machen sollen, sind zweifellos hautreizend und damit zugleich stimulierend. Die beiden Öle können eingenommen werden, sind aber gerade äußerlich angewendet äußerst effektiv.

19 Langusten »Astaroth«

Zutaten

Zwei Langusten, fetter Speck, Olivenöl, zwei Schalotten, zwei Knoblauchzehen, zwei Prisen Meersalz, zwei Esslöffel gehackte Petersilie, eine Prise Safran, eine Prise Ingwer,

[3] Silber galt als ebenso wertvoll wie Gold, wenn nicht sogar als wertvoller, da es schwer zu finden war.

sechs fein gehackte Mandeln, ein Glas Weißwein, die rosafarbene Vulva einer Meeresschildkröte (mittelalterliche Zutat, die man durch die Vulva einer Sau ersetzen kann), eine Tasse einer aus einem Drittel Weißwein und zwei Dritteln Heidelbeerschnaps hergestellten Mischung. Zudem ein Hauch Zimtessenz, drei Prisen Vanille.

Zubereitung

Dieses Rezept stammt etwa aus dem Jahr 1650.

Wichtig: Zwei Langusten fünf Minuten kochen. Dann mitsamt dem Panzer in große Stücke schneiden, während man mit großer Inbrunst den Dämon Astaroth beschwört.

Die Langustenstücke mit dem klein geschnittenen fetten Speck und etwas Olivenöl anbraten, bis ihr Panzer eine kräftig purpurrote Farbe angenommen hat.

Nun zwei fein gehackte Schalotten und zwei zerdrückte Knoblauchzehen in etwas Öl anbraten und dazugeben. Ausreichend salzen, mit zwei Esslöffeln gehackter Petersilie, einer Prise Safran und der gleichen Menge Ingwer würzen und sechs abgezogene und gehackte Mandeln unterrühren.

Das Gericht gut durchziehen lassen und mit einem halben Glas Weißwein ablöschen, das mit der pürierten rosafarbenen Vulva einer Meeresschildkröte oder ersatzweise der in Essigwasser gekochten und sehr fein geschnittenen Vulva einer Sau vermischt wurde.

Zugedeckt bei mäßiger Hitze weitere zehn Minuten garen lassen.

Nach Ablauf der Kochzeit die Langustenstücke aus der Soße nehmen, gut abtropfen lassen, auf einen Teller geben und warmstellen.

Nun die Temperatur wieder erhöhen, dabei die Soße sorgfältig umrühren, so dass nichts am Boden des Topfes hängenbleibt. Nun ein Drittel Weißwein mit zwei Dritteln Heidelbeerschnaps vermischen und eine halbe Tasse davon zur Soße geben. Die Flüssigkeit erhitzen und beim ersten Aufwallen flambieren.

Sodann die Soße durch ein Sieb passieren, mit einem Hauch Zimtessenz würzen und bei schwacher Hitze noch ein paar Minuten weiterköcheln lassen.

Die Soße etwas andicken lassen und zum Schluss mit vier Esslöffeln Aïoli (siehe Rezept 12) verfeinern.

Die sämige Soße über die Langusten gießen, das Gericht kurz ruhen lassen und verzehren.

Kommentar

Die aphrodisierenden Eigenschaften von Langustenfleisch sind hinreichend bekannt. In diesem Rezept steigern nicht nur die Zubereitung, sondern auch ein magisches Ritual sowie die Anrufung Astaroths, eines sehr mächtigen Dämons (in der Hierarchie Weyers nimmt er den Rang eines Großherzogs ein und befehligt Legionen von Dämonen), seine Wirkung. Astaroth wird auf einem höllischen Drachen reitend dargestellt; anstelle eines Zepters schwingt er eine Schlange. Wo er geht und steht breitet sich eine Wolke unerträglichen Schwefelgeruchs aus. Astaroth lehrt nicht nur die verborgensten okkulten Geheimnisse, sondern weckt auch die Libido und stiftet zur Wollust an. Aus diesem Grund beschwor Madame de Montespan ihn bei schwarzen Messen, die sie zelebrieren ließ, um die Leidenschaft König Ludwigs XIV. am Leben zu halten (siehe *Das Hexenrezeptbuch*).

Die Vanille, eine tropische Kletterpflanze, deren Samen von den vorkolumbianischen Völkern mit Kakao vermischt als Aphrodisiakum verwendet wurde, diente auch der Heilung von Impotenz. Das Aroma der Vanille kannte und nutzte man auch im antiken Asien und im Mittelmeerraum. Man glaubte, die Vanille habe eine berauschende Wirkung, was heute weitgehend unbestritten ist.

Alle anderen Zutaten wurden bereits besprochen.

20 Vortrefflicher Aal

Zutaten

Ein halbes Dutzend Aale, ein Dutzend Mandeln, eine Hand voll fetter Speck oder eine Tasse Olivenöl, zwei Knoblauchzehen, zwei Teelöffel Ingwer-Koriander-Mischung, zwei gemahlene Paradieskörner (oder gemahlener schwarzer Pfeffer), zwei Tassen Malvasier, zwei Skrupel Kreuzkümmel, zwei Skrupel Guineapfeffer (ersatzweise eine Unze Kardamomsamen), zwei Skrupel Galgant, zwei Prisen Meersalz, ein Hauch Melissenessenz (für das Gelingen des Rezeptes nicht unbedingt erforderlich), ein daumennagelgroßes Stück geriebenes Hippomanes. Diese mittelalterliche Hexenzutat kann durch eine halbe Unze getrockneten und geriebenen Rogen der Meeräsche ersetzt werden.

Zubereitung

Ein halbes Dutzend Aale säubern und in Stücke schneiden, ohne sie zu häuten.

Eine Hand voll fetten Speck oder eine Tasse Olivenöl in einem Topf erhitzen und nach und nach ein Dutzend abgezogene und gehackte Mandeln, zwei zerdrückte Knoblauchzehen, zwei Teelöffel Ingwer-Koriander-Mischung sowie zwei Paradieskörner (oder zerstoßenen schwarzen Pfeffer) hinzugeben.

Gut umrühren und dann mit zwei Tassen Malvasier aufgießen. Die Flüssigkeit nicht zu sehr mit den übrigen Zutaten verrühren, und sobald sie warm ist, die Aalstücke hineinlegen. Den Aal bei mäßiger Hitze etwa eine halbe Stunde garen.

Die reduzierte Soße mit zwei Skrupel Kreuzkümmel sowie der gleichen Menge Guineapfeffer (oder Kardamomsamen) und Galgant würzen.

Mit einem Kochlöffel aus hellem Holz umrühren. Weitere fünf Minuten verstreichen lassen, salzen und etwas Melissenessenz (siehe Zutaten) sowie ein daumennagelgroßes Stück geriebenes Hippomanes zufügen. Anstelle des Hippomanes lässt sich auch mit einer halben Unze getrocknetem und geriebenem Rogen der Meeräsche eine hervorragende Wirkung erzielen.

Kommentar

Auch das Fleisch des Aals wirkt blutstauend und eignet sich deshalb als Basis für Gerichte, die Lust entfachen sollen.

Athenaeus berichtet, er habe in Arethusa bei Negroponte zahme Aale mit Ringen aus Gold und Silber in den Ohren gesehen, die den Menschen aus der Hand fraßen. Derselbe Autor erzählt auch von einem Essen, bei dem unter anderem ein hervorragender Aal serviert worden sei. Überwältigt von so viel Glanz rief einer der Gäste aus: »Unter diesen Bacchantinnen bist du die Helena, und ich bin der Paris dieses Gastmahls.« In Böotien brachte man den Göttern Aale als Opfergabe dar. Archestratus bezeichnete den Aal als »König und Herrscher der Wollust«.

Galgant als Aphrodisiakum

Die Verwendung von Wurzel und Rhizom der *alpinia officinalis* oder des Galgant als Gewürz und Aphrodisiakum lässt sich bis ins antike China zurückverfolgen. Der arabische Arzt Ibn al-Baitar schrieb der »bitteren Wurzel« eine erotisierende Wirkung zu. Seit dem siebten Jahrhundert nach Christus war die Wurzel nicht nur als Aphrodisiakum, sondern auch als Bestandteil stimulierender Kräuterliköre gefragt. In der zweiten Hälfte des sechzehnten Jahrhunderts schrieb der berühmte Botaniker Pier Andrea Mattioli: »Galgant erfrischt den Atem, fördert die Verdauung, beruhigt bei Blähungen und begünstigt die körperliche Liebe.« Aus Deutschland ist folgendes Hausmittel überliefert: »Wer eine Galgantwurzel isst oder sich die Genitalien damit einreibt, vermag zwölfmal hintereinander zum Orgasmus zu kommen.«

Die Zitronenmelisse mit ihrem schicksalhaften und faszinierenden Duft, vom Griechischen *ape* oder *limoncello*, in der Toskana auch Cetronella genannt, wird häufig als Gewürz und wegen ihrer Eigenschaften auch als Aphrodisiakum verwendet. In Colettes Roman *Belles Saisones* fragt Madame de Noailles nach einem seltsamen Strauch, dessen durchdringender Duft an Zeder und Geranie erinnert: die Zitronenmelisse. Sie verströmt ihren Duft, wenn man über ihre Blätter streicht oder sie zwischen den Fingern zerreibt. Er ist Bestandteil aller Parfüms sowie des Melissengeists. Bis heute dient er dazu, die weibliche Müdigkeit zu bekämpfen.

Alle weiteren Zutaten wurden bereits besprochen.

21 Aromatische Meerbarben

Zutaten

Vier mittelgroße Meerbarben, drei Wacholderbeeren, ein Zweig wilder Fenchel, die Innereien der Barben, ein Viertelliter Agrest (ersatzweise ein Viertelliter Apfelessig, mit Rosmarin aromatisiert), eine halbe Tasse Weißwein, eine halbe Tasse Essig, ein Pfund altbackenes Brot ohne Rinde, ein Büschel Petersilie, ein Büschel Pfefferminze, zwei Teelöffel Zucker, ein Teelöffel gemahlener Zimt, zwei Quentchen Kapern, eine Unze Heringsfilet, ein halbes Glas Olivenöl.

Zubereitung

Nicht mehr als vier mittelgroße Meerbarben säubern, ausnehmen und schuppen.

Trockentupfen. Dann den Bauch jedes Exemplars mit drei Wacholderbeeren, einem Zweig wildem Fenchel und den vorschriftsgemäß gesäuberten Innereien füllen. Die Fische eine halbe Stunde lang in Agrest oder in mit Rosmarin aromatisiertem Apfelessig marinieren. Dann den Bauch der Fische zunähen.

Die Fische mit Mehl bestäuben und in zwei Handvoll fettem Speck oder eineinhalb Tassen Olivenöl zuerst sanft, dann kräftig anbraten. Auf einem großen, etwas tieferen Teller abkühlen lassen.

Unterdessen ein Pfund altbackenes Brot ohne Rinde in eine Schüssel geben. Eine halbe kleine Tasse Weißwein mit der gleichen Menge Essig vermischen und über das Brot gießen. Das eingeweichte Brot nach ein paar Minuten ausdrücken und zerkleinern.

Dann ein Büschel Petersilie, die gleiche Menge Pfefferminze sowie zwei Quentchen Kapern fein hacken und mit zwei Teelöffeln Zucker sowie der Hälfte Zimt vermischen.

Eine Unze sorgfältig gewässertes und püriertes Heringsfilet dazugeben. Die Flüssigkeit, die beim ersten Wässern der Heringsstücke zurückbleibt, muss noch vor dem Kochen in ein Gewässer, das ins Meer mündet, oder unter einen Feigenbaum geschüttet werden.

Alles sorgfältig glatt rühren, bis eine homogene Masse entsteht. Durch ein Sieb streichen und in einem Topf auffangen. Nach und nach das Olivenöl in einem dünnen Strahl dazugeben.

Im Uhrzeigersinn rühren, ohne Rhythmus oder Richtung zu ändern. Auf diese Weise entsteht allmählich eine dickflüssige Soße, die bei Tisch zu den Meerbarben serviert wird.

Dieses Gericht wird kalt gegessen.

Kommentar

Meerbarben galten sowohl wegen der blutstauenden Wirkung ihres Fleisches als auch wegen ihres Duftes als stimulierend. Letzterer soll angeblich sogar im Stande sein, eine Reihe biologischer Vorgänge auszulösen und auf diese Weise jegliche Hemmungen zu beseitigen, was freilich nie nachgewiesen wurde. Laut Pisanelli heben Meerbarben einen mit Menstruationsblut gewirkten Zauber auf. Zudem sollen sie, in Wein eingelegt, die Männer impotent und die Frauen unfruchtbar machen. Der lateinische Name der Meerbarbe lautete *mullus*, die Venezianer nannten sie *barbone*. Die Römer schätzten die Meerbarbe sehr – ihre Leber war sowohl als Medikament als auch als Leckerbissen beliebt – und ließen sich diese Vorliebe einiges kosten. Der Fisch war Diana geweiht und wurde deshalb von den Hexen bevorzugt. Appianus sagt: »Accipiunt trigliae terno cognomina partu«, was so viel heißt wie: »Die Meerbarben (ital. triglia) heißen so, weil sie dreimal im Jahr Junge bekommen.« Noch heute ist diese Ansicht weit verbreitet. Martial behauptete, Meerbarben wögen nicht mehr als zwei Pfund, Seneca dagegen gibt an, Kaiser Tiberius habe eine vier Pfund schwere Meerbarbe geschenkt bekommen, die Octavius zu einem Preis von fünf Sesterzen erstanden hatte. Plinius berichtet, der Fisch sei zu seiner Zeit so begehrt gewesen, dass Asinius achttausend Denar für eine Meerbarbe bezahlt habe. Macrobius zufolge kostete eine Meerbarbe während der Saturnalien siebentausend Denar, während Juvenal von sechstausend Denar spricht: »Mullum sex milius emit, acquantem sane parbus sestentia libris.«

Bei den Kapern handelt es sich um die Knospen der gleichnamigen Pflanze. Sie werden in Essig eingelegt und eignen sich hervorragend für Soßen und als Würzmittel. Auf Grund ihres pikanten Geschmacks und ihres Dufts gelten sie als sehr anregend.

In diesem Rezept ist die Flüssigkeit, die beim ersten Wässern der Heringe zurückbleibt, Gegenstand eines magischen Rituals, das seine Wirkung auf die Fantasie sicher nicht verfehlt. Was die sämige Soße angeht, so steht außer Zweifel, dass sie in der Lage ist, auch den erotischen Appetit anzuregen.

Alle anderen Zutaten wurden bereits erwähnt.

22 Meeräsche »Magie des Sonnenaufgangs«

Zutaten

Vier Meeräschen, Olivenöl, sechs Myrtenbeeren, zwei Mistelbeeren, eine Knoblauchzehe, ein Skrupel pulverisierte Mazisblüte (man kann sich auch mit der gleichen Menge Zimtpulver behelfen), ein Granatapfel, eine Prise Ingwer, eine kleine Kugel geriebene graue Ambra (ersatzweise ein Skrupel Senf), ein Skrupel Speik (ersatzweise die gleiche Menge Lavendelblüten), ein Skrupel Koriander, eine halbe Tasse Agrest oder die gleiche Menge Apfelessig, ein Teelöffel Zucker, eine Hand voll Sultaninen, eine halbe Fingernagelspitze Goldpulver oder ersatzweise ein Viertel einer geriebenen Muskatnuss.

Zubereitung

Die Meeräschen säubern, aber nicht ausnehmen. Auf diese Weise sind sie noch geschmackvoller.

Die Fische grillen. Von Zeit zu Zeit mit einem mit Damianakraut verschlungenen Olivenzweig und einer Mischung aus sechs Myrtenbeeren, zwei Mistelbeeren, einer zerdrückten Knoblauchzehe, einer Unze pulverisierter Mazisblüte oder der gleichen Menge pulverisierten Zimtsamen bestreichen.

Die fertig gegarten Fische auf zwei tiefe Teller legen (je einen für den Koch und seine bessere Hälfte; diejenigen, die etwas anderes im Sinn haben, benötigen für jeden Gast einen Teller), zudecken und warmstellen, damit sie noch etwas weiter ziehen können und ganz besonders mürbe werden.

Inzwischen die Kerne eines Granatapfels in einer Schüssel zerstoßen, eine Prise Ingwerpulver, eine kleine

Kugel gemahlene graue Ambra oder ersatzweise ein Skrupel Senf sowie die gleiche Menge Speik und Koriander (siehe Zutaten) dazugeben.

Die Zutaten verrühren. Zusammen mit einer Tasse Agrest oder der gleichen Menge Apfelessig, vermischt mit einem Teelöffel Zucker und einer Hand voll Sultaninen, in einen kleinen Topf geben und bei sanfter Hitze auf den Herd stellen.

Die angedickte Soße mit einer halben Fingernagelspitze Goldpulver oder ersatzweise einem Viertel einer geriebenen Muskatnuss bestäuben.

Die Soße noch einmal erhitzen, aber nicht kochen lassen. Über die Meeräschen geben, und den Teller des Objektes der Begierde besonders reichlich damit bedenken.

Das Gericht etwas ruhen lassen, aber warm servieren.

Kommentar

Das Fleisch der Meeräsche gilt als erotisierend und aphrodisierend.

Die Mistel mit ihren Blättern und Beeren sorgt auch heute noch während der Weihnachtsfeiertage für Freude. Über der Tür aufgehängt, bringt sie besonders verliebten Pärchen Glück, die sich darunter küssen. Die seit der Antike als heilig verehrte Pflanze galt als Geschenk der Götter, da sie ohne eigene Wurzeln auf den Bäumen wächst. Ihre opalisierenden Beeren waren Symbole der Fruchtbarkeit. Beim Schneiden der Mistelzweige musste man ein besonderes Ritual einhalten, das Jean Markale in dem Buch »Die Druiden. Gesellschaft und Götter der Kelten« beschreibt. Er behauptet darin außerdem, das Wort *Mistel* bedeutete ursprünglich »Allheilmittel«.

Im griechisch-römischen Gedankengut war die von der Eiche geschnittene Mistel sowohl ein Symbol für die

Essenz der Sonne Jupiters als auch für das Wasser, also die Frucht der Eiche, die wiederum auf den Mond zurückgeht und der mythologischen Gestalt des Hippolytos zugeordnet war. Hippolytos wurde der Legende nach von seinen Pferden zu Tode geschleift. Die verliebte Venus rächt sich auf diese Weise durch seine Stiefmutter Phaidra, seinen Vater Theseus und den Gott Hephaistos[4] an ihm, doch Artemis[5] erweckt Hippolytos zu neuem Leben, bringt ihn in den Wald von Nemi und macht ihn unter dem Namen Viribus zum Gott der Natur. Wem es gelingt, den *rex nemoriensis* genannten Hohepriester zu besiegen und den goldenen Zweig aus seinem Heiligtum in der Mitte des Sees in seinen Besitz zu bringen, nimmt seinen Platz ein, was einen Aspekt des Zyklus der Natur symbolisieren soll (siehe Frazer, *Der Goldene Zweig*).

Neben einer erotisierenden und Empfängnis fördernden Wirkung schrieb man der Mistel auch weitere Kräfte zu. Sie galt als Bindeglied zwischen der Welt der Götter und der Welt der Menschen und war bei Druiden und Germanen als äußerst wirksames Gegenmittel bei Vergiftungen bekannt. Gerade diese letztgenannte Eigenschaft stellt eine Verbindung zum Mythos des jungen Naturgottes Balder, dem Sohn Odins, her. Der Legende nach träumte Balder so oft davon, getötet zu werden, dass die Götter beschlossen, ihn zu beschützen. Wasser, Feuer, Metalle, Tiere, Krankheiten, Gifte und Pflanzen mussten der Göttin Frigg schwören, Balder kein Leid zuzufügen. Der Mistel, die in ihren Augen noch zu jung war, nahm die Göttin dieses Versprechen nicht ab. Frigg glaubte nun, Balder sei unverwundbar, und forderte die anderen Göt-

[4] Oder nach römischer Diktion, Vulkan
[5] Oder nach römischer Diktion, Diana

ter auf, ihn zu töten – wohl wissend, dass sie ihm nicht schaden konnten. Doch der heimtückische Loki hatte durch eine List erfahren, dass die Mistel von dem Schwur ausgenommen war. Er schnitt einen Mistelzweig und ging zur Versammlung der Götter. Dort traf er auf den blinden Gott Hödur und fragte ihn, warum er nicht ebenfalls auf Balder zielte. Hödur antwortete: »Weil ich blind und unbewaffnet bin.« Loki gab Hödur einen mit einem Mistelpfeil gespannten Bogen in die Hand und zielte für ihn auf Balder, der tödlich getroffen zu Boden fiel, wie die Eiche, die nur gefällt werden kann, nachdem die schützende Mistel entfernt wurde.

Die nordjapanischen Ainu waren von den außergewöhnlichen Heilkräften der Mistel überzeugt. Sie mischten sie unter ihr Essen und nahmen sie als Trank zu sich. In Afrika ist die Mistel noch heute Kultobjekt – eine Pflanze, die zum Trost der Menschen vom Himmel fiel.

Der von den Phöniziern verbreitete Granatapfel war der Liebesapfel der klassischen Antike. Von allen Pflanzen Aphrodites wurde er am höchsten geschätzt. Wie einem auf Papyrus geschriebenen, überlieferten Gedicht zu entnehmen ist, brachte man ihn bereits im antiken Ägypten mit Erotik und Sexualität in Verbindung. Der Granatapfel symbolisiert die Fleischeslust und ist auch auf dem von Hieronymus Bosch Ende des fünfzehnten Jahrhunderts gemalten Bild *Garten der Lüste* zu sehen. In der Antike pflegte man eine ganze Frucht so tief wie möglich in die Vagina einzuführen, um deren Wände zu Krämpfen zu reizen und die Frau so für die Wünsche des Partners empfänglich zu machen.

Dem Glauben nach soll der Granatapfel, Symbol der Unsterblichkeit, der ewigen Fruchtbarkeit, des Frühlings und der Erneuerung, aus dem Blut des Dionysos oder

Bacchus entstanden sein. Wer die Kerne des Granatapfels aß, fiel durch den heiligen Saft des trunkenen Gottes in einen doppelten Zauber: Er entbrannte in unkontrollierbarer und gleichzeitig unendlicher Leidenschaft für die Freuden Aphrodites. Diese Früchte, so reich an Symbolik und Liebesruhm, genießen seit dem Mittelalter den Ruf, hervorragende Aphrodisiaka zu sein. Der aus dem vergorenen Saft des Granatapfels hergestellte Wein wurde sehr häufig zu diesem Zweck eingesetzt und besitzt – in ausreichender Menge getrunken – zweifellos eine erregende Wirkung.

Honig, Met und andere Bienenprodukte hatten seit jeher eine Verbindung zur Sexualität. Beginnend mit der Steinzeit dienten sie als erste Süßstoffe und Grundlage alkoholischer Getränke. Vergärt man Honigwasser, entsteht Met oder Honigwein, der allen Kulturen unseres Kontinents sowie auch in anderen Kulturkreisen bekannt war. Met galt als heilig und wurde nur bei religiösen Festen oder Ritualen getrunken. Er sollte die Menschen in einen Rauschzustand versetzen und ihre Seelen zum Universum emporheben. Dioskurides, Galen und Plinius sahen darin ein Wundermittel der Medizin. Die amerikanischen Indianer mischten dem Met halluzinogene Substanzen der Kröten oder die Extrakte betäubender Pflanzen bei; die Germanen gaben halluzinogene Nachtschattengewächse in das Getränk. Sie verfügten sogar über eine besondere Mischung, deren alleiniger Zweck es war, den von der körperlichen Liebe Erschöpften neuen Schwung zu geben. In der Tat galt Met als hervorragendes Aphrodisiakum, da er die Eigenschaften des Honigs und die berauschende Wirkung des Alkohols und der Halluzinogene, besonders des Bilsenkrauts, in sich vereinigte.

Ibn Battuta

Der arabische Reisende Ibn Battuta[6] (1304–1377) berichtet in seinem Reisetagebuch, die gesamte Bevölkerung der Insel Dibat el Habal nehme ein Gemisch aus Met und Kokossaft zu sich. Zusammen mit der vorwiegend aus Fisch bestehenden Kost soll das Getränk in der Lage gewesen sein, bislang ungeahnte Manneskraft zu wecken. Auch Ibn Battuta experimentierte achtzehn Monate damit, und die Geschichten über seine sexuelle Leistungsfähigkeit grenzen ans Unglaubliche. Fest steht jedenfalls, dass diese Art der Ernährung mit Sicherheit der Gesundheit und damit auch der Sexualität zuträglich war.

Honig auf die Genitalien aufzutragen, wurde sowohl zur Stimulation als auch zur Steigerung der Fruchtbarkeit empfohlen. Wie man sagt, soll es die Befriedigung beim Cunnilingus erhöhen, wenn man die Genitalien der Frau zuvor mit etwas Honig einreibt.

Mit am begehrtesten ist wilder Honig aus Mexiko und China. In Bolivien sammelten die Indios wilden Honig, pressten die Waben aus und gewannen auf diese Weise eine Substanz namens *poge*, mit der sie Impotenz und Unfruchtbarkeit bekämpften. Zusammen mit *maté* wurde aus *poge* ein Tee mit stimulierender Wirkung.

[6] Saraf-al-Din Abd Allah Muhammed, genannt Ibn Battuta, wurde 1304 in Tanger geboren und begab sich im Alter von zwanzig Jahren auf eine Reise, von der er erst 1355 zurückkehrte. In der Zeit dazwischen bereiste er Nordafrika, Äthiopien, Somalia, die Türkei, den gesamten mittleren Orient, Indien, China, Indochina und Indonesien. Er starb im Jahre 1377, nachdem er seine Reisen in einem Bericht festgehalten hatte.

Die anderen Bienenprodukte wie Bienenpollen und Gelee Royal werden als Elixiere für ein langes Leben eingesetzt, um die Potenz zu steigern, erotische Begegnungen zu begünstigen und die Lust so gut wie möglich auszukosten, ohne dabei allzu viel Müdigkeit zu verspüren. Im Gelee Royal befinden sich bis zu 2,8 Prozent vom so genannten Faktor R, den einige Wissenschaftler für seine aphrodisierende Wirkung sowie eine Steigerung der Samenproduktion verantwortlich machen.

23 Getrüffelte Heringe

Zutaten

Die gewünschte Menge Heringe, ein Becken voll Quellwasser, so viel weiße Trüffel wie nötig, ausreichend Olivenöl, vier Hand voll fetter Speck, dreißig Lorbeerblätter.

Bei diesem Gericht müssen die Mengenangaben selbst festgelegt werden. In mittelalterlichen Texten wurden sie häufig weggelassen, weshalb es sich um rekonstruierte Schätzungen handelt.

Zubereitung

Die gewünschte Menge gesalzene Heringe aus einer Schale nehmen und in einem großen Becken mit Quellwasser wässern. Die nach dem Wässern übrige Flüssigkeit mitsamt dem Salz, das sich auf dem Boden abgesetzt hat, in ein Gefäß geben und auf den Backtrog stellen, wo sie vor neugierigen Blicken sicher ist.

Anschließend die Heringe entgräten, sorgfältig filetieren und mit Kohl- oder Weinblättern trockentupfen.

Die Filets in eine große Schüssel geben und mit einer Schicht weißem Trüffel bedecken. Die Trüffel werden so dünn geschnitten, dass sie an hauchzarte Rosenblätter erinnern oder an den Reiz des Verbotenen, wenn man eine geweihte Hostie isst.

Es folgt eine weitere Schicht Heringe, auf die wiederum Trüffel geschichtet werden, und so weiter.

Zuletzt mit dreißig Lorbeerblättern bedecken und mit dem Olivenöl oder vier Hand voll zerlassenem Speck verschließen. Die Schüssel versiegeln und sorgfältig abdecken. In ein schweres Tuch hüllen und an die Ostseite des kühlsten Zimmers des Hauses stellen. Sieben Tage ruhen lassen.

In der Nacht des sechsten Tages das beiseite gestellte Behältnis mit der beim Wässern der Heringe übrig gebliebenen Flüssigkeit herbeiholen. Den Inhalt in einen Brunnen oder ein eigens dafür gegrabenes Loch schütten, während man im Geiste Luzifer mit aller Kraft beschwört. Wenn der Mond nicht zu sehen ist, ist das umso besser, denn dann hat man keinen Zeugen. Falls der Mond scheint, kann man ihn täuschen, indem man ihm den Rücken zukehrt, während man sich der Flüssigkeit entledigt. Dieses Vorgehen ist aus zwei Gründen sinnvoll: Zum einen bringt es Unglück, wenn man dabei beobachtet wird, wie man Salz wegschüttet. Zum anderen entledigt man sich bei diesem Ritual aller negativen Energien, die das Wasser in den letzten Tagen aufgenommen hat.

Wenn die Wartezeit vorbei ist, kann das Gericht verkostet werden.

Kommentar

Sowohl die Heringe als auch die Trüffel, die zu den am höchsten geschätzten blutstauenden Lebensmitteln zählen, sind für ihre anregende Wirkung bekannt. Gerade Letztere galten und gelten als ideal, um Gaumen und Sexualität zu reizen. Einem tief verwurzelten Glauben zufolge erhöhen die geschmacklich hervorragenden Trüffel einerseits die Samenproduktion, andererseits das sinnliche Verlangen.

Martial zieht sowohl bei Tisch als auch im Bett die Pilze den Trüffeln vor. Juvenal ist hier, ebenso wie die Sexualforschung und Brillat-Savarin, anderer Ansicht. Pisanelli zählte die Trüffel zu den kalten Nahrungsmitteln; Galen, Avicenna und Linnaeus[7] beurteilten sie dagegen als heiß.

Das Rezept räumt dem magischen Ritual viel Platz ein, was angesichts der Zutaten gar nicht nötig gewesen wäre. Es ist jedoch einem *Grimoire* entnommen, und die Hexe, die das Rezept aufzeichnete, hielt es möglicherweise für lohnend, seine Wirkung noch zu verstärken und Anleihen an schwarze Messen und an Luzifer zu nehmen. Die Mysterien der Hexen sind untrennbar mit heidnischen Zeremonien verbunden, die trotz der vom Christentum errichteten Hürden in den Jahrhunderten zwischen Mittelalter und Aufklärung eine neue Blütezeit erlebten und noch heute viele Anhänger haben. Daneben entstanden obszöne Parodien des christlichen Glaubens wie die bereits erwähnte schwarze Messe mit ihrer Umkehrung der christlichen Zeremonie, lasziven Formeln und magischen Ritualen, die Luzifer verherrlichen. Seit Beginn des zwanzigsten Jahrhunderts erfreuen sich schwarze Messen bei vielen okkulten Sekten wieder großer Beliebtheit.

Seit langem wird der Hexensabbat mit der schwarzen Messe gleichgesetzt. Vermutlich hat sich die schwarze

[7] Der berühmte schwedische Botaniker Carl von Linné (1707–1778)

Messe aus der Hexenorgie entwickelt, um einen Pakt mit den dunklen Kräften des Universums zu schließen. Die schwarze Messe veränderte sich allmählich im Laufe des Mittelalters. Es kamen weitere Rituale hinzu, die ebenfalls christlichen Zeremonien nachvollzogen waren. Zum Vergleich: Der Altar, auf dem sich eine obszöne Christusfigur oder eine höllische Ziege befand, wurde von schwarzen Kerzen erleuchtet. Der Kelch enthielt das Blut oder Fett von Tieren und – einigen Quellen zufolge – sogar das Blut geopferter oder eines natürlichen Todes gestorbener Säuglinge oder menschliche Sexualsekrete. Bisweilen diente eine nackte Frau als Altar, auf deren Bauch die Messe zelebriert wurde. Das musste ein abtrünniger Priester tun, der die Soutane an den Nagel gehängt hatte, um stattdessen eine mit satanischen Symbolen geschmückte Kutte überzustreifen. Oft wurde die Messe rückwärts gelesen. Das so genannte *Hokus Pokus* ist eine Parodie der Worte *Hoc est Corpus*, die in der katholischen Messe die Wandlung, also die Verwandlung von Brot und Wein in Leib und Blut Christi, einleiten.

Zu dieser Zeit gewann die schwarze Messe so sehr an Bedeutung, dass sie sich zu einem eigenständigen Ritual entwickelte, dessen Anhänger sich in ihrer glühenden Leidenschaft für den Satanismus zusammentaten. Sie kamen aus den verschiedensten sozialen Schichten, waren Bauern, hochrangige Adelige, Priester und Prälaten, Herren und Diener. Sie alle erwiesen dem Teufel, dem Erzfeind Gottes, aus den unterschiedlichsten Gründen ihre Ehre: aus Neugier, Geiz und Wollust, in der Hoffnung auf illegale Einkünfte, aus hemmungslosem Machtstreben und so weiter.

Wenn die Zeremonie ihren Höhepunkt erreicht hatte,

übernahm der Zeremonienmeister die Führung, und Kult und Sexualität verschmolzen. Die unterdrückte Unruhe, die sich nur schwer zurückhalten oder zerstreuen ließ, brach sich in einer Orgie Bahn. Ein wichtiger Ort für solche Zusammenkünfte war z.B. der Brocken im Harz.

Satanische Rituale

Auf vielen Bildern, Stichen und Skulpturen wurde versucht, die Wildheit und die Wollust dieser Rituale festzuhalten, die häufig von eigens zu diesem Zweck vorbereiteten Messopfern begleitet wurden. Wie bereits erwähnt, wurden Tiere, manchmal sogar Menschen getötet. Viele Rituale wurden geweiht, indem man das Blut eines Satan geopferten Kindes mit dem Inhalt des Kelchs vermischte. Dabei wurden folgende Worte gesprochen: »Astaroth, Asmodeus, ich bitte euch, nehmt das Opfer dieses Kindes an, damit wir erhalten, worum wir euch bitten.«

Im vorliegenden Rezept wird Luzifer beschworen, der im Buch Jesaja (14: 12–15) wie folgt beschrieben wird: »Wie bist du vom Himmel gefallen, du Sohn der Morgenröte! Wie wurdest du zu Boden geschlagen, der du alle Völker niederschlugst! Du aber gedachtest in deinem Herzen: ›Ich will in den Himmel steigen und meinen Thron über die Sterne Gottes erhöhen, ich will mich setzen auf den Berg der Versammlung im fernsten Norden. Ich will auffahren über die hohen Wolken und gleich sein dem Allerhöchsten.‹ Ja, hinunter zu den Toten fuhrest du, zur tiefsten Grube!«

Wie viele Autoren nach ihm behauptete Origenes, Luzifer sei ursprünglich ein himmlischer Geist gewesen und in die tiefsten Tiefen der Unterwelt verbannt worden, weil er versucht hatte, wie Gott zu sein. So wurde er mit der Gestalt Satans identifiziert, dessen hebräischer Name »der Widersacher« bedeutet. Christus sprach zu ihnen (Lukas 10:18): »Ich sah den Satan vom Himmel fallen wie einen Blitz.« Der lateinische Name Luzifers bedeutet »Träger des Lichts« oder auch »Morgenstern«. Hier handelt es sich um die Übersetzung des hebräischen Wortes *Hebel*, das den letzten Stern am Morgen und den ersten Stern am Abend bezeichnet. In der Dämonologie herrscht Luzifer über die Geister der Unterwelt und verführt die Menschen. Dazu bedient er sich ihres Stolzes, der Wollust und des Egoismus, dem sie leicht zum Opfer fallen. Um Luzifers Gunst zu gewinnen, beschworen ihn seine Anhänger am Montag in einem mit seinem Namen versehenen Kreis. Zudem wurde er bei der Sabbat-Zeremonie, über die er häufig den Vorsitz hatte, immer zuerst genannt.

24 Erlesenes Omelette

Zutaten

Achtzehn Austern, sechs Hühnereier, zwei Prisen Salz, eine halbe gemahlene Muskatnuss, zwei Stich Butter.

Zubereitung

Achtzehn Austern waschen. In einen Topf geben und bei sanfter Hitze auf den Herd stellen, damit sie sich öffnen.

Die offenen Mollusken aus der Schale nehmen und auf einen tiefen Teller legen. Die Flüssigkeit, die beim Garen von den Austern abgegeben wurde, zur Seite stellen.

Sechs Hühnereier in einer Schüssel verschlagen. Sie sollten sehr frisch, falls möglich noch warm sein. Zwei Prisen Salz, eine halbe gemahlene Muskatnuss und drei Esslöffel von der Garflüssigkeit dazugeben. Die Zutaten gut verrühren und mit zwei Stich zerlassener und erhitzter Butter in einen Topf geben.

Die Austern eine nach der anderen auf die bereits etwas gestockten Eier legen. Bei sanfter Hitze braten, anschließend das Omelette zweimal einschlagen und servieren.

Sinnliche Austern

Wenn das Rezept Wirkung zeigt oder einen die Liebeslust packt, kann man sein Talent beim verführerischen »Austernspiel« versuchen, einem antiken Zeitvertreib, dem später auch Giacomo Casanova frönte, wie er in seinem Buch *Die Geschichte meines Lebens* erzählt. Man kostet erst eine, dann eine weitere gegarte Auster und gibt sie von Mund zu Mund an den geliebten Menschen weiter. Dabei ist man stets bemüht, die Molluske nicht ihres Saftes zu berauben. Wenn die Auster ins Korsett der Dame fällt, wie es Casanova bei zweien seiner römischen Zöglinge widerfuhr, sollte man die Geistesgegenwart besitzen, sie so behutsam wie möglich wieder herauszuholen – indem man die Stelle, auf die sie fiel, wieder und wieder küsst.

Kommentar

Die stimulierenden Eigenschaften der Auster und der Nährwert der Hühnereier wurden bereits behandelt. Die Kombination verstärkt die erotisierende Wirkung der beiden Zutaten ganz erheblich, was auch die Muskatnuss noch deutlicher zu Tage treten lässt.

Die Auster war auf fürstlichen Tafeln sehr beliebt. Pisanelli sagt dazu: »In der Antike wurde sie vielfach so sehr geschätzt, dass sie als ›delikat‹ und ›schaumig‹ gepriesen wurden. Das größte Lob bekamen die Austern aus dem Lukriner See.« Aristoteles behauptete, die Milch der Austern sorge für Nachkommen. In der gesamten Geschichte der Gastronomie und der Erotik spielt dieses Weichtier die Hauptrolle.

25 Teufelskrebse

Zutaten

Ein Dutzend Krebse, zwei Teelöffel Petersilie, drei Teelöffel Anis, zwei Teelöffel Cassia, eine halbe Tasse Olivenöl, eine halbe geriebene Kugel Ambra oder ersatzweise eine halbe geriebene Muskatnuss, vier Stich Butter, drei Zwiebeln, eine Hand voll Sultaninen, das Fleisch von zwei säuerlichen Äpfeln, zwei Prisen Ingwer, ein daumennagelgroßes Stück Hippomanes oder die gleiche Menge getrocknetes und gemahlenes Fleisch der Meeräsche, ein Schnapsglas Malvasier, das Fleisch von zwei kleinen Heringen, zwei Safranfäden, ein Teelöffel sehr fein gehackte Mandeln, eine Prise Kreuzkümmel und die gleiche Menge Galgant. Sollte letzterer schwer zu bekommen sein, kann er durch die gleiche Menge Estragon ersetzt werden.

Zubereitung

Ein Dutzend Krebse säubern, die Füße entfernen und das Fleisch nach einem kräftigen Schlag auf den schützenden Panzer herausholen.

Eine halbe Tasse Öl mindestens vierundzwanzig Stunden zuvor mit einem Teelöffel Anis würzen, der bei höchstem Sonnenstand geerntet wurde. Das Öl in einem großen Topf erhitzen.

Wenn sich kleine Bläschen bilden, die Krebse hineingeben und nach und nach mit zwei Teelöffeln Petersilie sowie der gleichen Menge Anis und Cassia, alles fein gehackt, würzen.

Soweit möglich mit einem Kochlöffel aus dunklem Holz, am besten aus Eberesche, umrühren. Eine halbe Kugel Ambra oder ersatzweise eine halbe Muskatnuss, beides gemahlen, dazugeben.

Bei sanfter Hitze eine Viertelstunde kochen lassen. Nun die Krustentiere herausnehmen und warmstellen. Die Garflüssigkeit abseihen und in eine Schüssel geben.

Unterdessen drei gehackte Zwiebeln, eine Hand voll Sultaninen und das Fleisch von zwei säuerlichen, im Ofen gebackenen und vom Kerngehäuse befreiten Äpfeln in vier Stich Butter anbraten, mit zwei Prisen Ingwer vergolden, der mit einem daumennagelgroßen Stück geriebenen Hippomanes oder der gleichen Menge getrocknetem und geriebenem Fleisch der Meeräsche vermischt wurde.

Danach mit einem halben Schöpflöffel von der Garflüssigkeit der Krebse und einem Schnapsglas Malvasier ablöschen.

Bei kräftiger Hitze garen, bis sich die Zutaten miteinander verbunden haben. Dann das gewässerte Fleisch zweier sehr kleiner Heringe, zwei Safranfäden, eine Prise Kreuzkümmel und Galgant hinzugeben. Der Galgant kann auch durch die gleiche Menge Estragon ersetzt werden.

Umrühren. Noch sämiger wird die etwas angedickte Soße, wenn man einen Teelöffel sehr fein gehackter Mandeln unterrührt.

Die Zutaten so lange verrühren, bis eine glatte Soße entsteht.

In der letzten Kochphase den Kochlöffel wechseln, da nun ein Löffel aus hellem Holz vonnöten ist. Falls möglich, sollte er aus dem Holz der Esche, eines erhabenen Schutzbaumes, hergestellt sein. Die Esche gilt als Symbol der Macht, zudem unterstützt sie die Fortpflanzung. Auf diese Weise steht die Fertigstellung der Soße im Zeichen siegreicher Liebe.

Nun die Soße durch ein Sieb oder ein Stück grobes Leinen passieren und etwas davon über die Krebse träufeln. Den Rest in eine Schüssel füllen. Den kulinarischen Hochgenuss einige Minuten ruhen lassen, anschließend auftragen.

Kommentar

Das Fleisch des Krebses bewirkt ebenso wie das Fleisch aller anderen Krustentiere einen starken Blutstau und übt demnach eine ideale Wirkung auf die Sinne aus. Es ist sehr reich an Nährstoffen und galt schon in der Renaissance als »beischlaffördernd«. Die Griechen nannten den Krebs *carcinos*.

Anis wurde seit der klassischen Antike als Aphrodisiakum eingesetzt, und auch Dioskurides ist er in dieser Eigenschaft bekannt. In der griechisch-römischen Gesellschaft gehörte der Anis deshalb zu den am meisten geschätzten Gewürzen. Seine Samen eignen sich besonders gut für berauschende Speisen und Getränke. Sie verleihen den Gerichten Geschmack, machen sie leichter verdaulich und steigern auf Grund des enthaltenen anregenden ätherischen Öls deren erotisierende Wirkung. Maimonides riet zur Vorbeugung von Impotenz, über den Tag verteilt eine zu einem Drittel aus Anis bestehende Kräutermischung einzunehmen. In dem Kräuterbuch von Leonhard Fuchs (1543) ist unter anderem zu lesen, dass Anis einen leichten, duftenden Atem verleiht, die Lust steigert, das Essen zum Vergnügen macht und Verdauungsstörungen lindert. Das indische *Aranga Ranga* rät, einen Anisstängel im Mörser zu pulverisieren, ihn mit den Blütenblättern einer Rose zu färben, mit Honig zu einem Elektuar zu verarbeiten und diesen vor dem Beischlaf auf das männliche Glied aufzutragen.

Auch die Cassia, oder chinesischer Zimt, ist ein erotisierendes Gewürz, dessen Wirkung der von Ingwer, Anis und Estragon ähnelt. Die genannten Gewürze wurden bereits in früheren Rezepten besprochen.

Alle anderen Bestandteile des Rezepts wurden bereits analysiert.

Ein Zweifel jedoch bleibt: Hätte man nach einer Portion Teufelskrebse, die mit derart anregenden Zutaten gekocht wurden, überhaupt die Kraft, der Versuchung zu widerstehen?

26 Seezungen »Hugo von Payns«

Zutaten

Drei Seezungen, eine Hand voll weißes Mehl, zwei Tassen Olivenöl, drei Prisen Salz, fünf Lauchstangen, drei Schalotten, zehn Lattichblätter, drei Unzen Käse, zwei Skrupel

Koriander, ein Skrupel Kapern, eine Messerspitze Ingwer, eine Messerspitze Safran, eine oder zwei Prisen geriebene graue Ambra oder ersatzweise ein Skrupel Muskatnuss, ein Glas Malvasier, sechs Wacholderbeeren, eine Prise gemahlene Mazis.

Zubereitung

Drei Seezungen säubern, ausnehmen, filetieren und trockentupfen. Mit Mehl bestäuben und in Olivenöl goldbraun braten, auf einen Teller legen und beiseite stellen.

In einem anderen Topf fünf geschnittene Lauchstangen und drei geschnittene Schalotten in einer Tasse Öl anbräunen. Zehn Lattichblätter grob hacken und in einem weiteren Gefäß sehr leicht erhitzen.

Nun die Seezungenfilets in einen großen Topf geben, mit drei Unzen Käse bedecken, der so hauchdünn geschnitten wurde, dass er an Veilchenblätter erinnert. Die Mischung aus angebräuntem Lauch und Schalotten darüber geben, mit zwei Skrupel Koriander, einem Skrupel Sesam und der gleichen Menge Kapern würzen. Bei sanfter Hitze auf den Herd stellen.

Wenn alles Farbe angenommen hat, die gegarten Lattichblätter, eine Messerspitze gemahlenen Ingwer, die gleiche Menge Safran, eine oder zwei Prisen geriebene Ambra oder ersatzweise ein Skrupel geriebene Muskatnuss dazugeben. Den Topf zudecken und den Käse etwa zehn Minuten schmelzen lassen.

Anschließend mit einem Glas Malvasier übergießen, der mit einem halben Dutzend Wacholderbeeren und einer Prise Mazispulver verrührt und kurz vor dem Gebrauch abgeseiht wurde.

Bei sehr schwacher Hitze einkochen lassen.

Wenn sich die Zutaten des Gerichts gut vermischt haben, kann es verzehrt werden.

Hugo von Payns (1070–1136) war der Gründer und erste Großmeister der »Armen Ritterschaft Christi vom Salomonischen Tempel«, besser bekannt als Templer.

Kommentar

Die Seezunge lebt in sehr fischreichen Gewässern mit sandigen Böden. Seezungen findet man häufig in der Adria, dem Ärmelkanal und der Nordsee. Ihr Fleisch ist zart und nahrhaft zugleich, weshalb es den Ruf genießt, eine kräftigende und somit indirekt auch erotisierende Wirkung zu haben.

Sprechen wir auch über den Sesam, ein einjähriges Kraut, das in warmen Ländern gedeiht. Er dient als Gewürz, seine Früchte und vor allem seine Samen enthalten ein ätherisches Öl, das häufig als Nahrungsmittel und früher auch als Aphrodisiakum Verwendung fand. Der Sesam wird auch in *Ali Baba und die vierzig Räuber*, einer der berühmtesten Geschichten aus *Tausendundeiner Nacht*, erwähnt, in der sich das Tor zur Schatzhöhle nur mit dem Zauberspruch »Sesam, öffne dich!« öffnen ließ.

Vom *crocus sativus* oder Safran verwendet man seit der Antike nur die Blütennarbe und die Spitze des getrockneten Stiels. Der Pflanze, die im Orient, dem alten Ägypten und in Griechenland angebaut wurde, schrieb man große Heilkraft zu, verwendete sie aber auch als Gewürz. Unter anderem glaubte man, Safran könne die Potenz junger Männer steigern. Auch zur Regulierung des Menstruationszyklus und zur Stärkung der inneren Organe wurden geringe Mengen *crocus sativus* empfohlen. Den Griechen zufolge eignete sich Safran hervorragend, um die Liebeslust der Frauen zu steigern. Safran kam auch als Opiumersatz zum Einsatz: Er enthält ein ätherisches Öl mit psychoaktiver Wirkung, das lange, ja sogar multiple Orgasmen begünstigt. In hohen Dosen eingenommen ist Safran jedoch giftig und kann einen Schwangerschaftsabbruch auslösen.

Mazis ist das Fruchtfleisch, das den Samen der Muskatnuss umgibt. Getrocknet dient es als Gewürz; darüber hinaus verwendet man Mazis in der Parfümherstellung und als aphrodisierendes Stärkungsmittel.

27 Meeresfrüchte-Frikadellen

Zutaten

Die gewünschte Menge Meeresfrüchte, drei Unzen weißes Mehl, zweieinhalb Tassen Wasser, insgesamt zwei oder drei Prisen Salz, ein Skrupel Hefe, eine dreiviertel Tasse Olivenöl, eine Prise Cassia, ein halbes gemahlenes Paradieskorn oder ersatzweise die gleiche Menge schwarzer gemahlener Pfeffer, eine Prise Zimtpulver, die gleiche Menge Ingwer.

Zubereitung

Beim Ernten der gewünschten Menge Meeresfrüchte (Seeanemonen) sollte man große Vorsicht walten lassen: Man muss das Gesicht zur Seite drehen, da andernfalls das Augenlicht in ernsthafter Gefahr ist.

Anschließend fährt man mit einem Finger in jede Muschelschale – dort, wo man sie beim Ablösen vom Felsen geritzt hat. Erst jetzt lässt sich das Fleisch von den Tentakeln lösen und ist frei von allem, was das Weichtier gerade verspeist hat. Auf diese Weise entfernt man auch

Kalkablagerungen. Nun sind die Meeresfrüchte essbar. Aus drei Unzen Mehl, einer Tasse bei Vollmond gesammeltem Regenwasser, Salz und einem Skrupel Backhefe einen dünnflüssigen Teig herstellen. Glatt rühren und die Meeresfrüchte hineingeben.

Inzwischen in einer Pfanne eine Emulsion aus zwei Teilen Olivenöl und einem Teil Wasser erhitzen. Hierzu verwendet man das restliche Regenwasser.

Bevor sich kleine Bläschen in der Flüssigkeit bilden, die Meeresfrüchte mit beiden Händen zu kleinen Küchlein formen und unter häufigem Wenden bei mäßiger Hitze braten, bis sie goldbraun und gar sind.

Vor dem Servieren mit Salz, einer Prise Cassia, einem halben Paradieskorn oder schwarzem Pfeffer, einer Prise Zimt und der gleichen Menge Ingwer würzen. Die Gewürze sollten pulverisiert sein.

Kommentar

Die Meeresfrüchte oder Seeanemonen gehören zu den Mollusken. Ihr Fleisch ist ein überaus köstlicher, wegen seiner stimulierenden Wirkung geschätzter Leckerbissen. Die in diesem Rezept verwendeten Gewürze verstärken diese Eigenschaften zusätzlich.

Zudem greift das Rezept den Volksglauben auf, dass man blind wird, wenn man die Meeresfrüchte beim Sammeln ansieht. Jeder, der dieser legendären Gefahr entronnen ist, kann zum echten Helden werden, denn vermutlich hat er dann auch keine Angst, sich den Tücken des Ehelebens zu stellen. Wer aus dieser Schlacht ruhmreich hervorgehen will, sollte nur auf sich selbst und die vereinten Kräfte der Natur, wie zum Beispiel einen Teller voll Meeresfrüchte-Frikadellen, vertrauen.

28 Kastrierte Meeräsche »Luzifer«

Zutaten

Eine kastrierte Meeräsche, eine Knoblauchzehe, ein Büschel Bohnenkraut, zwei Prisen Koriander, zwei Skrupel Cassia, eine halbe Galgantwurzel, Sesamsamen, eine kleine Tasse Pfirsichschnaps, eine Teelöffelspitze Essenz von weißen Seerosen, ein halber Schöpflöffel Olivenöl, vier Lauchstangen, zwei säuerliche Äpfel, ein halbes Glas Agrest oder ersatzweise die gleiche Menge Apfelessig, drei Prisen Meersalz, eine halbe Fingernagelspitze Goldpulver oder zwei Skrupel getrockneter und geriebener Rogen der Meeräsche, einige Petersilienstängel.

Zubereitung

Eine kastrierte Meeräsche oder zumindest eine mehr als ein Kilo schwere Meeräsche am Rücken entlang aufschneiden. Die Wirbelsäule an drei Stellen brechen: in Schwanznähe, am Kopf und auf Höhe des Magens. Die Wirbelsäule vorsichtig herausziehen. Mit den Fingern etwas tiefer in den Fisch hineingreifen, die Innereien herausnehmen und zusammen mit den Gräten beiseite legen.

Den Fisch waschen und abtropfen lassen.

Sodann eine Knoblauchzehe in einem Mörser zerreiben, ein Büschel Bohnenkraut, zwei Prisen Koriander, zwei Skrupel Cassia, die halbe Galgantwurzel und die Sesamsamen dazugeben. Die aromatischen Zutaten gut vermischen und eine kleine Tasse Pfirsichschnaps aufgießen, die mit einer Teelöffelspitze von der Essenz weißer Seerosen (nicht unbedingt erforderlich) verrührt wurde.

Den Fisch in einen ovalen Topf auf ein Bett aus einem halben Schöpflöffel Olivenöl, dem Fleisch von zwei säuerlichen Äpfeln und vier in Ringen geschnittenen Lauchstangen legen. Zugedeckt bei sanfter Hitze zwanzig Minuten durchziehen lassen, dann die Kochtemperatur erhöhen und ein halbes Glas Agrest oder ersatzweise die gleiche Menge Apfelessig sowie die im Mörser zerriebenen und vermischten Zutaten dazugeben.

Die Soße mit einem Kochlöffel aus Holz umrühren und die Meeräsche von Zeit zu Zeit damit beträufeln. Weitere zehn Minuten garen. Sparsam salzen, sobald die Soße anzudicken beginnt. Drei Prisen Salz sollten genügen. Dann das Gericht mit einer halben Fingernagelspitze Goldpulver oder ersatzweise zwei Skrupel getrocknetem und geriebenem Rogen der Meeräsche sowie gehackter Petersilie bestreuen.

Das Gericht wird warm serviert.

Liebesorakel

Mit Hilfe der Innereien, der Fischgräte und drei Haaren des geliebten Menschen, die man sich durch eine List beschafft, nachdem er von dem Gericht gegessen hat, kann man sogar voraussagen, ob der Mensch, mit dem man das Brautbett teilen möchte, der Richtige ist.

Die genannten Zutaten mit einer Unze Olivenöl, einer Unze Rosenwasser und einer Unze Bleiweiß zu einer Paste verarbeiten. Das Gemisch erhitzen, ohne es zum Kochen zu bringen, so dass sich die einzelnen Zutaten miteinander verbinden. Anschließend unter häufigem Rühren abkühlen lassen.

Die Salbe in ein Glasgefäß füllen. Bei Bedarf verwenden, um Hautunreinheiten auszutrocknen, die Krätze zu heilen, das Blut zu reinigen oder sich falschen Phlegmas zu entledigen. Wenn das Mittel wirkt, kann man die Beziehung fortsetzen. Andernfalls sollte man anfangen, dem anderen zu misstrauen.

Kommentar

Bei Griechen und Römern wie auch im Mittelalter wurden Zuchtfische kastriert. Dadurch sollten sie mehr Fett ansetzen, ihr Fleisch genau wie das der Landtiere einen kräftigeren Geschmack bekommen und sich der Nährwert verbessern. Auch wenn sie eine solche Behandlung über sich ergehen lassen mussten, werden die stimulierenden Eigenschaften dieser Bewohner des Tierreiches ebenfalls gerühmt. Zudem galt der Fisch – wie bereits erwähnt – als Phallussymbol und wurde als solches in Rezepten verwandt, die die Sexualität anregen sollten.

Die Meeräsche ist wohlschmeckend, nährstoffreich und besitzt viele positive Eigenschaften. Aus dem gesalzenen Rogen der Meeräsche wird der so genannte weiße Kaviar, griechisch *oatari*, ein Luxuslebensmittel, hergestellt.

Auch Pfirsichschnaps kommt in diesem Rezept vor. Dem Pfirsichbaum wurden magische Fähigkeiten zugeschrieben, und man glaubte unter anderem, er blühe auch außerhalb der Saison. Der fleischige Pfirsich mit seinen runden Formen hingegen lenkt auf Grund einer gewissen äußeren Ähnlichkeit die Aufmerksamkeit des Mannes auf den intimsten Körperteil der Frau. Pfirsiche schmecken hervorragend zu Wein, daher das Sprichwort: »Quod est pesca? Cum vino nobilis esca.« (Was ist der Pfirsich? Mit Wein eine edle Speise.)

Die Seerosen, darunter auch die weiße, gehören genau wie der Lotos zur Familie der Nymphaceen. Seit der Antike glaubte man, diese Pflanzen seien in der Lage, den Menschen alles vergessen zu machen und ihm sein Gedächtnis zu rauben, wie Homer singt. Ihre Schönheit, ihr Duft, die Art, wie sie sich königlich aus dem Wasser erheben, lieferten gute Gründe für den Glauben, dass es sich um Geschenke der Götter handelte und sie als solche eine aphrodisierende Wirkung hätten. Davon waren auch die Ägypter überzeugt und versetzten ihren Wein mit blauen Seerosen. Außerdem mischten sie weitere magische Pflanzen wie Alraune, Bilsenkraut und Cota bei.

In Anbetracht der untersuchten Zutaten und der bereits besprochenen Gewürze kann sich dieses Gericht durchaus einer stimulierenden Wirkung rühmen. Hinzu kommt die suggestive Kraft des außergewöhnlichen magischen Rituals, bei dem aus den Haaren des begehrten Menschen und einigen Fischresten eine Arznei hergestellt wird, die – je nach Behandlungserfolg – auch noch die Frage beantworten soll, ob es der richtige Liebespartner ist.

29 Lachs »Lady Kyteler«

Zutaten

Zwei Pfund Lachsfilet, vier Prisen Salz, ein Pfund Pilze, drei Zwiebeln, eine halbe Hand voll Dill, die gleiche Menge Holunder, ein Teelöffel zerstoßene Paradieskörner oder ersatzweise die gleiche Menge schwarzer Pfeffer, ein Hauch Euphorbium, ein Eiweiß, ein weiteres Ei, zwei Hand voll fetter Speck, ein halber Schöpflöffel Milch, ein Teelöffel Zucker, eine Prise Safran, eine Prise Reismehl, ein Skrupel geriebene Muskatnuss, ein Skrupel Zimtpulver, zwei Handvoll Senfkörner oder ersatzweise eine halbe Dose Senf, eine halbe Tasse Agrest (oder ersatzweise die gleiche Menge Apfelessig), in dem drei getrocknete Pflaumen einen Tag lang eingelegt wurden, eine Hand voll Rosinen.

Zubereitung

Zwei Pfund Lachsfilet leicht anbraten und mit einem Pfund geschnittenen Pilzen, drei fein gehackten Zwiebeln sowie einer Mischung aus einer Hand voll gehacktem Dill, der gleichen Menge Holunder, einem Teelöffel zerstoßenen Paradieskörnern (ersatzweise schwarzem Pfeffer) und einen Hauch Euphorbium in eine Schüssel geben. Sorgfältig umrühren.

In einer großen Kasserolle zwei Hand voll fetten Speck bei sanfter Hitze auslassen und die Mischung aus der Schüssel hineingeben. Eine Torte formen, ausreichend salzen und eine Viertelstunde zugedeckt garen lassen. Warmstellen.

In einem dritten Gefäß ein Eiweiß steif schlagen, ein weiteres Ei und einen Schöpflöffel Milch hinzugeben. Die Milch zuvor mit einem Teelöffel Zucker, einer Prise Safran sowie einer Prise Reismehl verrühren. Unter das Eiweiß ziehen.

Anschließend ein tiefes Kreuz in die warme Pastete schneiden und die soeben zubereitete Eimischung in die Furchen gießen.

Eine halbe Stunde in den Ofen stellen.

Dann die Pastete mit einem Spatel am Rand lockern und auf einen Teller stürzen. Ein Skrupel geriebene Muskatnuss mit der gleichen Menge Zimtpulver vermischen und die Pastete damit würzen.

Dazu reicht man folgende Soße: Zwei Hand voll Senfkörner mit Agrest oder ersatzweise der gleichen Menge Apfelessig verrühren, der wie in der Aufzählung der Zutaten dieses Rezepts beschrieben wurde. Eine Handvoll Rosinen hinzufügen. Etwas einfacher ist es, wenn man eine Stunde zuvor eine halbe Dose Senf mit einer Hand voll Rosinen vermischt, die in etwas Cognac eingeweicht und sorgfältig abgetropft wurden.

Kommentar

Bis heute genießt der Lachs einen sehr guten Ruf als Aphrodisiakum, da bei seinem Fleisch die blutstauende Wirkung mit am größten ist. In jedem Rezeptbuch, in beliebig vielen Film- oder Theaterszenen, überall, wo jemand verführt werden soll, darf der Lachs ebensowenig fehlen wie Austern, Pilze, Trüffel, Wein und Champagner. Mit dem soeben behandelten Rezept ist jedenfalls tatsächlich die Absicht verbunden, den geliebten Menschen mit dem köstlichen Leckerbissen zu verlocken.

Lady Kyteler

Alice Kyteler war die erste Hexe, der im Jahre 1324 in Großbritannien von der Kirche der Prozess gemacht wurde, weil sie sich offen zu einem anderen Glauben als dem katholischen bekannte. Man erzählt, bei der Lady sei eine Salbe gefunden worden, mit der sie »einen Stock einrieb, auf dem sie trottete und galoppierte, durch dick und dünn, wann und wie es ihr beliebte«. So wurde es von R. Pitcairn in dem 1833 veröffentlichten Buch *Criminal Trials* wiedergegeben. Man sagt, der Bischof von Ossory habe ihr den Prozess gemacht, in dem Zeugen bestätigt hätten, dass Lady Kyteler zu Recht angeklagt war. Pitcairns Bericht zufolge stritt die Lady offenbar nichts von dem ab, was man ihr zur Last legte. Als Dame von gewissem Rang konnte sie jedoch nicht verurteilt werden, und entging folglich der Strafe. Ein ganz anderes Schicksal ereilte hingegen ihre Glaubensgenossinnen, die für ihre Weigerung, die Lehre der Kirche anzuerkennen, auf dem Scheiterhaufen verbrannten.

Kehren wir zu den Zutaten zurück. Wenn man Senfkörner, also die Samen der *brassica nigra*, zerreibt, erhält man ein ätherisches Öl, das – besonders auf die Schleimhäute aufgetragen – sehr stark erregt. Obwohl es leicht giftig ist, wurde früher und wird bis heute häufig Gebrauch davon gemacht. Aus den Körnern wird auch der beliebte Senf hergestellt. Bereits in der Antike schrieb man der gesamten *Brassica nigra*-Pflanze und ihren Samen stimulierende Eigenschaften sowie eine potenzsteigernde Wirkung zu. Aus naheliegenden Gründen war Mönchen deshalb der Gebrauch untersagt.

30 Kraftbrühe

Zutaten

Sechs Zwiebeln, drei Karotten, zwei Kartoffeln (das Rezept wurde erst in der zweiten Hälfte des Jahres 1599 um die beiden letzten Zutaten erweitert), ein Büschel Petersilie, ein halbes Skrupel Zucker, ein paar Tropfen Aquavit, eine halbe kleine Tasse Honig, zwanzig geriebene Kügelchen graue Ambra, ersatzweise zwei mit einer Unze getrocknetem und geriebenem Rogen der Meeräsche vermischte geriebene Muskatnüsse, vier Prisen Salz, drei Kannen Wasser, ein alter Hahn, drei Pfund Kalbfleisch, drei Pfund Rindfleisch, eineinhalb Hand voll fetten Speck.

Zubereitung

Sechs Zwiebeln, drei Karotten und ein Büschel Petersilie grob hacken, mit etwas Wasser in einen hohen Topf geben und erhitzen. Ein halbes Skrupel Zucker in ein paar Tropfen Aquavit auflösen und dazugeben.

Sodann eine halbe kleine Tasse im Wasserbad flüssig gemachten Honig, zwei geschnittene Kartoffeln, zwanzig geriebene Kügelchen graue Ambra, ersatzweise zwei geriebene Muskatnüsse und eine Unze getrockneten und geriebenen Rogen der Meeräsche, Salz und drei Kannen Wasser hineingeben. Alles eine Dreiviertelstunde köcheln lassen und darauf achten, dass nicht zu viel Flüssigkeit verdampft. Andernfalls mit Wasser aufgießen.

Nun einen alten Hahn schlachten, das Tier säubern, vierteilen und ausnehmen. Wer sich nicht plagen möchte, kann sich einen möglichst mit Korn gemästeten und bereits ausgenommenen Hahn besorgen.

Diesen muss man dann nur noch ein paarmal wässern und trockentupfen. Den Hahn auf ein Holzbrett legen und mit einem Bleistampfer oder aber einem schweren Fleischklopfer kräftig darauf schlagen, um ihm die Knochen zu brechen und ihn zu plätten.

Nun aus drei Pfund Kalbfleisch und der gleichen Menge Rindfleisch – beides von allerbester Qualität – ein feines Hack herstellen.

Das Fleisch und den Hahn in einen großen Topf geben, der mit einer halben Handvoll zerlassenem Speck eingefettet wurde. Bei kräftiger Hitze anbraten, aber nicht anbrennen lassen. Von Zeit zu Zeit ein weiteres Stück Speck zugeben.

Wenn es weich wird und langsam eine goldbraune Farbe annimmt, das Fleisch mit einem kleinen Schöpflöffel von der im anderen Topf vorbereiteten Brühe ablöschen. Den Vorgang so oft wiederholen, bis sich die gesamte Flüssigkeit im Topf mit dem Fleisch befindet. Eine weitere Dreiviertelstunde kochen lassen, dabei die verdampfte Flüssigkeit nach und nach ersetzen. Es muss sich immer die gleiche Menge Brühe im Topf befinden.

Dieses Mittel hilft bei sexueller Müdigkeit und körperlicher Erschöpfung. Es empfiehlt sich, zehnmal am Tag eine kleine Menge davon zu sich zu nehmen.

Honig – oder nicht?

Feinschmecker, die keinen Honig mögen, können ihn auch weglassen, selbst wenn es sich um einen wichtigen Bestandteil des Gerichtes handelt. Anstelle des alten Hahns kann man auch zwei Rebhühner verwenden, ohne dass sich die Wirkung des Gerichtes verändert. Man kann das Rindfleisch auch durch eine Hammelkeule ersetzen.

Kommentar

Die Brühe hat eine stärkende, stimulierende Wirkung: Sie regt nicht nur die Produktion von Salzsäure im Magen, sondern auch Appetit, Verdauung, Nährstoffaufnahme und Sexualität an. Eine Analyse ergibt, dass die mit Hühner-, Kalbs- und Rindfleisch hergestellte Brühe ausgesprochen gehaltvoll ist. Verwendet man Rebhühner anstelle des Hahns oder Hammelfleisch anstelle von Rindfleisch, wird die Brühe noch kräftiger, da das Fleisch von Rebhühnern wie Wildbret im Allgemeinen eine stärker anregende Wirkung hat als das Fleisch von Haustieren. Darüber hinaus ist Schaffleisch geschmackvoller als Rindfleisch, reizt somit den Geschmackssinn in nicht unerheblichem Maße und beeinflusst dadurch indirekt auch die Sexualität.

Karotten sollen weit mehr als Pastinaken den Beischlaf fördern und die Menstruation anregen. Sie enthalten außerdem sehr viele Nährstoffe. Wie die Kartoffel wirken sie absorbierend und neutralisieren dadurch in der Nahrung enthaltene Giftstoffe. Unter der Regentschaft von Königin Elisabeth I. zählten sie in England zu den stärksten Aphrodisiaka, wie Hedgwood in seinem Buch *Re Muto* berichtet. Im Londoner Gasthaus »Antilope« drängten sich im sechzehnten Jahrhundert die Stutzer und alle, die den Luxus liebten, um von den damals noch teuren Kartoffeln zu kosten, die unter dem Namen *par-*

entières serviert wurden und die Spezialität des Hauses waren.

Auch Curnonsky billigt der gebratenen oder gekochten amerikanischen Knolle diese weitgehend unbekannte Wirkung zu und berichtet: »Auf Darstellungen aus dem sechzehnten Jahrhundert hatten die Finger des Dämons der Wollust die Form von Kartoffeln.«

Es handelt sich also um eine besonders gesunde Brühe, die auch in eine gewisse fröhliche Stimmung versetzen dürfte.

31 Schwarze Tintenfische »Jakob von Molay«

Zutaten

Zwei Pfund sehr kleine Tintenfische, eine Knoblauchzehe, eine kleine Tasse Olivenöl, ein Pfund Spinat, drei Schalotten, ein Pfund Wasser, eine Prise Koriander, zwei Prisen Salz, eine Prise Kreuzkümmel, eine kleine Kugel Ambra oder ersatzweise eine Unze Rogen der Meeräsche, etwas langen Pfeffer, etwas Zitronenschale, ein Viertel einer geriebenen Muskatnuss, fünf oder sechs Tintenbeutel.

Zubereitung

Zwei Pfund sehr kleine Tintenfische säubern, ausnehmen, Augen, Schnäbel und Schulp entfernen. Fünf oder sechs Tintenbeutel zurückbehalten. Eine gehackte Knoblauchzehe in einer halben kleinen Tasse Olivenöl anbräunen. Sodann die Tintenfische hineingeben und zugedeckt zehn Minuten garen. Anschließend warm stellen und ruhen lassen.

Inzwischen ein Pfund Spinat putzen und drei Schalotten in Ringe schneiden. Ein Pfund Wasser in einem Topf zum Kochen bringen, den Spinat hineingeben und zehn Minuten bei mäßiger Hitze kochen lassen. Zwei Prisen Salz, eine Prise Koriander, die gleiche Menge Kreuzkümmel, eine kleine Kugel geriebene Ambra oder ersatzweise eine Unze getrockneten und geriebenen Rogen der Meeräsche sowie etwas langen Pfeffer hinzugeben.

Sorgfältig umrühren und die Tintenfische dazugeben. Anschließend sofort mit der Tinte aus den fünf oder sechs beiseite gelegten Tintenbeuteln benetzen.

Gut umrühren, das Gericht mit etwas abgeriebener Zitronenschale würzen und ein Viertel einer Muskatnuss darüber reiben.

Das Gericht wird warm serviert.

Kommentar

Das Fleisch der Tintenfische ist sehr anregend und wirkt blutstauend.

Auch dem Spinat schrieb man eine kräftigende Wirkung zu, die aber im Übrigen nie nachgewiesen wurde.

Jakob von Molay, der letzte Großmeister der Templer, wurde 1243 in Molay im französischen Jura geboren und starb am 11. März 1314 in Paris auf dem Scheiterhaufen. Mit 22 Jahren trat er dem Orden bei, 1298 wurde er zum Großmeister ernannt – gerade als die wirtschaftliche Macht und der politische Einfluss der Templer, ihr Wissen um ihre Unabhängigkeit und das (gegenüber kirchlicher wie königlicher Autorität) sture Festhalten an ihrer Macht Philipp den Schönen zwangen, den mächtigen Orden aufzulösen, was von Papst Klemens V. stillschweigend geduldet wurde. Tatsächlich war die Ansicht weit verbreitet, die Tempelritter hätten nach dem Verlust des

Heiligen Landes ihre Existenzberechtigung verloren. Schließlich sei der Orden ja gegründet worden, um die christliche Herrschaft über Jerusalem zu sichern, das Gottfried von Bouillon auf dem ersten Kreuzzug erobert hatte, und die Pilger auf ihrem Weg zum Heiligen Grab zu begleiten und zu schützen.

Zuerst war ein möglicher Zusammenschluss mit dem Orden der Hospitaliter (Johanniter) im Gespräch. Dieser karitative Orden, von dessen Namen sich das Wort Hospital ableitet (man bezeichnete damit einen Ort, an dem sich Kranke erholen konnten), durfte seine verdienstvolle Tätigkeit auch nach dem Fall Akkos, des letzten Bollwerks im Heiligen Land, am 29. Mai 1291 fortsetzen. Schließlich wurde aber auch dieser Plan verworfen. Dennoch diente er Papst Klemens V. etwa im Jahr 1306 oder 1307 als Vorwand, Jakob von Molay nach Frankreich einzuladen, um ein mögliches Einverständnis zu erzielen.

Der ahnungslose Großmeister reiste in Begleitung von sechzig Rittern von Zypern, wo er residierte, nach Paris. Auf Philipps Befehl hin wurde die Gruppe sofort bei ihrer Ankunft am 13. Oktober 1307 verhaftet und dem Richter vorgeführt. Wilhelm von Nogaret hatte den Vorsitz in dem Ketzerprozess, der ohne Garantie auf ein gerechtes Urteil geführt wurde und die Auflösung des Ordens verfügte. Unter Folter gestand Molay, was die Richter wollten: dass er Christus verleugnet, den Götzen Baphomet (Mohammed) angebetet, Sodomie praktiziert, ja sogar an Festen teilgenommen habe, bei denen Menschenfleisch serviert worden war. Darüber hinaus sagte er aus, die Tempelritter müssten bei ihrer Initiation dreimal leugnen, dass Christus Gottes Sohn sei, auf das Kreuz spucken und schließlich den feierlichen Eid schwören, ihren Sexualtrieb nur mit anderen Ordensbrüdern zu befriedigen. Bei dieser Zeremonie soll es laut Aussage Molays auch üblich gewesen sein, zuerst den nackten Hintern, sodann den Bauchnabel und schließlich den Mund des Bruders zu küssen, der das Ritual zelebrierte.

Nach beinahe sieben Jahren der Folter und Haft wurde Molay als *relapsus*[8] verurteilt, doch auf dem Scheiterhaufen widerrief er seine Geständnisse und zitierte Philipp den Schönen und Klemens V. vor das höchste Gericht, das Gericht Gottes. Es sollte sich als Prophezeiung erweisen. Beide starben noch im selben Jahr, was viele Menschen in der Ansicht bestärkte, der Großmeister sei in Wahrheit einer schändlichen Ungerechtigkeit zum Opfer gefallen und man habe ihn allein wegen seiner großen Macht aus dem Weg geräumt.

Wieder andere halten ihn bis heute nicht nur für einen Hexenmeister des Teufels, sondern auch für einen Homosexuellen, der sich magischer Künste bediente.

Vielleicht wurde ihm das vorliegende Rezept auf Grund dieser letzten Verdächtigungen gewidmet.

32 Aromatischer Seebarsch

Zutaten

Sechs kleine Seebarsche, Meersalz, ein halbes Glas Weißwein, ein halber Schöpflöffel Agrest oder die gleiche Menge mit etwas Zucker gesüßter Apfelessig, sechs Wacholderbeeren, zwei knappe Teelöffel Zimt, eine Prise

[8] lat. rückfällig

Mazis, eine Prise Kardamom, eine Prise Ingwer, ein Quentchen Safranfäden, ein Glas Malvasier, drei Prisen gehackte Petersilie und zwei Prisen gehackter Knoblauch, zwei oder drei Prisen Salz.

Zubereitung

Sechs Seebarsche, jeder etwa einen halben Handteller groß, mit Salz schuppen und waschen, aber nicht ausnehmen.

Nach dem Abtropfen bei mäßiger Hitze in einen Kupfertopf geben, mit einem halben Glas Weißwein verfeinern und den Wein bei halb geöffnetem Deckel knappe zehn Minuten einkochen lassen.

Den Herd ausschalten und einen halben Schöpflöffel Agrest oder die gleiche Menge Apfelessig hinzufügen, der wie im Abschnitt Zutaten beschrieben gesüßt wurde.

Ruhen lassen.

Sechs Wacholderbeeren, zwei knappe Teelöffel Zimt, eine Prise Mazis und die gleiche Menge Kardamom in einer weiteren Schüssel vermengen. Die Gewürzmischung zur Marinade in den Kupfertopf geben und die Seebarsche unter häufigem Wenden eine halbe Stunde darin ziehen lassen.

Wenn die Zeit abgelaufen ist, das Gericht mit einer Prise goldenem Ingwer, einem Quentchen Safranfäden und ausreichend Salz würzen. Noch einmal ein paar Minuten ruhen lassen. Anschließend den Topf bei sanfter Hitze auf den Herd zurückstellen.

Sodann mit einem Glas Malvasier aufgießen. Mittelalterliche Hexen mischten die Körpersekrete ihrer im Stillen befriedigten Lust darunter. Wer möchte, kann die alten Rituale auch heute noch befolgen. Sie haben jedoch keinerlei Einfluss auf das Gelingen des Rezeptes.

Nach zwanzig Minuten ist die Marinade eingedickt und kann abkühlen.

Unterdessen jeden Seebarsch mit einer Kräutermischung aus drei Prisen gehackter Petersilie und zwei Prisen Knoblauch bestreuen. Sodann eine Prise gemahlenen schwarzen Pfeffer und eine Prise gemahlenen Kardamom darüber geben.

Das Gericht eine halbe Stunde zugedeckt ruhen lassen.

Es wird lauwarm verzehrt.

Kommentar

Der Seebarsch ist ein delikater, gleichzeitig aber geschmackvoller Fisch, der den Gaumen erfreut und somit in eine optimistische und zugängliche Stimmung versetzen kann.

In Griechenland wurde er *labrax* und *licos*, in der Toskana *ragno*, in Venedig *varoli*, in Genua *lovazzo*, in Neapel *spinola*, auf Latein wegen seiner Gefräßigkeit *lupus* genannt. Galen behauptet, die gebratene Leber des Seebarsches sei reicher an Nährstoffen als die des Huhns, und Appianus sagt: »At bis lucinam labrax tito invocat anno.« (Der Seebarsch vermehrt sich zweimal im Jahr.)

In dem Rezept werden Spuren von Körperflüssigkeiten unter den Malvasier gemischt, die das Ergebnis der Selbstbefriedigung sind. Dieses Vorgehen war sehr beliebt, um die fleischlichen Gelüste desjenigen zu wecken, der nichtsahnend von dem Gericht kostete. Freilich gibt es keinerlei wissenschaftliche Erkenntnisse über den Effekt von Sexualsekreten, die ihren Ruf einer rein psychologischen Wirkung verdanken.

33 Fondue »Ursula«

Zutaten

Vier Eier, etwa ein Pfund Schweizer Käse, ein halbes Pfund Butter, eine Schale Steinpilze, drei kleine gewässerte Heringe, zwei Prisen Salz, zwei gemahlene kleine Kugeln graue Ambra oder ersatzweise eine halbe geriebene Muskatnuss.

Zubereitung

Vier Eier verschlagen, eine Scheibe Schweizer Käse, die nicht mehr wiegen sollte als ein Drittel der Eier, in Würfel schneiden. Etwas Butter hineinarbeiten, nicht mehr als die Hälfte des Käses.

Alle Zutaten nach und nach bei kräftiger Hitze in einen Topf geben und erhitzen.

Wenn sich die Zutaten gut vermischt haben, eine Schale sehr fein geschnittene Steinpilze sowie einige gewässerte und im Mörser pürierte Heringe hinzufügen.

Die Mischung mindestens zwanzig Minuten lang sorgfältig mit einem Löffel aus hellem Holz, möglicherweise aus Buchsbaum, rühren, bis eine dickflüssige, gleichzeitig aber auch cremige Masse entstanden ist.

Das Gericht vor dem Servieren mit zwei gemahlenen kleinen Kugeln graue Ambra oder ersatzweise einer halben geriebenen Muskatnuss bestreuen.

Eine Schüssel mindestens eine halbe Stunde vorwärmen, die Käsemischung hineinfüllen.

Zu dem Fondue serviert man einen vollmundigen Rotwein.

Kommentar

Das Käsefondue – ein Gericht aus den Tälern der Schweizer, Piemonteser und Savoyer Alpen – verbindet durch seine kluge Zusammensetzung die nährende und stärkende Wirkung von Käse mit kräftig aromatischen Zutaten wie Pilzen, Heringen und Gewürzen. Die Eier erhöhen die kräftigende Wirkung dieser Zutaten zusätzlich. Wir möchten unterstreichen, dass Eier, ganz gleich für welche der zahlreichen Zubereitungsmöglichkeiten man sich entscheidet, immer eine erstklassige Mahlzeit ergeben. Nur frisch müssen sie sein – auch wenn die Chinesen in diesem Punkt schon immer anderer Ansicht waren.

Curnonsky: »Eier sollten sofort nach dem Legen verwendet werden, wenn sie noch warm sind. Man esse sie als Omelette oder bereite sie auf jede andere Weise zu. Sie schaden nie. Faule Eier meide man indes wie die Pest und schenke den Culinographen [eine Wortschöpfung Curnonskys, mit der er seine Abscheu vor falschen Gastronomen ausdrückt – *Anmerkung der Autoren*] keinen Glauben, die allen Ernstes schreiben, konservierte Eier wirkten Wunder als Omelette, hart gekocht oder in Kuchenfüllungen. Wer diesen Rat befolgt, braucht sich nicht über eine kranke Leber, kaputtes Gedärm und schlechtes Blut zu beklagen.«

Seit Urzeiten glaubt man an die kräftigende Wirkung der Eier. Sie sollen auch in der Lage sein, die von Venus und Eros Erschöpften wieder zu stärken.

Brillat-Savarin zählt die Eier zu den Stärkungsmitteln und berichtet in diesem Zusammenhang, wie er auf Reisen von Hunger gepackt wurde. Er befand sich in Begleitung zweier Damen, und da nichts anderes zur Hand war, bereitete er ein Gericht aus Eiern und dem Saft der einzigen Lammkeule zu, die in dem einfachen Landgasthaus auf dem Spieß briet und drei englischen Abenteurern serviert werden sollte. Dem Gastronomen zufolge entpuppte sich das Gericht als göttlicher Leckerbissen, der nicht nur den Hunger stillte, sondern ihm und seinen Gefährtinnen auch Kraft für die weitere Reise und die Anstrengungen der körperlichen Liebe gab.

Ursula, der das Rezept gewidmet ist, war im 16. Jahrhundert eine berühmte sächsische Hexe.

34 Verzauberte Frösche

Zutaten

Etwa zwei Pfund Frösche (heutzutage kann man auch gefrorene Ware verwenden), zwei Schöpflöffel Olivenöl, ein halber Schöpflöffel Agrest, ein gemahlenes Paradieskorn oder ersatzweise gemahlener schwarzer Pfeffer, ein halbes Skrupel geriebenes Hirschhorn (diese Zutat ist allein mit der Vorstellungswelt des Mittelalters verbunden), ein Teelöffel Zimt, zwei Hand voll Speck, eine Hand voll frische Gerste oder die gleiche Menge getrocknete und in Wasser eingeweichte Gerste, ein halber Kohl, zwei Stangen Lauch, zwei Tassen Weißwein, weißes Mehl, eine Prise Kreuzkümmel, eine Prise Ingwer, die gleiche Menge Zimt oder Zimtblüte, ein Büschel Gartenraute, sechs Safranfäden.

Zubereitung

Etwa zwei Pfund ausgenommene Frösche ohne Kopf (man kann auch gefrorene Ware verwenden) mehrmals waschen. Beim letzten Wässern zwei Gartenrauten ins Wasser geben. Die Gartenraute muss nachts bei zunehmendem Mond mitsamt der Wurzel geerntet und an den drei Vollmondtagen jeweils zu Beginn des Sonnenuntergangs, wenn der silberne Mond aufgeht, getrocknet werden.

Nun die Füße der Frösche abschneiden und mit fünf Salzkörnern, den Blütenblättern von vier weißen Rosen, zwei kleinen Wermutpflanzen oder zwei mit der vom Herzen kommenden Hand ausgerissenen Quecken sowie den zwei kurz zuvor verwendeten und sorgfältig getrockneten Gartenrauten in ein Hanfsäckchen geben. Die rechte Seite der Hülle mit fünf eigenen Haaren, die linke Naht mit Zwirn und – soweit vorhanden – zwei Haaren des Objektes der Begierde zunähen. Sodann mit zwei verschiedenen Haaren (ein Haar von jedem) ein Kreuz aufsticken, dabei gegen den Uhrzeigersinn arbeiten.

Nun die Frösche auf den Rücken legen und ihre Schenkel überkreuzen. Aus einem Schöpflöffel Olivenöl, einem halben Schöpflöffel Agrest, einem zerstoßenen Paradieskorn oder der gleichen Menge gemahlenem schwarzen Pfeffer, einem halben Skrupel geriebenem Hirschhorn (bei der Lektüre des Kommentars wird klar, warum das Hirschhorn keinerlei Auswirkung auf das Gelingen des Rezeptes hat) sowie einem Teelöffel Zimt eine Marinade herstellen und die Frösche zehn Minuten darin marinieren.

Wenn die zehn Minuten verstrichen sind, die Frösche abtropfen lassen, mit Mehl bestäuben, zu zwei Hand voll ausgelassenem fetten Speck in den Topf geben und bei sanfter Hitze anbraten.

Die goldbraun gebratenen Frösche ausreichend salzen und mit etwas Weißwein ablöschen. Eine Hand voll frische Gerste (oder die gleiche Menge trockene und in Wasser eingeweichte Gerste), einen halben, leicht blanchierten und nudelig geschnittenen Kohl sowie zwei in feine Ringe geschnittene Lauchstangen dazugeben.

Die Frösche bei mäßiger Hitze zugedeckt etwa zehn bis fünfzehn Minuten garen lassen, gelegentlich einen weiteren Esslöffel Wein hinzugeben.

Inzwischen drei Esslöffel Weißwein in eine Schüssel geben, eine Prise Kreuzkümmel, die gleiche Menge Ingwer und Zimtblüte, ein Büschel Gartenraute und sechs Safranfäden hinzufügen. Gut verrühren und drei Minuten vor Ende der Garzeit über die Frösche gießen.

Das Gericht kurz ruhen lassen, den Bratenfond durch ein Sieb in eine Soßenschüssel passieren. Anschließend servieren.

Kommentar

Schon Hippokrates und Maurice Edmond Saillant Curnonsky rühmten die Vorzüge des Froschfleischs.

Die Gartenraute wächst vorwiegend in sehr trockenen Gegenden und setzt im Frühjahr kleine weiße Blüten an. Ihre Beeren enthalten kleine schwarze Samen, die noch heute in Asien beim Austreiben von Geistern, bei Festen sowie von den Schamanen geraucht werden, die sich auf diese Weise in ekstatische Trance versetzen. Die ganze Pflanze verströmt einen charakteristischen, leicht erregenden Duft. Berühmt ist die seit der Antike gepriesene stimulierende Wirkung ihrer Samen. Die moderne Wissenschaft macht dafür die in der Gartenraute enthaltenen Beta-Carboline verantwortlich, die auf die Psyche einwirken.

In der Hexerei verwendet man Haare, um den Menschen, dem sie gehören, von weitem zu beeinflussen. In diesem Fall wird das Säckchen mit den Froschfüßen und anderen magischen Zutaten damit verschlossen und gegen den Uhrzeigersinn bestickt. Das Geheimnis wird so Knoten für Knoten versiegelt, was dem magischen Ritual und der erhofften Wirkung noch mehr Kraft verleihen soll.

Seit Urzeiten, besonders aber im Mittelalter, galten das Horn des Hirschen und sein Mark als wirksame Aphrodisiaka und Mittel gegen Impotenz.

Fetter Schweinespeck verleiht Kraft und wirkt stark blutstauend.

Kohl und Lauch sind leicht stimulierend und rufen im kleinen Becken einen schwachen Blutstau hervor.

35 Tauben »Karpokrates«

Zutaten

Zwei oder drei Tauben, fünf Heringsstücke, zwei Handvoll fetter Speck, zwei Dutzend kleine Zwiebeln, zwei Knoblauchzehen, zwei Prisen Salz, vier Büschel Petersilie, die gleiche Menge wilder Fenchel, eine Tasse Malvasier, vier frische, ungebrühte Würste, der Saft einer Zitrone, drei Spatzeneier, man kann sich aber auch mit zwei Eiern von einem Huhn behelfen, das nicht älter sein darf als ein Jahr.

Zubereitung

Die Hexenkünstler des Mittelalters glaubten, dieses Gericht könne sehr starke erotische Impulse auslösen, wenn man es zur Zeit der Sommersonnwende verzehrte. Die Ursache dafür war vermutlich im begleitenden Ritual zu suchen, bei dem das Blut der Tauben mit Lorbeerblättern aufgefangen wurde. Wollte man das Gericht dagegen zur

Zeit der Wintersonnwende genießen, verstärkte man seine stimulierende Wirkung dadurch, dass man das Blut der Tauben in ein Bett aus Dillblättern goss.

Wir überspringen diese Rituale, da sie keinerlei Auswirkung auf das Gelingen des Rezeptes haben. Wir haben sie hier nur aus Treue zum Originalrezept wiedergegeben. Die Tauben (zwei oder drei dürften genügen) vor dem Kochen rupfen, säubern, ausnehmen und absengen.

Majoran und Holundersamen – eine Prise pro Person und Gewürz – in klares Wasser geben und die Tauben darin waschen. Es empfiehlt sich, die Kräuter mit Daumen, Zeige-, Mittel- und Ringfinger zu ernten und ins Wasser zu geben. Der kleine Finger wird abgespreizt.

Nachdem die genannten Ratschläge befolgt wurden, die Tauben mit Streifen von gewässertem Hering sowie Speckwürfeln spicken. Anschließend zwei Hand voll fetten Speck in einem Topf auslassen und die Tauben darin anbraten. Die Hitze sehr stark reduzieren und die Tauben weiter garen.

Inzwischen zwei Dutzend kleine Zwiebeln hacken, zwei sehr fein geschnittene Knoblauchzehen sowie eine Kräutermischung aus vier Büscheln gehackter Petersilie und der gleichen Menge wildem gehackten Fenchel hinzugeben. In den Topf geben und einige Zeit später mit einer Tasse Malvasier aufgießen. Zugedeckt eine gute halbe Stunde köcheln lassen.

Wenn der Fond um mehr als die Hälfte eingekocht ist, das Brät von vier Würsten und den Saft einer Zitrone zugeben.

Nach Ablauf der Garzeit die Temperatur wieder etwas erhöhen, damit das Gericht weitere zehn Minuten zugedeckt durchziehen kann.

Gegen Ende der Garzeit drei Spatzeneier oder ersatzweise zwei Eier einer jungen Henne (siehe Zutaten) aufschlagen und sie, ohne sie vorher zu verschlagen, hinzugeben. Ein paar Minuten kräftig umrühren, bis die Eier das übrige Gericht binden.

Auftischen.

Kommentar

Die positiven Eigenschaften der Tauben, die schon seit der Antike gepriesen werden, haben wir bereits erörtert. Dem Rezept zufolge soll ihr Blut die gleiche Wirkung haben.

Alle anderen Zutaten, die den Leckerbissen noch wohlschmeckender machen, wurden bereits erörtert.

Das Gericht ist Karpokrates, dem Gründer der gleichnamigen Sekte, gewidmet. Er behauptet, die Engel seien die Kinder Gottes und hätten gemeinsam mit ihm die Welt geschaffen. Laut Karpokrates muss man sich der Hemmungslosigkeit hingeben, um ihre Gunst zu gewinnen. Unter dem Einfluss der Maßlosigkeit könnten die Menschen leichter mit den übermenschlichen Wesen in Kontakt treten. Wie alles, was aus Schweinefleisch hergestellt wird, wirken auch Würste stark blutstauend und sexuell stimulierend.

36 Gefüllte Tauben »Armida«

Zutaten

Zwei kleine Tauben, zwei Hühnereier, zwei Pfund schwarze Trüffel, die Innereien der Tauben, vier Hand voll fetter Speck, eine Prise Salz, zwei gemahlene Paradieskörner (oder gemahlener schwarzer Pfeffer), eine halbe geriebene Muskatnuss, drei Unzen altbackenes Brot, ein halbes Päckchen Schweineschmalz, acht Wacholderbeeren, zwei kleine geriebene Kugeln graue Ambra oder ersatzweise zwei gemahlene schwarze Pfefferkörner, eine halbe Tasse Mandelmilch, zwei kleine Zweige wilder Fenchel, ein kleiner Zweig Borretsch.

Zubereitung

Zwei Tauben rupfen, absengen und ausnehmen. Die Innereien sorgfältig waschen, in eine Schale aus Walnuss- oder Apfelholz legen und beiseite stellen.

Wer möchte, kann folgendes Hexenritual aus dem Mittelalter ausführen: Die Köpfe der Tauben in eine kleine Hülle aus Ziegenleder legen, einen Kranz aus Eisenkraut darum binden und das Päckchen neben einen Bimsstein legen, der negative Einflüsse und Energien aufnimmt. Das Päckchen drei Tage lang wegschließen.

In einem Topf eine Hand voll fetten Speck auslassen. Zwei Eier, zwei Pfund fein geschnittene Trüffel, die zuvor beiseite gestellten, inzwischen geschnittenen und im Mörser zerkleinerten Innereien, Salz, zwei Paradieskörner oder gemahlenen schwarzen Pfeffer, eine halbe geriebene Muskatnuss und drei Unzen in Milch eingeweichtes und gut ausgedrücktes altbackenes Brot hineingeben.

Kräftig umrühren, so dass eine homogene Masse entsteht. Die Tauben mit der Farce füllen und anschließend mit einem Jutenetz oder starkem weißen Zwirn umwickeln.

Die Tauben zu drei Hand voll ausgelassenem Speck, acht Wacholderbeeren, zwei kleinen geriebenen Kugeln graue Ambra oder ersatzweise zwei gemahlenen schwarzen Pfefferkörnern in eine Kasserolle legen.

Bei kräftiger Hitze zehn Minuten anbraten, dann die Temperatur reduzieren. Zugedeckt weitere zwanzig Minuten garen lassen, dann die gebratenen Tauben mit einer halben Tasse Mandelmilch ablöschen und zwei zerstoßene Zweiglein wilden Fenchel und einen kleinen Zweig Borretsch hineingeben. Ungefähr eine halbe Stunde weiterköcheln lassen.

Das Gericht wird warm serviert.

Wichtig

Die Köpfchen der Tauben vergräbt man ohne die Hülle aus Ziegenleder und das Eisenkraut unter einer Eibe oder in einem Malvenfeld.

Kommentar

Armida wurde von Torquato Tasso in *Die Befreiung Jerusalems* besungen. Überlieferungen zufolge handelte es sich bei der Magierin, Hexe und Zauberin Armida um die Tochter Arbilans, des Königs von Damaskus. Sie wuchs bei ihrem Onkel Hydraot auf, einem weiteren großen Magier, der sie in den okkulten Künsten unterwies, die sie bald meisterhaft beherrschte. Armida war von der Natur gesegnet: Ihre Schönheit übertraf die der lieblichsten Frauen des Orients, und so sandte man sie, das christliche Heer zu verwirren und zu bekämpfen. Mit Magie und der Kunst der Verführung gelang es ihr, einige christliche Heerführer zu vernichten und Rinaldo, in den sie sich verliebt hatte, zu bezaubern. Sie brachte ihn in ein Schloss auf den Seligen Inseln (Kanaren), wo 1099 zwei christliche Ritter eintrafen und ihn von ihrem Zauber erlösten. So war es dem Krieger möglich, an der letzten Schlacht teilzunehmen, in der es dem Heer unter dem Kommando von Gottfried von Boullion gelang, die Sarazenen zu besiegen und Jerusalem zu befreien.

Zu den Tauben, die bereits an sich als Aphrodisiaka gelten, kommen Zutaten, die ihrerseits die Sinne beeinflussen sollen.

Das Eisenkraut war eine der wichtigsten Pflanzen der Kelten und Germanen. Vom Volk wurde es »Druidenkraut«, »Teufelswurz« und »Wunschkraut« genannt. Diese Namen machen deutlich, welch großes Ansehen das Eisenkraut genoß. Die Druiden setzten es sowohl als Zauberpflanze wie auch als Aphrodisiakum ein. Sie glaubten gar, das Eisenkraut mache das männliche Geschlechtsorgan hart wie Eisen.

Zweifellos verleihen die magischen Rituale diesem ohnehin bezaubernden Rezept eine noch größere Suggestivkraft und machen es gänzlich unwiderstehlich. Mit der Wollust, die diese Mahlzeit aus gefüllten Tauben weckt, wäre sicher auch Brillat-Savarin einverstanden gewesen.

37 Rebhühner »Honorius III.«

Zutaten

Zwei Rebhühner, Olivenöl, ein Pfund Schweinefleisch, zwei große Zwiebeln, eine Hand voll fetter Speck, zwei Hand voll Petersilie, zwei Wacholderbeeren, drei Kohlblätter, eine halbe geriebene Muskatnuss, zwei Nelken, eine Prise Kreuzkümmel, eine halbe Tasse Zwetschgenschnaps, leicht säuerliche weiße Trauben, ein Teelöffel Zucker, drei Prisen Salz, zwei Prisen Safran, zwei Prisen

Bohnenkraut, zwei Schöpflöffel Weißwein, ein daumengroßes Stück getrocknetes und pulverisiertes Hippomanes, man kann sich auch mit einer Unze getrocknetem und gemahlenem Rogen der Meeräsche behelfen.

Zubereitung

Man sagt, Papst Honorius III., ein vielseitig talentierter Mann und Feinschmecker, habe das folgende Gericht sehr gerne gegessen und immer weiter verfeinert.

Ein knappes Pfund Schweinefleisch würfeln, zwei große Zwiebeln in Ringe schneiden und beides in einer mittelgroßen Pfanne in reichlich Olivenöl anbraten.

Wenn die Zutaten zu duften beginnen, die Hitze reduzieren. Eine Schicht gewürfelten Speck in die Pfanne geben und die gehackte Petersilie, zwei Wacholderbeeren, drei in Streifen geschnittene Kohlblätter, eine halbe geriebene Muskatnuss, zwei zerstoßene Nelken und eine Prise Kreuzkümmel darüber streuen.

Gut umrühren. Die beiden gerupften, abgesengten, ausgenommenen und eine Stunde vor dem Kochen mit Zwetschgenschnaps eingeriebenen Rebhühner in das aromatische Bett legen. Zudecken und eine Viertelstunde warten, bis sie von den aromatischen Dämpfen durchdrungen sind.

Sodann die freien Stellen rund um das Wildgeflügel mit leicht säuerlichen weißen Trauben auffüllen und diese mit einem Teelöffel Zucker bestreuen.

Salzen und zwei Prisen Ingwer sowie die gleiche Menge Bohnenkraut hinzufügen.

Zugedeckt eineinhalb Stunden bei sanfter Hitze köcheln lassen. Den Weißwein mit etwas getrocknetem und geriebenem Hippomanes oder der gleichen Menge getrocknetem und geriebenem Rogen der Meeräsche verrühren und hin und wieder, mindestens aber vier Mal, einen halben Schöpflöffel davon angießen.

Das Gericht wird warm genossen.

Kommentar

Wann Papst Honorius III., der Sohn Amalricos, geboren wurde, ist unklar; das Datum seiner Wahl zum Kirchenoberhaupt, der 18. Juli 1216, ist dagegen bekannt. Honorius III. herrschte fast ein ganzes Jahrzehnt über die Kirche und starb am 18. März 1226 in Rom. Er war sanftmütig, introvertiert, gebildet, kannte die okkulten Wissenschaften und andere Lehren. Obwohl er sich bemühte, das Werk seines Vorgängers, des großen Innozenz III., fortzuführen, setzte er dessen Erfolge teilweise aufs Spiel. Wie Innozenz kämpfte er gegen den albigensischen Irrglauben und rief zu einem Kreuzzug gegen die Albigenser auf. Er ging mit großem Eifer ans Werk und gab schließlich seinen Segen zu den Ordensregeln der Dominikaner und der Franziskaner. Dagegen gelang es ihm nicht, Sizilien vom Kaiserreich abzuspalten – ein Ziel, für das Innozenz vehement gekämpft hatte. Honorius III. krönte Friedrich II. zum Kaiser, obwohl dieser weder auf das Königreich Sizilien verzichtet hatte noch ein Frieden mit den Stadtstaaten zustande gekommen war. Wie dieses Rezept beweist, war Honorius auch ein gewandter, gewissenhafter und geschmackvollendeter Autor.

Die Vorzüge der Rebhühner, des Schweinefleischs sowie der zahlreichen anderen Zutaten, die das Gericht verfeinern, wurden bereits besprochen.

Der duftende Zwetschgenschnaps mit seinem einzigartigen Geschmack kann in Verbindung mit den säuerlichen weißen Trauben und den anderen Zutaten den Geschmackssinn so sehr reizen, dass gerade schüchterne

Menschen, die sich nur wenig zutrauen, viel eher geneigt sind, die Gelegenheiten zu nutzen, die ihnen das Leben bietet.

38 Reh »Bischof Geraud«

Zutaten

Eine halbe Rehkeule, zwei große Tassen einer Mischung aus zwei Drittel Agrest und einem Drittel Rotwein (ersatzweise können zwei Drittel Rotwein mit einer guten Hand voll Dill, zwei Prisen Estragon und einem Drittel Apfelessig vermischt werden), sechs Körner Salz, fünf Zwiebeln, zwei Prisen Salz, drei Paradieskörner oder ersatzweise die gleiche Menge gemahlener schwarzer Pfeffer, eine Prise Koriander, eine Hand voll Bärenschinken (ersatzweise eignet sich auch sehr magerer Schinken, am besten Bergschinken), fünf Nelken, ein Pfund fetter Speck, eine Hand voll Petersilie, zwei Schalotten, eine Prise Fenchel, ein paar Lorbeerblätter, ein Zweig Thymian, eine halbe geriebene Muskatnuss, eine Tasse Weißwein, eine Tasse Hühnerbrühe, wenn möglich von einem schwarzen Hahn.

Zubereitung

Aus zwei Dritteln Agrest und einem Drittel Rotwein (ersatzweise aus zwei Dritteln Rotwein, einer guten Hand voll Dill, zwei Prisen Estragon sowie einem Drittel Apfelessig), drei halbierten Zwiebeln, sechs Salzkörnern, drei Paradieskörnern oder drei gemahlenen schwarzen Pfefferkörnern und einer Prise Koriander eine Beize herstellen. Die halbe Rehkeule hineinlegen.

Im Winter zwölf Stunden, im Sommer nur acht Stunden ruhen lassen.

Anschließend das Rehfleisch mit dem in Streifen geschnittenen Bärenschinken oder ersatzweise einem anderen mageren Schinken sowie den zerstoßenen Nelken spicken.

Das Fleisch mit zwei Pfund fettem Speck, zwei geviertelten Zwiebeln, einer Hand voll gehackter Petersilie, zwei grob gehackten Schalotten, einer Prise Dill, ein paar Lorbeerblättern und einer halben geriebenen Muskatnuss in einen großen Topf geben.

Bei schwacher Hitze anbraten, gelegentlich umrühren und zweimal mit je einer halben Tasse Weißwein und Hühnerbrühe aufgießen, die nach Möglichkeit von einem schwarzen Hahn stammen sollte. Für das Gelingen des Rezeptes ist das allerdings nicht unbedingt erforderlich.

Das Rehfleisch zwei gute Stunden schmoren lassen, aus dem Topf nehmen und die Soße durch ein großmaschiges Sieb gießen.

Einen Teil der Soße über die Rehkeule geben, den Rest in eine Schüssel füllen.

Dieses Gericht wird unabhängig von der Jahreszeit heiß serviert.

Wertvoller Hinweis

Scheint der Ausgang der amourösen Begegnung ungewiss, lässt sich mit folgendem Ritual nachhelfen, das man am besten an einem Freitag bei Vollmond zelebriert:

Die Knochen eines Hahns, wenn möglich des für die Brühe verwendeten schwarzen Hahns, einundzwanzig Tage lang in Benzoe- und Holunderöl einlegen.

Die Mischung anschließend drei Nächte lang vom Mondlicht bescheinen lassen und in einem Tongefäß verbrennen.

Die Asche mit etwas Erde vermischen, über die die Person geschritten ist, nach der man sich verzehrt. Alles in einem Säckchen aus doppeltem Leinen verschließen, das man immer bei sich trägt.

Zu gegebener Zeit wird es eine große Hilfe sein.

Teuflische Komplotte

Offenbar vertraute Papst Johannes XXII., Opfer zahlreicher Komplotte und teuflischer, magischer Intrigen, niemandem. Wie es hieß, soll Hugo Geraud, der Bischof von Cahors, mit Hilfe eines Bildzaubers einen Anschlag auf das Leben des Papstes verübt haben, als dieser erst einige Tage im Amt war. Und tatsächlich wurde die päpstliche Polizei beim Bischof fündig. Hugo Geraud wurde verhaftet und lange von Papst Johannes XXII. verhört. Seine möglicherweise unter Folter gemachten Geständnisse führten dazu, dass er des Mordes am Neffen des Papstes angeklagt wurde, für dessen mysteriösen Tod man einen Zauber mit Wachsbildern verantwortlich machte. Geraud wurde des Mordes sowie versuchten Mordes mittels eines Bildzaubers für schuldig befunden und auf dem Scheiterhaufen verbrannt. Diese Vorfälle beeindruckten Johannes XXII., den letzten großen Gesetzgeber der mittelalterlichen Kirche und herausragenden Theologen, sehr. Seine Überzeugung gab schließlich den Ausschlag, dass teuflische Praktiken, der Kontakt mit dem Teufel, Zauberei und Hexerei dem schwersten aller Verbrechen gleichgesetzt wurden – der Ketzerei.

Kommentar

Rehfleisch wirkt zweifellos blutstauend, und diese Wirkung wird durch den Bärenschinken und die zahllosen bei der Zubereitung des Gerichtes verwendeten Gewürze noch gefördert. Fast alle waren schon Gegenstand unserer Erläuterungen.

Der Thymian ist eine duftende Heilpflanze, die angeblich nicht nur die körpereigenen Abwehrkräfte stärkt, sondern auch ein hervorragendes Kräftigungsmittel ist. Karl der Große lobt ihn als »Geschenk der Natur«, in Griechenland priesen Theophrast und Dioskurides die Vorzüge des Thymians.

In der Symbolik der Hexen steht der schwarze Hahn für den Zeremonienmeister oder denjenigen, der beim Sabbat den Platz des Teufels einnimmt. Vermutlich wollte man sich mit der aus einem schwarzen Hahn hergestellten Brühe der Hilfe der übernatürlichen Kräfte versichern, damit das Gericht auch gelingt.

Es handelt sich hier um ein sehr ausführliches und höchst eindrucksvolles magisches Ritual. Bei einigen Menschen könnte es durchaus Fantasien aller Art auslösen.

39 Wildschwein »Anaitis«

Zutaten

Ein mindestens drei Pfund schweres Stück Wildschwein, eine Zwiebel, zwei Stangen Lauch, zwei Schalotten, ein Büschel Petersilie, sechs Körner Meersalz, ein Paradieskorn oder ersatzweise ein gemahlenes schwarzes Pfefferkorn, zwei Stierhoden, zwei Pfund fetter Speck, zwei Pint Rotwein, ein Pint Verjus (der Saft unreifer Trauben kann durch eine Mischung aus einem Pint Weißwein, einer Zwiebel, einem halben gewässerten und in kleine Stücke geschnittenen Hering sowie dem Fruchtfleisch einer Pflaume ersetzt werden), zwei Nelken, zwei Teelöffel Zimttinktur, zwei Esslöffel weißes Mehl, ein Teelöffel Zucker, eine halbe Hand voll Rosinen, fünf getrocknete Pflaumen, eine Tasse Mandelmilch, eine Handvoll Pinienkerne, eine halbe Tasse Apfelessig, eineinhalb Schöpflöffel Beize, sechs entkernte schwarze Oliven.

Zubereitung

Eineinhalb Pfund Speck in einer Kasserolle auslassen. Eine Zwiebel, zwei Stangen Lauch, zwei Schalotten und ein Büschel Petersilie fein hacken und dazugeben. Mit sechs Salzkörnern, einem gemahlenen Paradieskorn oder der gleichen Menge frisch gemahlenem schwarzen Pfeffer würzen.

Wenn die angebratene Mischung zu duften beginnt, zwei Stierhoden hinzufügen, die zuvor in Salzwasser gebrüht, von der Haut befreit und in Scheiben geschnitten wurden.

Ein paar Minuten anbraten und die Hitze reduzieren.

Das mindestens drei Pfund schwere Stück Wildschwein in die Kasserolle legen. Zuvor zwölf Stunden in einer Beize aus zwei Pint Rotwein, Verjus (Ersatz siehe Zutaten), zwei zerstoßenen Nelken und zwei Teelöffeln Zimttinktur einlegen.

Eine Dreiviertelstunde anbraten, die Hälfte der Zutaten aus der Kasserolle nehmen und beiseite legen, und das Wildschwein zugedeckt bei geringer Hitze eine weitere Stunde garen. Zwei Esslöffel Mehl darüber stäuben.

Nun dreimal mit je einen Schöpflöffel Beize aufgießen.

Unterdessen die folgende süßsaure Soße zubereiten: Einen Teelöffel Zucker, eine halbe Hand voll Rosinen, fünf in einer Tasse Mandelmilch eingeweichte getrocknete Pflaumen, die Mandelmilch, sechs entkernte und klein geschnittene schwarze Oliven sowie eine Hand voll geröstete Pinienkerne und eine halbe Tasse Apfelessig in eine Schüssel geben.

Die Mischung in eine Kupferpfanne füllen, eine gute Viertelstunde köcheln lassen und anschließend das Wildschwein in der Kasserolle damit übergießen.

Unter gelegentlichem Rühren eine weitere Viertelstunde köcheln lassen, bis die Soße eingekocht ist und das Gericht verzehrt werden kann.

Kommentar

Anaitis ist eine persische Göttin, die mit Kybele und Artemis gleichgesetzt wird. Sie ist auch unter dem Namen »Mutter Artemis« oder »Artemis Anaitis« bekannt, was »*die Unbefleckte*« bedeutet. Charakteristisch für ihren Kult war die heilige Prostitution der Priesterinnen, der *Hierodulen*, deren Name sich von dem Stier- oder Wildschweinopfer, dem *Taurobolium*, ableitet. Das Wildschwein gehört mit Sicherheit zu den Fleischsorten mit der stärksten blutstauenden und stimulierenden Wirkung.

Zur süßsauren Zubereitung und der großzügigen Verwendung der Gewürze ist zu sagen, dass auf diese Weise nicht nur der Geschmack, sondern auch die Wirkung des Gerichtes verstärkt wird.

40 Lerchen auf flämische Art

Zutaten

Sechs Lerchen, sechs Lerchenherzen, sechs Hand voll Wurstbrät, drei Pfund magerer Speck, zwei kleine Tassen trockener Weißwein, eine Hand voll Rosinen, der Saft von achtzehn Granatapfelkernen, sechs Scheiben Brot.

Zubereitung

Sechs Lerchen (drei Stück pro Person) rupfen und ausnehmen. Herzen, Füße und Köpfchen beiseite legen. Die Lerchen absengen, waschen und mit Kastanienblättern trockentupfen.

Die Lerchen nacheinander in einem Mörser zu Brei zermahlen, mit den sechs Herzen ebenso verfahren.

Nun in etwa die gleiche Menge Wurstbrät (ungefähr sechs Hand voll) zu dem Lerchenhack geben. Sorgfältig unterrühren.

Aus der Masse sechs ovale Fleischküchlein formen.

Im Mittelalter legte man die Köpfchen der Tiere an das obere Ende, die Füße rechts und links neben die Fleischküchlein, so dass sie aussahen wie falsche Vögel.

Nun jedes Fleischküchlein in eine dünne Scheibe fetten Speck hüllen und in eine rechteckige Kasserolle mit ausgelassenem fetten Speck legen. Die Fleischküchlein kräftig anbraten, wenden.

Nach und nach viermal je eine halbe kleine Tasse trockenen Weißwein aufgießen. Das letzte Mal den Wein mit einer Hand voll Rosinen und dem Saft aus achtzehn kräftig roten Kernen eines halbierten Granatapfels vermischen, neun aus jeder Hälfte.

Die Kasserolle bei geringer Hitze in den Ofen stellen. Die Brotscheiben mit etwas Bratenfond beträufeln und auf die Fleischküchlein legen. Die Delikatesse etwa eine halbe Stunde braten. Anschließend, wenn der Bratenfond reduziert ist, eine halbe Stunde ruhen lassen. Lauwarm servieren.

»Liebesapfel« für ein erfolgreiches Rendezvous und zur Krönung des köstlichen Mahls

Dieses kabbalistische Geheimrezept wird seit sehr langer Zeit immer wieder gerne verwendet. Von den Weisen wurde es wie folgt überliefert:

An einem Freitag bei Sonnenuntergang einen Granatapfel pflücken und ganz genau halbieren. Aus jeder Hälfte zehn Kerne in einer Reihe entfernen.

Zwei Kerne – aus jeder Hälfte einen – zerstoßen, die anderen zur Seite legen. Sie werden für das Rezept benötigt.

Ein kleines Stück Papier mit dem eigenen Namen versehen und mit dem Saft der beiden zerstoßenen Kerne rot einfärben. Mit einem weiteren Blättchen Papier und dem Namen der geliebten Person verfährt man ebenso.

Drei Schamhaare oder zwei Haare vom Objekt der Begierde, die man sich zuvor durch eigenen Scharfsinn oder einen Helfer verschafft hat, in dem Papier mit dem eigenen Namen einrollen. Die eigenen Haare in das andere Stückchen Papier einschlagen.

Die beiden Röllchen in die Rillen legen, die durch das Entfernen der Kerne entstanden sind, und mit einer Nelke befestigen.

Nun die beiden Hälften des Granatapfels wieder vereinen und mit zwei Stäbchen aus frischer Myrte zusammenstecken. Die Frucht nach Möglichkeit im Haus des Geliebten verstecken oder in einer Schachtel unter dem eigenen Bett trocknen lassen.

Wenn man den »Liebesapfel« wieder hervorholt, hat er bereits einen Teil seiner Wirkung entfaltet.

In einer Schublade oder der Tasche eines Kleidungsstücks sicher verwahren. Jedesmal, wenn man ihn berührt, verstärkt sich sein positiver Einfluss, der unter anderem für Manneskraft und eine bewundernswerte Hartnäckigkeit sorgt, falls der geliebte Mensch noch davon überzeugt werden muss, welches Gefühl einen zu ihm drängt.

Kommentar

Das Fleisch der Lerchen, das mit Wurstbrät vermischt und mit einer äußerst raffinierten, so genannten flämischen Würzmischung verfeinert wird, ist sehr nahrhaft und kann eine indirekt aphrodisierende Wirkung haben.

Das zu diesem Rezept gehörige magische Ritual ist zweifellos kabbalistisch. Inzwischen befassen sich unzählige moderne Esoteriker mit der Kabbala, einer ursprünglich hebräischen Geheimlehre. Die Kabbala wurde seit der Zeit des Patriarchen Abraham, dem Gott die »geheime Weisheit« angeblich offenbart hatte, heimlich von Generation zu Generation weitergegeben.

Wissenschaftler, die sich mit Okkultismus befassen,

glauben heute, die wirklich großen Geheimnisse der Kabbala seien niemals aufgezeichnet und somit auch nicht allen zugänglich gemacht worden, sondern lediglich mündlich an jene weitergegeben, die ihrer würdig waren. Andere vertreten die These, man habe diese Geheimnisse in uralten Dokumenten festgehalten, die jedoch niemals die Hände der Eingeweihten verließen.

Viele Elemente der Kabbala gingen auch in die Gnosis ein, welche die Erkenntnis des Göttlichen zum höchsten Ziel des Menschen erklärt. Zur Erkenntnis gelangt man durch göttliche Inspiration oder die heiligen Traditionen, die wiederum auf göttlicher Eingebung beruhen. Ein Mensch, der Erkenntnis erlangt, wird selbst Teil des Göttlichen.

In allen zur Kabbala überlieferten Schriften finden sich zahlreiche Anmerkungen verschiedener, meist unbekannter Autoren. Die wichtigsten Texte sind das auf hebräisch verfasste Buch *Jezira* oder *Buch der Schöpfung*, das sich anhand seiner Sprache auf das dritte und vierte Jahrhundert nach Christus datieren lässt, sowie das vermutlich von Moses de Leon, der im vierzehnten Jahrhundert in Spanien lebte, in Amaräisch aufgezeichnete *Sohar*, das *Buch des Glanzes*.

Die Kabbala

Die okkulte Theosophie der Kabbala hatte so viel Einfluss auf das mittelalterliche Gedankengut, dass sie zum Ursprung der Magie dieser Epoche wurde, die von Generation zu Generation bis in unsere Zeit weitergegeben wurde. Die der Kabbala zu Grunde liegende Philosophie lehrt, dass die Schöpfung durch Emanation entstand, der Mensch ein Mikrokosmos ist und jedes Element der Heiligen Schrift eine versteckte Bedeutung hat. Der Kabbala zufolge verfügen alle Menschen über magische Fähigkeiten, die es auszubauen gilt. Sie enthüllt Gott als Quelle allen Seins, die Erschaffung aller Dinge durch Emanation und betont, der Triumph der Moral und des Guten im Menschen könne die Kräfte des Bösen aufheben. Wenn der Mensch vollständige Kontrolle über seinen Geist erlangt habe, werde deshalb der Messias den Zustand der Perfektion in der Welt wiederherstellen.

Ein Zweig der Kabbala beschäftigt sich mit Zahlenmystik und Anagrammen und enthüllt die Namen der Geister.

Das in dem Rezept beschriebene Ritual beflügelt die Fantasie, wirkt sogar etwas mysteriös. Bei dem Liebesapfel handelt es sich um die beiden Hälften eines Granatapfels, in die man ein kleines Stückchen Papier mit dem Namen des Liebenden und dem des Objektes der Begierde legt, das mit drei Schamhaaren oder zwei Haaren der jeweils anderen Person verwoben wurde. Sodann verschließt man die kleinen Papierstückchen im »Liebesapfel«. All das verstärkt das Gefühl der Heimlichkeit und gibt dem Rezept ein wahrhaft kabbalistisches Flair.

41 Ente »Elisabeth de Rainfaing«

Zutaten

Eine fette Ente, dreißig oder vierzig Esskastanien, vierundzwanzig grüne Oliven, sieben frische Würste, ein halbes Pfund magerer Speck, drei großzügige Prisen Salz, eine Prise Kreuzkümmel, eine Prise Bärenklau, eine Prise Damiana, zwei Pfund in dünne Scheiben geschnittener Bauchspeck, zwei Stück Entenfett, zwei apfelgroße Stücke Butter oder ersatzweise eine Tasse Olivenöl, ein Hauch Knabenkraut, den man auch durch eine Prise Salbei und Rosmarin ersetzen kann, zwei Prisen Ingwer, etwas Zimt, eine gute Fingernagelspitze Goldpulver, man kann sich aber auch dadurch behelfen, dass man eine Prise gemahlene Muskatnuss mit zwei zerstoßenen Safranfäden mischt.

Zubereitung

Dieses Gericht sollte einen so heiligen Mann wie Johannes vom Kreuz verspotten. Aus zeitgenössischen Manuskripten geht hervor, dass es im siebzehnten Jahrhundert von einer Frau namens Elisabeth de Rainfaing kreiert wurde, der ersten Hexe, der es gelungen sein soll, Enten und andere Tiere in Hausgeister zu verwandeln. Die Besessene wurde exorziert, kämpfte, durchlitt Höllenqualen und wurde schließlich so fromm, dass sie sogar einen religiösen Orden namens »Notre-Dame de Refuge« gründete, der das Ziel hatte, die Seelen der Prostituierten zu retten.

Das von ihr kreierte Rezept jedenfalls ist schon eine große Versuchung.

Eine fette Ente ausnehmen und absengen. Dreißig oder

vierzig Esskastanien rösten, aus der Schale lösen und beiseite legen.

Nun zwei Dutzend grüne Oliven entsteinen, klein schneiden und das Brät aus sieben Würsten herausdrücken. Ein halbes Pfund Speck darunter mischen. Salzen und mit einer Prise Kreuzkümmel, einer Prise Bärenklau und Damiana würzen.

Alles zu einer homogenen Masse verarbeiten. Nun den Bauch der Ente zunähen und die gesamte Mischung über die Halsöffnung hineinfüllen. Die Öffnung mit zwei Zahnstochern verschließen oder mit Zwirn zunähen.

Nun den Vogel mit dünnen Scheiben Bauchspeck umwickeln, und diese mit einem Bindfaden befestigen. Man kann dazu auch ein dehnbares Netz verwenden, wie man es bei jedem Metzger bekommt.

Die Ente mit dem in Stücke geschnittenen Entenfett sowie zwei apfelgroßen Stücken Butter oder einer Tasse Olivenöl in eine sehr hohe Pfanne legen. Nach Bedarf salzen. Mit zwei Prisen Ingwer, etwas Zimt sowie einem Hauch Knabenkraut würzen. Dieses im Mittelalter verwendete Gewürz lässt sich durch eine Prise Salbei und Rosmarin ersetzen. Die gerösteten Esskastanien dazugeben und alles bei mäßiger Hitze etwa zwei Stunden im Ofen braten. Häufig wenden und immer wieder mit Bratenfond übergießen.

Dann die Bauchspeckscheiben entfernen, und die Ente eine weitere Viertelstunde rundum bräunen.

Die Ente ein paar Minuten, bevor sie aus dem Ofen geholt wird, mit einer halben Fingernagelspitze Goldpulver oder einer Mischung aus einer Prise Muskatnuss und einer Prise zerstoßenen Safranfäden bestäuben.

Heiß servieren.

Kommentar

Elisabeth de Rainfaing lebte in einer Epoche der Hexerei. Während ihrer Zeit als Besessene hätte sie also durchaus Gelegenheit gehabt haben können, von den zeitgenössischen Kräuterhexen das eine oder andere Geheimnis der Verführung zu lernen. Auf ihr Leben wurde bereits im vorliegenden Rezept kurz eingegangen.

Das Fleisch der fetten Gans verhindert ganz klar den Rückfluss des Blutes aus den Genitalien. Zudem dürfte es die Spermaproduktion anregen und sexuell stimulierend wirken, was durch die Art der Zubereitung sowie bestimmte Gewürze weiter verstärkt wird.

Wie der Großteil der verwendeten Zutaten bewirken auch die Kastanien einen Blutstau.

Ein weiterer erwähnenswerter Bestandteil des Rezeptes ist das Knabenkraut. Der Name stammt aus dem Griechischen, wo er das männliche Glied bezeichnet. Die Franzosen nennen das Knabenkraut »Hundehoden«, da seine Wurzeln den Sexualdrüsen männlicher Tiere ähneln. Man sagt der Pflanze nach, sie rege die Spermaproduktion an und steigere auf diese Weise Fruchtbarkeit und Sexualtrieb.

Die Pflanze unterscheidet sich vom Nestwurz – nach seinen Wurzeln, die einem Vogelnest ähneln, auch *nidus avis* genannt –, das als abtreibendes und ableitendes Mittel sowie zu sexuellen Zwecken zur Erzeugung eines Blutstaus verwendet wurde. Diese beiden sind wiederum nicht mit dem *Erythronium* – wiederum nach der Form seiner Wurzeln *dens canis* (dt. Hundezahn) genannt – zu verwechseln, das als Heil- und Weichmachmittel galt, mit dem auch Verletzungen der Genitalien behandelt wurden.

42 Ente auf schottische Art

Zutaten

Eine fette Ente, ein paar Entenfettstücke oder ersatzweise eine Tasse Olivenöl, zwei Hand voll fetten Speck, vier Lorbeerblätter, zwei Holunderzweiglein, vier oder fünf Prisen Salz, eine Prise Mazis, zwei Prisen Kubebenpfeffer oder ersatzweise gemahlener weißer Pfeffer, vier kleine Gläser Whisky, zwei Teelöffel Honig, eine Hand voll Rosinen, drei Salzkörner, eine kleine Zwiebel, vier kleine Zweige Estragon, ein Achtelliter Milch, ein Pfund Äpfel, ein halbes Glas Verjus oder eine Mischung, die zu gleichen Teilen aus Rotwein und Apfelessig besteht, etwas geriebene Muskatnuss.

Zubereitung

Eine fette Ente säubern, absengen, innen und außen mit Eichenblättern trockentupfen.

Mit Fettstückchen vom Körper der Ente oder einer Tasse Olivenöl und einer Hand voll fettem Speck, vier in je drei Teile gebrochenen Lorbeerblättern und zwei zerstoßenen Holunderzweigen in eine Kasserolle legen.

Bei kräftiger Hitze anbraten, salzen, und mit einer Prise Mazis, zwei Prisen Kubebenpfeffer oder ersatzweise der gleichen Menge gemahlenem weißen Pfeffer würzen.

Die Kasserolle etwa eine Stunde bei kräftiger Hitze in den Ofen stellen.

Dann die Ente auf beiden Seiten mit zwei kleinen Gläsern Whisky beträufeln, der mit zwei Teelöffeln Honig – ein Löffel pro Person – und einer Hand voll Rosinen vermischt wurde.

Die Kasserolle bei mäßiger Hitze eine weitere halbe

Stunde in den Ofen geben. Wenn die Zeit verstrichen ist, den Vogel aus der Kasserolle nehmen und warm stellen.

Unterdessen die Kasserolle bei sanfter Hitze auf den Herd stellen. Ein weiteres kleines Glas Whisky dazugeben, das am ersten Tag des neuen Mondes zu Ehren des Dämons Andras mit drei Salzkörnern, einer kleinen geviertelten Zwiebel und vier Zweiglein Estragon in ein kleines Fläschchen mit breitem Hals gefüllt wurde. Mit dem Zeigefinger der linken Hand zeichnet man das Wort Andras über jede Zutat und segnet sie so im Namen des Dämons. Nach sieben Tagen kann die Mischung verarbeitet werden.

Die Soße mindestens eine Viertelstunde gut umrühren, nachdem die Flüssigkeit mit den Opfergaben für den Dämon in den Bratenfond gegossen wurde.

Wenn eine glatte Soße entstanden ist, einen Achtelliter Milch hinzufügen. Zum Kochen bringen und noch etwas einreduzieren lassen.

Nun die Ente tranchieren, die Stücke in die Soße legen und etwas durchziehen lassen.

Inzwischen ein Pfund Äpfel schälen und das Kerngehäuse entfernen, in Scheiben schneiden und in einer Hand voll heißem, ausgelassenem Speck frittieren. Abtropfen lassen, in einen neuen Topf geben und bei mäßiger Hitze auf den Herd stellen.

Die Äpfel mit einem weiteren kleinen Glas Whisky beträufeln, das mit einem halben Glas Verjus (ersatzweise siehe Zutaten) vermischt wurde. Die Mischung einkochen lassen.

Schließlich die Apfelstücke in die Kasserolle zur Ente geben, die in der Zwischenzeit bei mäßiger Hitze auf dem Herd stand. Etwas Muskatnuss hineinreiben. So lange rühren, bis die Soße sämig ist.

Das Gericht vor dem Servieren fünf Minuten ruhen lassen.

Kommentar

Nicht nur die Gewürze, sondern auch die vier Gläschen Whisky steigern die sexuell stimulierende Wirkung des Entenfleischs.

Bei diesem Gericht tupft man die Ente mit Eichenblättern trocken. Die Eiche ist dem Jupiter geweiht und steht seit jeher für Stärke und Widerstandskraft. Als Baum der Wahrsager war sie gleichzeitig das Symbol der Weisheit.

Im Heiligtum von Dodona schützte Eichenlaub die schlafenden Tauben. Der Kiel der *Argo*, des sprechenden Schiffs aus der griechischen Mythologie, bestand aus Eichenholz, und auch das Goldene Vlies war an einem Eichenstamm befestigt. Wer wie die Dioskuren Schutz suchte, fand ihn in der Höhle des rauen Eichenstammes. Sokrates philosophierte im Schatten seiner Zweige.

Die Eiche – Symbol der Kraft

Am meisten wurde die Eiche aber in Rom gefeiert, wo ihr viele Heiligtümer geweiht waren. Das wichtigste befindet sich in Nemi. Eichenkränze kündeten von den Triumphen antiker Könige und schmückten alle wichtigen Persönlichkeiten der römischen Republik, wie Plinius berichtet. Unter anderem schreibt er auch, die Eiche sei vor dem Menschen erschaffen worden.

Der von den Elfen und Feen, dem so genannten kleinen Volk, betriebene und an die Druiden weitergegebene Kult wurde im Mittelalter neu entdeckt.

Wenn die Eichenmenschen sahen, dass einer ihrer Bäume gefällt wurde, rächten sie dies häufig, indem sie das Essen des Übeltäters vergifteten.

In Rezepten sollten Eichenblätter genau das bewirken, wofür der Baum stand: unendliche, unerschöpfliche Kraft.

Andras, dem bei der Zubereitung des Gerichtes gehuldigt und der in gewissem Sinne beschworen wird, ist einer der wichtigsten Dämonen. Er wird mit dem Kopf einer Schleiereule und dem Körper eines Engels, auf einem Wolf reitend dargestellt, in der Hand ein spitzes Schwert. Andras schürt Zwistigkeiten und lehrt seine Schüler, wie man Frauen auf barbarische Art und Weise vergewaltigt, seine Feinde tötet und trotz allem straflos davonkommt.

43 Albigensische Rebhühner

Zutaten

Zwei Rebhühner, zwei Hand voll fetter Speck, ein apfelgroßes Stück Butter, eine Knoblauchzehe, eine Prise Petersilie, eine Prise Pfefferminze, eine Prise Dill, der Saft einer Zitrone, ein Glas provenzalischer Weißwein, der im Mittelalter mit ein paar Tropfen von dem Körpersekret der im Geheimen befriedigten Lust vermischt wurde, zwei Pfund Lauch, den man auch durch die gleiche Menge gehäutete und entkernte Tomaten ersetzen kann.

Zubereitung

Das folgende Gericht sollte nach Möglichkeit an einem Freitag verzehrt werden. Zuvor werden die Genitalien eine Woche lang mit folgender äußerlich anzuwendender Waschung stimuliert:

Eine Unze Salbei, eine Unze Malven, eine Unze Pfefferminze, eine Unze Bohnenkraut, sieben Eisenkrautblüten und fünf Esslöffel Rosenwasser sieben Minuten in drei Pint Wasser kochen lassen. Den Aufguss abseihen und lauwarm verwenden.

Für den oben genannten Leckerbissen zwei Hand voll in Würfel geschnittenen fetten Speck und ein apfelgroßes Stück Butter in einer Kupferkasserolle auslassen.

Zwei Rebhühner säubern, ausnehmen, Füße und Kopf abschneiden und absengen. Die Vögel bei mäßiger Hitze in die Kasserolle legen, wenn sich der Geschmack der Butter mit dem des Specks vermischt hat.

Anschließend eine Knoblauchzehe, eine Prise Petersilie und die gleiche Menge Dill hacken und dazugeben. Den Knoblauch anbräunen, währenddessen die Rebhühner wenden und nach ungefähr zehn Minuten mit einem Glas provenzalischem Weißwein ablöschen. Früher mischte man ein paar Tropfen von der Körperflüssigkeit darunter, die das Resultat der Selbstbefriedigung war. Heute empfiehlt es sich, davon abzusehen, da dies keinen Einfluss auf die angebliche Wirkung des Rezepts hat.

Den Wein etwas einkochen lassen, dann zwei Pfund Lauch oder die gleiche Menge gehäutete und entkernte Tomaten hinzufügen. Die Hitze reduzieren und alles etwa eineinhalb Stunden zugedeckt schmoren lassen.

Die Rebhühner aus der Kasserolle nehmen, die Soße durch ein Sieb passieren (unabhängig davon, ob Lauch oder Tomaten zugegeben wurden), sodann mit dem Saft einer Zitrone aufgießen und weiter einkochen, bis die Flüssigkeit etwas andickt. Die Rebhühner kurz vor dem Servieren in die Kasserolle zurücklegen und in der Soße wenden, damit sie den Geschmack annehmen.

Nun die Rebhühner auf einen Teller legen, die Soße in eine Tasse gießen und servieren.

Kommentar

Zu dem Rezept gehört auch ein vorbereitendes Ritual, das bereits eine Woche vor der sexuellen Begegnung mit stimulierenden Waschungen der Genitalien beginnt.

Beim vorliegenden Gericht handelt es sich um eine Speise der Albigenser, einer Sekte, die unter der bäuerlichen Bevölkerung Südfrankreichs weit verbreitet war. Man wusste viel über die Wirkung der Kräuter und der provenzalischen Weine, mit dem Ergebnis, dass es dort zahlreiche Kräuterhexen gab.

Das Fleisch der Rebhühner wirkt wie Wildbret allgemein sexuell stimulierend. Die beigefügten Gewürze verstärken den Effekt, und besonders stark duftende Aromen sollen zur sexuellen Vereinigung anregen.

Darüber hinaus war es im Mittelalter üblich, den Gerichten Sexualsekrete, die das Ergebnis der Selbstbefriedigung waren, beizumischen. Das könnte zumindest in demjenigen, der das Mahl zubereitete, den Entschluss gestärkt haben, aus den Kräften des Rezepts seinen Nutzen zu ziehen.

44 Wacholderkapaun »Königin von Navarra«

Zutaten

Ein Kapaun, ein Schweinenetz, zehn Wacholderbeeren, eine gute Hand voll Rosmarin, zwei Lorbeerblätter, eine Prise Bohnenkraut, eine Tasse Olivenöl, drei gewässerte Heringsstücke, eine halbe Hand voll in Agrest (oder Essig) eingelegte Kapern, in Scheiben geschnittener fetter Speck, zwei oder drei Hand voll fetter Speck oder ersatzweise drei Tassen Olivenöl, Herz und Leber des Kapauns, eine Tasse Wacholderschnaps, zwei Prisen Salz, zwei gemahlene Paradieskörner oder die gleiche Menge gemahlener schwarzer Pfeffer, eine Lotosblüte oder ersatzweise sechs zerstoßene Lorbeerblätter, eine Prise Dill.

Zubereitung

Den Kapaun säubern, Leber und Herz beiseite legen. Absengen und mit Lindenblättern trockentupfen.

Inzwischen in einer Kohlepfanne eine Hand voll der folgenden Kräuter zerkleinern, die Liebe und Lust begünstigen: Schöllkraut, Myrte, Gartenraute, Rosmarin, Wermut, Beifuß, Eisenkraut und Minze. Die Kräuter entzünden und den Kapaun über die Flamme halten.

Anschließend drei Wacholderbeeren zerstoßen und mit einem Lorbeerblatt, einer Hand voll Rosmarin und der gleichen Menge Bohnenkraut vermischen. Die Kräuter mit einer Tasse Olivenöl übergießen. Den Kapaun sorgfältig mit der Mischung einreiben, die gut einziehen sollte.

Drei gewässerte Heringsstücke mit einer halben Hand voll in Agrest oder Essig eingelegten Kapern pürieren. Mit weiteren sechs Wacholderbeeren, einer zerkleinerten

Lotosblüte oder fünf zerstoßenen Wacholderblättern und einem Zweig Rosmarin in ein Schweinenetz geben. Fest mit Zwirn verschnüren und den Kapaun damit füllen.

Den Kapaun wieder in Form legen und den Bauch mit Zwirn umwickeln. In einem großen, ovalen Topf zwei oder drei Handvoll fetten Speck auslassen, ersatzweise kann man zwei Tassen Olivenöl verwenden, und den Kapaun hineinlegen. Ungefähr zweieinhalb Stunden braten.

Unterdessen eine Tasse Olivenöl in einen Topf geben. Herz und Leber des Kapauns hineinlegen. Nach dem Anbraten eine Prise Dill, ein zerriebenes Lorbeerblatt, eine Tasse Wacholderschnaps, ausreichend Salz und zwei gemahlene Paradieskörner oder die gleiche Menge frisch gemahlenen schwarzen Pfeffer dazugeben. Die Soße unter Rühren einkochen lassen und durch ein Sieb passieren. Während der letzten Garminuten beide Seiten des Kapauns mit der Soße tränken.

Das Gericht wird warm serviert.

Kommentar

Bei der Königin von Navarra, der dieses Gericht gewidmet ist, handelt es sich um Margarete von Valois, die Tochter von Katharina von Medici und Heinrich II. von Frankreich. Königin von Navarra wurde sie durch ihre Hochzeit[9] mit Heinrich von Bourbon, einem Mann, den sie nicht liebte. Ihre Liebe gehörte Heinrich Guise. So nahm sie es – ein bisschen aus Trotz, ein bisschen aus Neigung

[9] In der Nacht vom 23. auf den 24. August (Bartholomäusnacht) 1572 kam es auf Geheiß Katharina von Medicis zu einem Massaker an den Hugenotten in Paris, bei dem 2000 Menschen umkamen. Es war Auftakt zu Pogromen in ganz Frankreich, die schließlich in einen Religionskrieg mündeten.

– mit der Treue nicht besonders genau, stürzte sich von einer außerehelichen Affäre in die nächste, was ihr schließlich eine Rüge ihres Ehemannes einbrachte, der inzwischen unter dem Namen Heinrich IV. König von Frankreich und Navarra geworden war. Wie ihre Mutter Katharina befasste sich auch Margarete mit Okkultismus, Magie und Hexerei.

Über den Kapaun, der hier so wunderbar zubereitet wird, und die Vorzüge, die man seinem Fleisch im Mittelalter zuschrieb, haben wir bereits in anderen Rezepten geschrieben.

Das Schöllkraut wurde, ebenso wie das *hedera helix*, eine der Zutaten der im vorausgegangenen Rezept beschriebenen Waschung, im Mittelalter gerne für aphrodisierende Liebestränke verwendet.

Weiterhin ist der Rosmarin in Betracht zu ziehen, ein immergrüner Strauch, dessen Blätter an Tannennadeln erinnern. Seine violetten Blüten verströmen einen aromatischen Duft. Frische oder getrocknete Rosmarinblätter wurden in ganz Südeuropa als Gewürz, aber auch als Arzneimittel und Aphrodisiakum verwendet. Sie fördern die Durchblutung und bewirken einen Blutstau in den Gefäßen, die die Genitalien mit Blut versorgen. Rosmarin regt zudem die Verdauung an. Große Mengen davon können einen Abgang verursachen.

In der klassischen Antike würzte man den Wein mit Rosmarin. Der Hirte Kalippi setzte damit ein Getränk an. Zudem wurde Rosmarin wie Weihrauch verbrannt, um die Götter gnädig zu stimmen. Die stärkste aphrodisierende Wirkung entfaltet der Rosmarin aber als so genanntes *Rosmarinbad*. Es regt die Durchblutung der Haut an und erhöht auf diese Weise ihre Sensibilität. Ätherisches Rosmarinöl, besonders aus Sumpfrosmarin, stärkt Nerven und Psyche. Diese Rosmarinsorte wurde von den Schamanen zu magischen Zwecken und bei Ritualen eingesetzt.

Die Ägypter verehrten den Lotos und seine Blüten so sehr, dass sie ihn den Göttern zum Geschenk machten und die Säulen der Tempel mit Abbildungen stilisierter Lotosblüten schmückten. Ovid widmete dem Symbol körperlicher Schönheit einige Zeilen in den *Metamorphosen*: Er erklärt ihre Entstehung damit, dass die Nymphe Lotis in eine Pflanze verwandelt wurde, um der Vergewaltigung durch Priapos zu entgehen.

Der Lotos

Den Hindus ist der Lotos heilig: Die Stadt Benares (heute: Varanasi), Geburtsstätte des Schöpfergottes Brahma, wird »der Lotos der Welt« genannt. Krishna, eine Inkarnation des Gottes Vishnu, kam in einem Regen aus Lotosblüten und Seerosen zur Welt. Seine Augen ähneln den Blättern der Blüte, die er in der Hand hält. Die magische Blüte spiegelt sich in seinem gesamten Aussehen, und ihr hat er es auch zu verdanken, dass seine 16108 Frauen nicht unbefriedigt bleiben.

Vishnu und der Lotos werden so häufig miteinander verglichen, dass jeder ein Spiegelbild des anderen ist. Auch Lakshmi, Göttin der Schönheit und Frau Vishnus, wird auf einer Lotosblüte sitzend dargestellt.

Buddha und der Buddhismus bedienen sich in ihrer Symbolik häufig des Lotos: So unberührt wie die Blüte, die aus dem Wasser des Teichs emporsteigt, ist auch Buddha von der materiellen und sinnlichen Welt. Die Lotos-*Chakren* sind Energiezentren, die durch Initiationsriten aktiviert werden können. Das Lotos-Sutra dient einer der wichtigsten buddhistischen Sekten als Grundlage der Ausbildung und der Reflexion.

45 Kräuterzicklein

Zutaten

Die Keule eines Zickleins, Lorbeer, sieben Blätter Immergrün, eine Prise Ingwer, zehn Scheiben Speck, sieben Flocken Schweinefett, drei Butterflocken, eine halbe Hand voll fetter Speck oder ersatzweise drei Tassen Olivenöl, zwei Prisen Salz, eine Prise Anis, eine Prise Zimt, drei Unzen Brotkrumen, zwei kleine Zwiebeln, zwei Knoblauchzehen, eine halbe Handvoll Petersilie, ein halbes Glas Weißwein, eine halbe Tasse Verjus oder ersatzweise die gleiche Menge Apfelessig, der mit Mazis oder einem Viertel einer geriebenen Muskatnuss sowie einigen gewässerten und pürierten Heringsstücken aromatisiert wurde.

Zubereitung

Die Keule eines Zickleins in Essigwasser waschen, mit Lattichblättern trockentupfen und eine halbe Stunde auf ein Bett aus Lorbeerblättern legen, die mit Immergrünblättern und einer Prise Ingwer vermischt wurden. Die Kräuter anschließend in ein kleines Säckchen geben, das die Liebe begünstigen soll und eine ganze Mondphase lang am Körper oder in der Tasche getragen wird. Dünne Speckscheiben um die Keule wickeln und mit Holzstäbchen feststecken. Mit sieben Flocken Schweinefett, drei Butterflocken, einer halben Hand voll fettem Speck oder ersatzweise drei Tassen Olivenöl in einen Bräter geben. Salzen, mit einer Prise Anis und der gleichen Menge gemahlenen Zimt würzen und bei mittlerer Hitze für etwa zwei Stunden in den Ofen schieben.

Das Zicklein eine Viertelstunde vor Ende der Garzeit aus dem Ofen nehmen und mit drei Unzen altbackenem Brot, das in Weißwein eingeweicht und sorgfältig ausgedrückt wurde, und einer Mischung aus zwei kleinen gehackten Zwiebeln, zwei gehackten Knoblauchzehen sowie einer halben Hand voll gehackter Petersilie bestreuen. In den Ofen zurückstellen und fertig braten.

Wenn das Fleisch eine schöne goldbraune Farbe und seinen wunderbaren Geschmack angenommen hat, das Zicklein aus dem Bräter nehmen, auf einen großen Teller legen und warm stellen.

Unterdessen den Bratenfond mit einem halben Glas Weißwein und der gleichen Menge Verjus vom Bräter lösen (ersatzweise der gleichen Menge Apfelessig, der mit Mazis oder – nach Belieben – dem Viertel einer geriebenen Muskatnuss und einigen zuvor gewässerten und pürierten Heringsstücken aromatisiert wurde).

Unter gelegentlichem Rühren bei mäßiger Hitze auf dem Herd einkochen lassen. Die Keule mit der kochend heißen Soße übergießen und servieren.

Kommentar

Das Fleisch eines Zickleins (nur ein Tier, das jünger als sechs Monate ist, darf so bezeichnet werden), besonders das des männlichen Zickleins, ist zart, nahrhaft und sehr geschmackvoll und vermag den verwöhntesten Gaumen zu erfreuen. Deshalb wäre auch eine sexuell anregende Wirkung möglich, wenn das Fleisch wie hier von üppigen und blutstauenden Zutaten begleitet wird. Die stimulierenden und aphrodisierenden Ingredienzien, die dieses Gericht verfeinern, wurden bereits besprochen.

Darüber hinaus gehört zu der Zubereitung auch ein magisches Ritual, dessen psychologischer Effekt sich nicht leugnen lässt.

46 Schnepfen »La Voisin«

Zutaten
Zwei Schnepfen, eineinhalb Tassen Olivenöl oder zwei Hand voll fetter Speck und eine halbe Tasse Olivenöl, vier kleine Zwiebeln, eine Tasse frische Pilze, eine Tasse geschnittene schwarze Trüffel, eine Tasse alter Rotwein, ein Enteneigelb oder zwei Hühnereigelbe, eine halbe Tasse Birnenschnaps, eine halbe Fingernagelspitze Goldpulver oder ersatzweise eine Prise geriebene Muskatnuss, ein paar geröstete Brotscheiben, ausreichend Salz.

Zubereitung
Nach Aussage von Catherine Deshajes, der so genannten Witwe Monvoisin, war dies eines der Lieblingsgerichte des berühmten Sonnenkönigs Ludwig XIV. Es wird wie folgt zubereitet:

Zwei Schnepfen rupfen, absengen, ausnehmen und waschen. Im Sommer innen mit Sonnenblumenblättern, in kühleren Jahreszeiten mit Platanen- oder Eichenblättern trockentupfen. Noch besser eignen sich getrocknete Quecken, die am 23. Juni mitsamt der Wurzel geerntet wurden. Nachdem man sie wie eben beschrieben verwendet hat, gibt man drei Schamhaare, Haare oder sechs Fäden von der Kleidung des Objektes der Begierde dazu, die man sich ohne dessen Wissen beschafft hat. Alles in eine Kohlepfanne legen, anzünden und die Asche in alle vier Ecken des Schlafzimmers streuen. Das Ritual soll die Intimsphäre schützen und geplante Liebesabenteuer unterstützen.

Zwei Hand voll fetten Speck in einem tiefen Topf auslassen oder eineinhalb Tassen Öl erhitzen, die gesäuberten Schnepfen hineinlegen. Etwa zwanzig Minuten anbraten, dabei von Zeit zu Zeit mit dem Bratensaft übergießen.

Wenn die zwanzig Minuten vorbei sind, die Vögel halbieren und zusammen mit dem Bratensaft, einigen in Ringe geschnittenen Zwiebeln, einer Tasse frischen oder getrockneten und eingeweichten Pilzen in ein Tongefäß geben. Bei sanfter Hitze auf den Herd stellen.

Dann die halbierten Schnepfen nach und nach mit einer Tasse altem Rotwein beträufeln und bei geringer Hitze eineinhalb Stunden weitergaren.

Anschließend das Fleisch auf einen Teller legen, den Bratenfond mit einem Enteneigelb oder ersatzweise zwei Hühnereigelben sowie einer halben kleinen Tasse Birnenschnaps verrühren.

Wenn die Soße auf ein Viertel eingekocht ist, eine gehäufte Tasse schwarze geschnittene Trüffel zugeben, ausreichend salzen und eine halbe Fingernagelspitze Goldpulver oder ersatzweise eine Prise geriebene Muskatnuss darüber streuen. Die Zutaten bei kräftiger Hitze zugedeckt einkochen lassen und die Soße anschließend in ein geeignetes Gefäß gießen.

Heiß, mit ein paar gerösteten und mit Olivenöl beträufelten Brotscheiben servieren.

Kommentar

Catherine Deshajes, die Witwe Monvoisin, genannt *La Voisin*, war im siebzehnten Jahrhundert eine berühmte Pariser Hexe. Ihre Künste verhalfen ihr zu großem Ruhm: Angeblich konnte sie Liebende wieder versöhnen, Liebestränke und ein Elixier ewiger Jugend brauen, ja, sie soll sogar in der Lage gewesen sein, die blinde Göttin gnädig zu stimmen und zu Glück im Spiel zu verhelfen. Neben der Herstellung dieser Wundermittel veranstaltete die Voisin schwarze Messen mit Frauen von lockerer Moral und zweifelhaftem Ruf. Trotz alledem gelang es ihr, mit ihren Künsten hoch gestellte Persönlichkeiten wie Madame de Montespan anzulocken, denn die Geliebte Ludwigs XIV. war immer ängstlich darum bemüht, die Leidenschaft des Königs wach zu halten. Die Voisin genoss auch das Vertrauen La Fontaines und vieler anderer wohlhabender Persönlichkeiten, was ihr ein Leben in an Luxus grenzendem Wohlstand ermöglichte.

Ihre Verwünschungen und das von ihr gemischte Gift wurden für viele plötzliche Todesfälle und öffentliches Unheil verantwortlich gemacht. Bis zu ihrer Festnahme 1679 und der anschließenden Haft in der Bastille verbreiteten ihre Tränke Angst und Schrecken. Am 11. Februar 1680 gab es ein *chambre ardente*[10] für die Hexe und ihre Komplizen. Auch in ihren letzten Tagen ließ die Voisin keinen Zweifel an ihrer Gott- und Zügellosigkeit. Am 22. Februar desselben Jahres stieg sie auf den Schei-

[10] So nannte man in Frankreich die Hexentribunale.

terhaufen und starb, wie sie gelebt hatte: alles und jeden beschimpfend und verfluchend.

Schnepfen

Schnepfen gelten schon immer als Leckerbissen und Auftakt zu Gaumenfreuden und Fleischeslust. Wie man sagt, aß Ludwig XIV. sie besonders gerne und führte seine Potenz vornehmlich darauf zurück. Eines Tages äußerte der Hofkaplan den Wunsch, diesen Leckerbissen zu kosten – vorausgesetzt, er würde vom Koch des Königs zubereitet, der, so hieß es, aus dem Gericht eine wahre Delikatesse machte. Schließlich lud ihn Ludwig auf eines seiner Jagdschlösser ein, ließ dem Prälaten aber bei der Ankunft mitteilen, er könne ihm an diesem Tag wegen der ungelegen späten Stunde nicht Gesellschaft leisten. So kam es, dass der Majordomus den Gast bat, die Schnepfen alleine zu verkosten. Seine Majestät würde eintreffen, sobald es ihm möglich sei. Entzückt nahm der Hofkaplan an der Tafel Platz und ließ sich die verschiedenen Schnepfengerichte, die jeweils vom passenden Wein begleitet waren, schmecken. Fünf Tage ließ der Souverän den Prälaten warten, und jeden Tag wurde ihm morgens wie abends das immer gleiche Menü serviert.

Am sechsten Tag erschien der König und fragte ihn sogleich, ob während seiner Abwesenheit alles zu seiner Zufriedenheit gewesen sei und ihm die Schnepfengerichte geschmeckt hätten. Der Bischof dankte ihm für den wahrhaft königlichen Empfang, den man ihm bereitet hatte, doch dann fügte er hinzu: »Der

Leckerbissen hat mir sehr wohl geschmeckt. Doch da man mir immer nur Schnepfen vorsetzte, waren sie mir schnell über, und ich verspürte das Bedürfnis nach etwas Abwechslung bei den Mahlzeiten.«
Ludwig antwortete ihm: »Monsignore, Ihr tadelt, dass ich meiner Frau nicht treu bin. Doch wenn ich immer nur in den Armen der Königin liege, ergeht es mir wie Euch mit den Schnepfen – ich verspüre ein Bedürfnis nach Abwechslung.« (»Toutjour la reine est comme toutjour les beccacces.«)

Aber zurück zum vorliegenden Rezept: Das beschriebene Ritual ist ebenso interessant wie geheimnisvoll. Die Quecke wird am 23. Juni, in der Nacht der Hexen, gesammelt und anschließend mit drei, natürlich ohne Wissen des Partners beschafften, Schamhaaren verbrannt. Die Asche streut man in die vier Ecken des Schlafzimmers, was »die Intimsphäre schützen und geplante Liebesabenteuer unterstützen« soll.

Bei der Quecke handelt es sich um ein parasitäres Unkraut, dem man besonders bei Entzündungen der Harnwege, der Leber, der Galle und bei Furunkeln eine entzündungshemmende Wirkung zuschrieb. Es scheint also einleuchtend, dass sie aphrodisierenden Rezepten beigemischt wurde, um Entzündungen der Sexualorgane vorzubeugen.

Die Sonnenblume wurde erstmals um das Jahr 1000 vor Christus von den Indios in Südmexiko angebaut. Nach der Entdeckung Amerikas durch Christoph Kolumbus gelangte sie nach Europa, wo man sie ebenfalls sofort anpflanzte und nutzte. Bereits im fernen Amerika waren die

Blätter der Sonnenblume ein Symbol für die Sonne. Die Mayas kochten sie und tranken den Sud als Aphrodisiakum. In der Tat enthalten die Blütenblätter der Sonnenblume sexuell stimulierende Chlorogensäuren. Die aus den Sonnenblumenkernen gewonnenen ungesättigten Fettsäuren und das Vitamin E sollen die Wahrscheinlichkeit einer Empfängnis erhöhen und Impotenz verhindern. Der Naturalist Lonicerus riet, die frischen Blütenblätter der Sonnenblume zu braten und mit Pfeffer und Salz gewürzt zu verzehren, um sich »für die Erfüllung der ehelichen Pflichten zu stärken«.

Die Platane und ihre Blätter sind Symbole der Ruhe; Gleiches gilt für die Sommereiche.

47 Kaninchen auf Trentiner Art

Zutaten

Ein Kaninchen, ein Pfund fetter Speck, zwei oder drei Äpfel, eine Hand voll frische oder zwei Hand voll getrocknete Pilze, ein Glas Aquavit, zwei kleine Tassen Olivenöl, ein Büschel Petersilie, zwei Arnikablätter, zwei Borretschblätter, zwei Prisen Salz, eine halbe geriebene Kugel Ambra oder ersatzweise ein Viertel einer geriebenen Muskatnuss, zwei Tassen Weißwein, der Saft einer Zitrone, eine Prise Ingwer, ein halber Teelöffel Zucker, eine Prise Galgant, eine halbe Prise Guineapfeffer.

Zubereitung

Man besorge sich ein Kaninchen, nach Möglichkeit mit Fell. Das Fell falls nötig auseinander schneiden, über die Brust breiten und eine halbe Stunde regungslos im Bett liegen bleiben: Es nimmt alle störenden negativen Energien auf und stimmt auf ein harmonisches, aber leidenschaftliches Leben voll Liebe und Erotik ein.

Sodann das Kaninchen säubern, waschen und trockentupfen.

Nun ein Pfund fetten Speck klein schneiden, zwei oder drei grüne Äpfel ohne Schale und Kerngehäuse sowie eine Hand voll frische Pilze (getrocknete Pilze in Aquavit einweichen und gut abtropfen lassen) dazugeben. Die Mischung in einen kleinen Tiegel geben. Sobald der Speck ausgelassen ist, ein Büschel gehackte Petersilie, zwei Blätter gehackte Arnika und die gleiche Menge gehackten Borretsch hinzufügen. Gut umrühren, vorsichtig salzen und eine halbe geriebene Ambrakugel oder ersatzweise ein Viertel einer geriebenen Muskatnuss einrühren.

Den Herd ausschalten, zehn Minuten warten und die Farce mit den Händen oder einer großen Gabel aus altem Holz verkneten. Dabei beschwört man den Dämon Stolas. Das Kaninchen mit der abgekühlten Farce füllen.

Anschließend die Öffnung mit Zwirn zunähen. Zwei kleine Tassen Olivenöl in einem Topf erhitzen und das Kaninchen bei kräftiger Hitze darin anbraten.

Wenn das Kaninchenfleisch angebraten ist, die Temperatur sehr stark reduzieren und mit einer kleinen Tasse Weißwein ablöschen. Gut eineinhalb Stunden schmoren lassen.

Den leicht gesalzenen Saft einer Zitrone aufgießen, sobald der Wein verdampft ist.

Während der letzten zehn Minuten mit einer Prise Ingwer, einem halben Teelöffel Zucker, einer Prise Galgant und einer Prise Guineapfeffer oder Koriander würzen.

Unter gelegentlichem Wenden schmoren lassen, bis das Fleisch kräftig braun ist.

Die Soße in eine Schüssel gießen und das Kaninchen servieren.

Kommentar

Das Fleisch des Kaninchens, besonders das des auch als Zwerghase bekannten Wildkaninchens, ist sehr geschmackvoll und hat eine blutstauende sowie sexuell stimulierende Wirkung. Bei diesem Rezept tut die Soße, in der es serviert wird, ein Übriges.

In Italien waren die Hexen im norditalienischen Trentino besonders aktiv. Das beweisen zahlreiche Prozessakten, die dort im Archiv und in der Bibliothek aufbewahrt werden.

Das magische Ritual sieht vor, dass die Person, die das Gericht später zubereitet, das noch warme Fell des Kaninchens auf ihrer Brust ausbreitet. Anschließend muss sie eine halbe Stunde regungslos liegen bleiben. Das Ritual verfolgt zwei Ziele: Es soll negative Energien unschädlich machen und den Betreffenden auf ein harmonisches, aber leidenschaftliches Leben einstimmen.

Noch wirkungsvoller wird das Gericht durch die Beschwörung des Dämons Stolas, eines Großfürsten der Unterwelt, der in Gestalt einer Eule, dem Vogel der Hexen, erscheint und die Geheimnisse von Pflanzen und Mineralien hütet.

48 Schwarzwaldkaninchen »Johanna von Orleans«

Zutaten

Ein Kaninchen, eine Schüssel Agrest, man kann sich auch mit der gleichen Menge Apfelessig behelfen, ein halbes

Pint Weißwein, eine Zwiebel, zwei Knoblauchzehen, vier Nelken, zwei Akazienblüten, drei Lorbeerblätter, eine halbe Prise Farn, zwei Prisen Mazis, eine kleine Pfefferminzpflanze, zwei Unzen fetter Speck, zwei Prisen Salz, zwei Schöpflöffel magere Brühe, eine Hand voll Petersilie, sechs Brennnesselblätter, ein Pfund Schalotten, der Saft eines Granatapfels, zwanzig Heidelbeeren, zwanzig schwarze Johannisbeeren.

Zubereitung

Man sucht sich ein kleines Fleckchen unter freiem Himmel und grenzt es mit vier Steinen oder vier Baumstämmen ein, welche die vier Seiten darstellen sollen. Dort trägt man dürre Äste aus der Umgebung und alles, was einen an unangenehme Ereignisse der jüngsten Vergangenheit erinnert, zusammen. Auf diese Weise entsteht eine Art *Abred* oder Kreis. Zu gegebener Zeit hüllt man alles, dessen man sich entledigen will, in das Fell des Kaninchens und verbrennt es dort. Mit dieser Feuerreinigung stimmt man auch die *Schwarze Jungfrau* oder *Große Göttin* gnädig.

Nachdem die Regeln des Kultes der Wald- und Feldbewohner befolgt wurden, kommen wir nun zum eigentlichen Rezept.

Das Kaninchen mit Agrest oder Apfelessig waschen und zerlegen.

Aus einem halben Pint Weißwein, einer exakt halbierten Zwiebel, einer Knoblauchzehe, vier zerstoßenen Gewürznelken, zwei Akazienblüten, drei in acht Teile gebrochenen Lorbeerblättern, einer halben Prise Farn, zwei Prisen Mazis sowie einer mitsamt der Wurzel ausgerissenen kleinen Pfefferminzpflanze eine Beize herstellen. Die Pfefferminze anschließend trockentupfen und beiseite legen.

Die Beize etwa zehn Minuten lang aufkochen und über die Kaninchenteile gießen. Zugedeckt eine Stunde ziehen lassen.

Anschließend das Fleisch abtropfen lassen und in zwei Unzen ausgelassenem Speck in einer Kasserolle anbraten. Das angebratene Kaninchen salzen und viermal mit je einem halben Schöpflöffel magerer Brühe übergießen. Bei mäßiger Hitze etwa zwei Stunden schmoren lassen.

Eine Hand voll Petersilie, zwei Pfefferminzblätter von dem bereits verwendeten und beiseite gelegten Pflänzchen, eine Knoblauchzehe, sechs Brennnesselblätter und eine Unze Schalotten fein hacken.

Die Zutaten vermischen, den Saft des Granatapfels und der zwanzig Heidelbeeren sowie die zwanzig pürierten Johannisbeeren hinzugeben. Die Mischung sorgfältig umrühren, nach Bedarf salzen und beiseite stellen.

Das Kaninchen nach Ablauf der Kochzeit aus der Kasserolle nehmen. Sodann die soeben zubereitete Mischung in den Bratenfond geben. Den Fond zum Kochen bringen, zehn Minuten einkochen und unverzüglich durch ein Sieb passieren. Die Soße über das Kaninchen geben.

Der Leckerbissen muss heiß verzehrt werden, damit das Gegenüber in ausgelassene Stimmung gerät, auch wenn man sich selbst aus Furcht, Schüchternheit oder mangelnder Dreistigkeit nicht offenbaren will, woran nur ein bestimmtes Verlangen schuld sein kann.

Nota bene

Der Marinade und des übrig gebliebenen Pfefferminzpflänzchens sollte man sich entledigen, indem man alles unter eine Zypresse schüttet, während man den Schutz Luzifers erbittet.

Johanna von Orleans, auch Jungfrau von Orleans genannt, wurde 1431 wegen Hexerei zum Tode auf dem Scheiterhaufen verurteilt. 1894, mehr als vierhundert Jahre später, erklärte Papst Leo XIII. sie für verehrungswürdig. 1909 wurde sie von Pius X. selig, 1920 von Benedikt XV. heilig gesprochen.

Im Mittelalter hielten viele Menschen Johanna für eine Hexe, und noch heute bestätigen Anthropologen wie Margaret Murray, dass sie genau wie ihr Beschützer und Waffengefährte Gilles de Rais eine Anhängerin des Kultes des Gehörnten Gottes war. Somit galt sie zwingend als Hexe und war als solche zu verbrennen.

Jeanne d'Arc

In seinem satirisch-obszönen Gedicht schloss sich Voltaire ebenfalls der Hexentheorie an, wenngleich in mythologisierter Form. Er stellte Johanna als schamlose Person dar. Jedenfalls hatte die Geschichte des Bauernmädchens aus Domrémy schon immer und überall Bewunderer und Gegner. Johanna hatte beim Tanzen um einen Baum Stimmen vernommen, die sie ermahnten, Frankreich von England und Burgund zu befreien. Den Stimmen gehorchend, legte sie Schwert und Rüstung an, schloss sich nach ihrem Sieg in Reims dem Dauphin an und rief Karl VII. zum König von Frankreich aus.

Farne sind uralte Pflanzen, die im sumpfigen Unterholz wachsen und außer zu Heil- und Reinigungszwecken häufig auch für Liebeszauber verwendet werden.

Die Brennnessel besitzt einen giftigen Flaum, der die Haut reizt. Sie wird bereits seit der Antike zur sexuellen Stimulation benutzt. Bei der so genannten *Urticatio* wurde der nackte Körper des Partners so lange mit frischen, dichtblättrigen Brennnesselstauden ausgepeitscht, bis die Haut mit einem Ausschlag reagierte. Oder man strich mit der Brennnessel leicht über Genitalien und Brust, bis angenehme Gefühle ausgelöst wurden.

Die Brennnesselsamen ihrerseits wurden in aphrodisierenden Mischungen als Zutat verwendet.

Es wäre möglich, dass die Johannisbeeren, ein Gegengift bei Vergiftungen mit Giftrauke, mit ihrem bitter-süßen Geschmack den Geschmackssinn reizen. Das unter Umständen dadurch ausgelöste Wohlgefühl könnte ein Ansporn sein, sich noch etwas weiter vorzuwagen.

Schließlich sollen mittels der genau nach dem beschriebenen Ritual ausgeführten Hexenzeremonie alle unerwünschten Aspekte der Vergangenheit durch das Feuer gereinigt werden. Auf diese Weise entsagt man seinem bisherigen Leben und einer Gegenwart, die man ablehnt. Dieser Schritt ist notwendig, bevor man sich dem Teufelskult oder jeder neuen Erfahrung hingeben kann, die mit der Vergangenheit im Widerspruch stehen. Im vorliegenden Rezept wird *Abred*, das keltische Wort für *Kosmogonie*, erwähnt – das ist die Macht, die sich Cytrawal, der *Macht des Bösen*, widersetzt. Ein *Abred*, bei dem man symbolisch die Aspekte der Vergangenheit verbrennt, deren man sich entledigen möchte, ist ein sehr eindrucksvolles Ritual, um einer neuen Beziehung einen guten Anfang zu geben und die *Schwarze Jungfrau* oder *Große Göttin* gnädig zu stimmen.

49 Lammgulasch »Maria Brossier«

Zutaten

Eine Lammkeule, drei Unzen Schweineschmalz oder ersatzweise drei Tassen Olivenöl, sechs Zwiebeln, zwei Knoblauchzehen, eine Schüssel Wasser, ein Pint Essig, zwei Prisen Salz, zwei zerstoßene Paradieskörner oder zwei zerstoßene schwarze Pfefferkörner, zwei Nelken, ein halber Teelöffel Ingwer, eine halbe geriebene Muskatnuss, ein Lorbeerblatt, zwei Petersilienstängel, zwei Pfefferminzblätter, eine Prise gemahlener Zimt und die gleiche Menge Koriander, eine halbe Tasse Weißwein, ein Glas Milch, sechs Büschel Süßdolde.

Zubereitung

Das Gericht muss am Tag vor Neumond ausschließlich mit Kochlöffeln aus hellem Holz, am besten aus Eberesche, zubereitet werden.

In einer Kupferkasserolle bei geringer Hitze drei Unzen Schweineschmalz zerlassen, eine gehackte Zwiebel und zwei ganze Knoblauchzehen hinzugeben. Den Knoblauch herausnehmen, wenn die Zwiebeln fast gar sind. Die ganze Lammkeule, die zuvor eine halbe Stunde in Essigwasser eingelegt, sodann mit den Blättern eines jungen Weinstockes oder einem Tuch aus unbehandeltem Leinen trockengetupft wurde, in die Kasserolle legen.

Das Fleisch auf allen Seiten gut anbraten und die Hitze reduzieren. Salzen, zwei Paradieskörner oder dieselbe Menge frisch gemahlenen schwarzen Pfeffer, zwei zerstoßene Gewürznelken, einen halben Teelöffel Ingwer und eine halbe geriebene Muskatnuss hinzugeben.

Nach etwa einer halben Stunde ein Glas Milch aufgießen. Die Milch mit einem zerstoßenen Lorbeerblatt, zwei Büscheln Petersilie, sechs Büscheln Süßdolde sowie zwei Pfefferminzblättern – alles gehackt – aromatisieren. Die Kräuter kurz vor dem Kochen magnetisieren.[11]

Bei geringer Hitze zugedeckt mindestens eine weitere Stunde schmoren lassen.

Anschließend das Gericht mit einer Prise gemahlenem Zimt und ebenso viel Koriander bestäuben. Nach einigen Minuten eine halbe Tasse Weißwein angießen.

Wenn drei Viertel der Flüssigkeit verkocht sind, den Deckel abnehmen und weitere fünf Minuten warten. Den Topf vom Herd nehmen.

Dieses Gericht wird warm gegessen.

Nach dem Essen gleitet man in eine unwiderstehlich sinnliche Stimmung.

Kommentar

Maria Brossier lebte im 16. Jahrhundert in Frankreich. Sie war eine berühmte Hexe und galt als vom Teufel besessen, der durch sie Griechisch, Lateinisch, Persisch, Deutsch und Englisch sprach. Ihr spezieller Fall wurde Gegenstand einer Sonderuntersuchung durch den Kardinal Arnaud d'Ossat.

Das vorliegende Gericht macht sich die bereits gewürdigte anregende Wirkung von Lammfleisch zu Nutze, das mit Scharfsinn und Raffinesse gewürzt und mit vielen Aromen und Kräutern abgeschmeckt wurde.

[11] Dazu legt man die Hände etwa zwei Minuten lang auf die Kräuter. Während dieser Zeit konzentriert man sich und überträgt seine geheimsten Hoffnungen und Wünsche auf die Kräuter. Danach bringen die Kräuter Glück und geben jene Einflüsse weiter, denen sie ausgesetzt waren. Das sollte in der Tat für einen positiven Energiefluss zu der Person sorgen, die man für sich gewinnen möchte.

50 Gebratene Hammelkeule

Zutaten

Eine Hammelkeule, eine halbe Tasse Agrest oder ersatzweise die gleiche Menge Apfelessig, eine Prise Dill, vier Safranfäden, drei kleine Gläser Heidelbeerschnaps, zwei kleine Gläser schwarzer Johannisbeerschnaps, ein Glas Weißweinessig, eine Zwiebel, fünf Nelken, zwei Wacholderbeeren, drei Lorbeerblätter, ein Arnikablatt, ein Viertel einer geriebenen Muskatnuss, drei Prisen Salz, fünf Hand voll fetter Speck, eine Kugel Butter oder vier Tassen Olivenöl, ein Körnchen zerriebener Bernstein oder zwei Prisen einer Mischung aus gemahlenem Zimt und Ingwer.

Zubereitung

Ein schönes Stück Hammelkeule von Fett und Fell befreien. Etwa eine Viertelstunde lang mit einer Mischung aus einer halben Tasse Agrest oder ersatzweise einer halben Tasse Apfelessig, einer Prise Dill sowie vier Safranfäden einreiben. Auf diese Weise lösen sich die Krämpfe, die möglicherweise im Augenblick des Todes eintraten, und das Fleisch wird noch zarter. Anschließend in einem Tongefäß aus zwei Gläsern Heidelbeerschnaps, der gleichen Menge schwarzem Johannisbeerschnaps, einem Glas Weißweinessig, einer gehackten Zwiebel, fünf zerstoßenen Nelken, zwei Wacholderbeeren, einem in sechs Teile geteilten Lorbeerblatt, einem Arnikablatt, dem geriebenen Viertel einer Muskatnuss sowie zwei Prisen Salz eine Beize herstellen.

Die Keule an einem trockenen Ort acht Stunden darin einlegen. Das Fleisch nach Möglichkeit jede Stunde einmal wenden.

Man sollte dieses Gericht während der kältesten Monate des Jahres bei abnehmendem Mond zubereiten, da es dann umso leichter gelingt, die positiven Energien von Sonne und Mond einzufangen, was die Unternehmungslust fördert.

Wenn die angegebene Zeit verstrichen ist, das Fleisch abtropfen lassen. Anschließend mit dem Tuch abtupfen, in dem es tags zuvor zusammen mit acht Salzkörnern und zwei Weihrauchkörnern eingewickelt und aufbewahrt wurde.

Sodann die Keule mit fünf Hand voll fettem Speck, einer Kugel Butter oder ersatzweise vier Tassen Öl, zwei halbierten Lorbeerblättern und ausreichend Salz in einen Bräter geben. Bei mittlerer Hitze etwa zweieinhalb Stunden im Ofen braten.

Zwanzig Minuten vor Ablauf der Garzeit das Fleisch, das eine schöne braune Farbe bekommen hat, mit einer weiteren Tasse Heidelbeerschnaps beträufeln, der mit einem Kügelchen pulverisiertem Bernstein oder ersatzweise zwei Prisen von einer Zimt-Ingwer-Mischung aromatisiert wurde.

Im Ofen bei mäßiger Hitze durchziehen lassen.

Die Hammelkeule mit hochprozentigen Getränken servieren.

Kommentar

Das blutstauend wirkende Fleisch eines Säugetiers wird bei korrekter Zubereitung dem magischen Einfluss eines jahreszeitlichen Rituals ausgesetzt, das die Energien der Gestirne einfangen und so die Kräfte der Liebe verstärken soll.

Dem gleichen Zweck dient das hochprozentige Getränk, das zu dem Gericht serviert wird.

Zusätzlich wird mit Hilfe der Magie versucht, Wünsche und Hoffnungen auf die Kräuter zu übertragen, um so einen positiven Energiefluss zu der Person herzustellen, die verführt werden soll.

51 Geschmorte Tauben

Zutaten

Zwei Tauben, zwei Unzen fetter Speck, drei Esslöffel Olivenöl, ein halbes Pfund durchwachsener Speck, zwei Esslöffel Mehl, ein halbes Glas Weißwein, ein Esslöffel abgeriebene Schale der Bitterorange, ein Pfingstrosenblatt, ein halber Teelöffel Zucker, zwei Prisen Ingwer, zwei Lorbeerblätter, zwei Schalotten, ein kleiner Zweig Liebstöckel, vier schwarze Trüffel.

Zubereitung

Die Schenkel der beiden Tauben übereinander schlagen. In einer Kasserolle zwei Unzen fetten Speck auslassen und die Tauben bei sanfter Hitze hineinlegen. Unter gelegentlichem Wenden anbraten, anschließend etwas salzen.

Eine Viertelstunde später ein halbes Pfund in Würfel geschnittenen durchwachsenen Speck zugeben und zehn Minuten weiterbraten. Dann die Tauben mit zwei Esslöffeln weißem Mehl bestäuben. Äußerst sorgfältig umrühren und die Tauben immer wieder mit Bratensaft übergießen.

Mit zwei Prisen Ingwer würzen. Sodann eine duftende, magnetisierte Mischung aus zwei in je drei Teile gebrochenen Lorbeerblättern, zwei grob gehackten Schalotten und einem zerstoßenen Blütenblatt der Pfingstrose (Letzteres ist für das Gelingen des Gerichtes nicht unbedingt notwenig) sowie einen kleinen, in sieben Stücke gebrochenen Liebstöckelzweig hinzufügen.

Wenn die Zutaten zu duften beginnen, einen Esslöffel abgeriebene Bitterorangenschale und einen halben Teelöffel Zucker in ein halbes Glas Weißwein einrühren und die Mischung in die Kasserolle gießen. Die Tauben eine halbe Stunde darin ziehen lassen, dann die Temperatur erhöhen und die Flüssigkeit einkochen.

Inzwischen zwei Taubenfedern mit einer dünnen Silberkette oder einer sehr dünnen Schnur zusammenbinden und viermal verknoten – zwei Knoten pro Person. Das gefiederte Bündel in der Mitte des Bettes unter die Matratze legen.

Die Tauben mit einer Schicht klein geschnittener Trüffel bestreuen.

Zugedeckt fertig garen, damit sich die Aromen verbinden und der Geschmack des Taubenfleischs hervorgehoben wird.

Warm servieren.

Nun ist man für die Jagd gerüstet: Die Beute wird sich ohne Zögern stillschweigend ergeben.

Kommentar

Wie bereits mehrfach erwähnt, genießt das Fleisch der Taube seit jeher den Ruf eines Aphrodisiakums. Die vielen anderen Zutaten, daruter auch die schwarzen Trüffel, machen es in jeder Hinsicht noch appetitlicher.

Bei der edlen Pfingstrose handelt es sich um eine Art Rose ohne Dornen. Wie der Lotos den Sommer, die Chrysantheme den Herbst und die Pflaume den Winter symbolisiert, steht die Pfingstrose in China für den Frühling. In Europa hat die Pfingstrose, kulturell betrachtet, homerische Wurzeln: In der *Ilias* ist zu lesen, dass Herkules Pluto verletzt, als er in den Hades hinabsteigt, um den Höllenhund Zerberus einzufangen. Paieon, ein Schüler des Asklepios, heilt ihn, worauf der Gott der Medizin Paieon aus Eifersucht tötet. Aber Pluto erkennt Paieon wieder und verwandelt ihn in eine wunderschöne Pflanze ohne Dornen: die Pfingstrose. Seither gilt die Pfingstrose als Bewahrerin der Gesundheit und des Lebens. Doch damit nicht genug. Auch ihr Duft ist von betörender Faszination.

Ein altes Gewürz: Liebstöckel

Der Liebstöckel oder *levisticum officinalis* gehört zur selben Familie wie der Sellerie. Bereits in der griechisch-römischen Antike aromatisierte man das heilige Wasser mit seinem zarten Aroma, indem man ihn in Säckchen verpackt hineinhängte. Zu jener Zeit glaubte man auch, ein Liebstöckelbad verleihe Verführungskräfte, denen derjenige, den zu erobern man sich vorgenommen hatte, nicht widerstehen könne. Vor einer amourösen Begegnung oder einer Begegnung gleich welcher Art mit dem geliebten Menschen war ein solches Bad unerlässlich. Etwas getrockneter Liebstöckel im Badewasser der angebeteten Person kann also helfen, Schüchternheit, Unsicherheit und die Angst, nicht erhört zu werden, zu vertreiben. Unter diesen Voraussetzungen könnte durchaus eine Atmosphäre gegenseitigen Verständnisses entstehen.

Im Essen soll Liebstöckel kurz gesagt Anmut, Faszination und jene Gelassenheit verleihen, die man ausstrahlt, wenn man weiß, dass man unwiderstehlich und immer einen Schritt voraus ist. Das Aroma, das dieses Gericht verströmt, macht es zu einem Leckerbissen voller Anspielungen auf seine sexuell anregende Wirkung.

Zu guter Letzt machen das magnetisierte Kräutersträußchen, das zusammen mit einem kleinen Korb voll Liebstöckel aufbewahrt wurde, eine Prise grüner gemahlener Ingwer und die beiden mit einer Silberkette verschnürten Taubenfedern noch verführerischer und magischer.

52 Hase »Philipp der Lange«

Zutaten

Ein Hase, drei Tassen Rotwein, ein halbes Glas Agrest oder ersatzweise die gleiche Menge gesalzener Apfelessig, sieben Salzkörner, insgesamt drei Zwiebeln, eine Knoblauchzehe, vier Lorbeerblätter, vier Salbeiblätter, drei Wacholderbeeren, drei Paradieskörner oder ersatzweise drei schwarze Pfefferkörner, ein Skrupel Mazis, je nach Jahreszeit drei Ginsterblüten oder eine Prise Kreuzkümmel, ein Pfund fetter Speck oder ersatzweise drei Tassen Olivenöl, zwei Scheiben durchwachsener Schweinebauchspeck, zwei oder drei Prisen Salz, ein Schöpflöffel Beize, ein oder zwei Schöpflöffel Ochsenbrühe, die Leber und das Herz des Tieres.

Zubereitung

Im Mittelalter häutete man das Tier selbst und legte das Fell zur Seite. Heute ist das nicht mehr der Fall, es wäre aber dennoch von Vorteil, im Besitz des Tierfells zu sein.

Den Hasen waschen, ausnehmen und Herz und Leber auf einen Teller legen. Dann den Hasen in Stücke schneiden und in eine große Schüssel geben. Das Fleisch mit drei Tassen Rotwein, einem halben Glas Agrest oder ersatzweise einem halben mit vier Salzkörnern gewürzten Glas Apfelessig übergießen. Drei gehackte Zwiebeln, eine Knoblauchzehe, vier zerstoßene Lorbeerblätter, die gleiche Menge Salbei, drei Wacholderbeeren, drei Paradieskörner oder schwarzen Pfeffer, ein Skrupel Mazis und je nach Jahreszeit drei Ginsterblüten oder eine Prise Kreuzkümmel hinzugeben.

Mindestens eine Nacht in der Beize ziehen lassen.

Das Hasenfell, falls man in dessen Besitz ist, aufschneiden und unter freiem Himmel nach Osten gerichtet trocknen lassen. Wenn das schöne Wetter hält, kann man das Fell am dritten Tag, bei wechselhaftem Wetter kann man es am siebten Tag wieder ins Haus holen. Die Stiele von drei gelben, in der Vase aufbewahrten Rosen sorgfältig abtrocknen, Eisenkraut oder Efeu darumwinden und die Blumen in das Fell einwickeln. Die Kräuter müssen mit Daumen, Zeige- und Mittelfinger der linken Hand geerntet werden.

Während man die Düfte und Kräuter in dem Fell verschließt, die Haare sind dabei nach innen gerichtet, stellt man sich das Objekt der Begierde vor, beschwört den Dämon Belial und malt sich aus, wie viel Freude man an der Beziehung haben und welche Schauer der Erregung sie auslösen könnte. Auf diese Weise verstärkt man die magische Kraft des Päckchens, das unter das Bett gelegt wird. Es ist wichtig, dass man jedesmal, wenn man sich nach dem geliebten Menschen sehnt, zuerst an das Päckchen, dann an die Person denkt, die man für sich gewinnen möchte. Auf diese Weise verzehnfachen sich allmählich die in dem Fell eingeschlossenen Energien. Das Päckchen unter dem Bett darf nur während einer amourösen Begegnung heimlich geöffnet werden, damit man von der positiven Schutzenergie profitieren kann.

Nach einer Nacht nimmt man den Hasen aus der Beize. Das Fleisch entweder in einem Pfund fetten gesalzenen Speck oder in drei Tassen Olivenöl und zwei Scheiben in Streifen geschnittenem Schweinebauchspeck sowie mit einer in Ringe geschnittenen Zwiebel, einem halben Teelöffel Ingwer, der gleichen Menge Guineapfeffer und drei Salzkörnern anbraten.

Mit einigen Schöpflöffeln Beize ablöschen, wenn die Zwiebel angebräunt ist. Das Fleisch bei sanfter Hitze zugedeckt etwa zwei Stunden schmoren. In der letzten halben Stunde ein paar Mal mit einem halben Schöpflöffel Rinderbrühe aufgießen.

Sodann die Leber und das Herz klein schneiden und dazugeben. Gut umrühren und den Bratenfond so lange einkochen lassen, bis eine sämige Soße entstanden ist.

Warm mit Polenta servieren.

Kommentar

Philipp »der Lange«, der zweitgeborene Sohn des französischen Königs Philipp IV., genannt »der Schöne«, bestieg nach dem Tod seines Bruders Ludwig X. im Jahre 1316 den Thron. Ludwig X. hinterließ nur seine Tochter Johanna aus erster Ehe. Das Kind, mit dem seine zweite Gattin schwanger war, kam einige Monate später tot zur Welt. Philipp »der Lange«, Graf von Poitiers, wurde zum Regenten ernannt. Er nutzte die Gunst der Stunde und bemächtigte sich mit Hilfe von magischen Ritualen und Hexerei in einem Handstreich des Thrones. Im Januar

1317 wurde er in Reims gekrönt. Vor vollendete Tatsachen gestellt, blieb der einberufenen Versammlung nichts anderes übrig, als »den Langen« zum rechtmäßigen König zu machen. Er herrschte unter dem Namen Philipp V. mit großer Gerechtigkeit. Leider war seine Regentschaft nur von kurzer Dauer: 1322 starb er, ohne jemals Krieg geführt zu haben. Im Gegenteil, es war ihm sogar gelungen, Frieden mit den Engländern, dem Adel und den Flamen zu schließen, die sich gegen seinen Vater und seinen Bruder erhoben hatten. Philipp V. soll ein Jäger und Feinschmecker gewesen sein.

Der Hase, ein wahrer Leckerbissen unter dem Wildbret, stellt nicht nur den Gaumen zufrieden, sondern regt durch die beigefügten Gewürze und, falls vorhanden, den betörenden Duft des Ginsters auch den Sexualtrieb an. Die magische Kraft des Ginsters vermutete man in seinen Blüten und Blättern. Aus der Pflanze hingegen wurde ein das Herz schädigendes Alkaloid gewonnen. Die Hexen glaubten, gekochter und anschließend verbrannter Ginster vernichte alle positiven und erhöhe die negativen Schwingungen. Er wurde folglich nur bei schwarzmagischen Tränken auf diese Weise eingesetzt.

Seine Blüten und die blühenden Ginsterzweige genossen dagegen den Ruf, eine positive magische Wirkung zu haben. Vor allem sollten sie in der Lage sein, eine verlorene Liebe zu neuem Leben zu erwecken. Mädchen, die die Zuneigung des geliebten Mannes erringen wollten, pflückten im Morgengrauen Ginster und legten ihn einen ganzen Tag lang unter ihr Kopfkissen. Schlag Mitternacht warfen sie die Blüten, die sie inzwischen vom Zweig gezupft hatten, aus dem Fenster und sagten dabei folgenden Vers auf:

»Oh goldener Ginster,
flieg aus dem Fenster
und bring den Liebsten mir
noch morgen an die Tür.«

Interessant ist auch das magische Ritual, bei dem duftende Blumen (unter anderem der Flieder) in das Hasenfell eingewickelt werden. Es regt die Fantasie an und steigert die Konzentration, was, wie in der Einführung erklärt, sowohl für die Verführerin oder den Verführer selbst als auch im Hinblick auf die Person, die verführt werden soll, von großer Wichtigkeit ist. Bei Ersteren, die sich geistig bereits auf ihr Vorhaben eingestimmt haben, stärkt es den Entschluss.

Der Dämon Belial

Wer ist der beschworene Dämon Belial? Er wurde von den Sidoniern verehrt und gilt als der perverseste, lasterhafteste und verderbteste Herrscher der Unterwelt. Man sagt, er sei gleich nach Luzifer erschaffen worden und habe sich mit ihm gegen Gott erhoben. Noch immer wird er als wunderschöner Engel auf einem Feuerwagen dargestellt. In der *Offenbarung des Johannes* wird er »das Tier« genannt. In der Apokalypse steht er für die kosmische Macht des Bösen und wird mit dem Tod sowie dem Bösen im Menschen gleichgesetzt.

Belial ist in einer der Schriftrollen vom Toten Meer, die vom Kampf zwischen den Söhnen des Lichts und den Söhnen der Finsternis erzählt, der Engel der Finsternis: »In der Finsternis seines Planes und in seiner Absicht sucht er Frevel zu verursachen und Verschuldung zu stiften. Alle Geister seines Loses sind Verderberengel.« Man sagt, König Salomon habe ihn exorziert und in einer Flasche eingeschlossen.

Die Ochsenbrühe hat, um zum vorliegenden Rezept zurückzukehren, eine überaus kräftigende Wirkung. Herz und Leber des Hasen, die gerne in der schwarzen Magie verwendet werden, geben dem Gericht eine faszinierende, geheimnisvolle und unausweichliche Kraft.

53 Muräne »Geister der Unterwelt«

Zutaten

Eine Muräne, zwei Hand voll Meersalz, eine Knoblauchzehe, eine Hand voll Pinienkerne, eine Hand voll gehackte Mandeln, sechs gewässerte Heringsfilets, acht Esslöffel Olivenöl, eine Zwiebel, vier Esslöffel gehackte Petersilie, eine halbe Prise gehackte Kalmusblätter, ein Skrupel Kardamom, eine Prise Salz, ein gemahlenes Paradieskorn oder ersatzweise schwarzer Pfeffer, eine Prise Koriander, eine Prise heller Ingwer, zwei Kugeln graue Ambra oder eine halbe Unze getrockneter und geriebener Rogen der Meeräsche, ein halbes Glas trockener Weißwein, eine Hand voll Lauch.

Zubereitung

Eine sehr große Muräne mit Meersalz reinigen und häuten. In große Stücke schneiden.

Eine Knoblauchzehe, eine Hand voll Pinienkerne, eine Hand voll Mandeln und sechs zuvor gewässerte Heringsfilets im Mörser zerreiben. Wer mag, kann die Zutaten auch im Mixer pürieren.

Anschließend bei sanfter Hitze eine gehackte Zwiebel, die jedoch nicht unbedingt erforderlich ist, vier Esslöffel gehackte Petersilie und eine halbe Prise gehackte Kalmusblätter in acht Esslöffeln Olivenöl anbraten. Wenn die Zwiebel angebräunt ist, die in Mörser oder Mixer hergestellte Masse hinzugeben und gegen den Uhrzeigersinn unterrühren.

In dieser Phase der Zubereitung ist es sehr wichtig, dass man all seine Kräfte zusammennimmt und sich intensiv vorstellt, was man von der amourösen Begegnung erwartet, zu der das Gericht, das man gerade zubereitet, ja nur der Auftakt sein soll.

Nun die Muränenstücke nacheinander in den Topf legen, salzen und die Temperatur etwas erhöhen. Umdrehen, damit sie auf beiden Seiten schön anbraten. Sobald der Fisch Farbe annimmt, mit einer Prise Salz, einem Skrupel Kardamom, einem gemahlenen Paradieskorn oder der gleichen Menge frisch gemahlenem schwarzen Pfeffer, einer Prise Koriander, einer Prise hellem Ingwer, eineinhalb geriebenen Kugeln graue Ambra oder ersatzweise einer halben Unze geriebenem und gemahlenem Rogen der Meeräsche würzen.

Weitere fünf Minuten braten, dann den Fisch mit einem halben Glas trockenem Wein ablöschen und eine Hand voll fein geschnittenen Lauch dazugeben. Anschließend den Topf bei mittlerer Hitze ins Rohr stellen, bis fast die gesamte Flüssigkeit verdampft ist.

Heiß servieren.

Wertvoller Hinweis

Dieser Hinweis stammt aus dem Mittelalter, soll aber auch in unseren modernen Zeiten schon angewandt und so manches Mal von Nutzen gewesen sein..

Die übrige Ambrakugel oder sieben Körner Weihrauch bis zum nächsten Vollmond verstecken. Erst jetzt ist es möglich, positive Einflüsse für die Liebesbeziehung zu beschwören.

Man begibt sich mit einem Magnetstein auf eine Lichtung oder in ein Zimmer des Hauses, das seit mindestens einem Monat niemand mehr betreten hat.

Mit dem Magnetstein (heutzutage kann man auch einen einfachen Magneten verwenden) zeichnet man einen Kreis auf den Boden, tritt in dessen Mitte und verstreut die Reste der grauen Ambra oder die sieben Weihrauchkörner um sich, um die Gunst der Geister der Unterwelt zu gewinnen und Amor und Venus zu beschwören.

Anschließend nimmt man im Kreis Platz und wickelt das Herz einer Taube und den Kopf einer Eidechse in ein Taschentuch oder ein Stück Unterwäsche des geliebten Menschen. Dann bleibt man mindestens eine Viertelstunde ruhig sitzen und hält das an beiden Seiten verschlossene Päckchen fest zwischen den Händen.

Während dieser Zeit lädt man es mit Energie auf, so dass die Zutaten eintrocknen können und sich miteinander vermischen. Wenn man aufsteht und den Schutzkreis verlässt, ist jede Sorge überflüssig, denn nun beginnen viele Kräfte für einen selbst und die zukünftigen Pläne zu arbeiten.

Das Päckchen wird unter einer Eiche, Symbol der Weisheit und der Kraft, vergraben.

Die Muräne ist ein fetter Fisch, der einer Wasserschlange ähnelt: Ihr Fleisch hat einen besonderen Geschmack, den gerade die Römer sehr schätzten. Diese züchteten die Muränen in Becken und sollen sie unter anderem mit dem Fleisch verurteilter oder aufständischer Sklaven gefüttert haben. Bewiesen wurde das allerdings nie.

Der Kalmus ist eine Sumpfpflanze mit riemenförmigen Blättern und Blütenständen. Am häufigsten findet aber seine Wurzel, die ein ätherisches Öl enthält, in magischen Ritualen Verwendung. Darüber hinaus werden aus Kalmus seit der Antike Heilbäder, Räuchermischungen und Tees hergestellt.

Die Indianer Nordamerikas bekämpften körperliche Erschöpfung, indem sie Kalmuswurzeln kauten oder pulverisierten Kalmus schnupften. Bei regelmäßiger Einnahme soll die Wurzel jung halten, die Gesundheit stärken und den Sexualtrieb anregen. Wenn man sie als Aphrodisiakum einsetzt, empfiehlt sich eine großzügig bemessene Dosis. Ins Badewasser gemischt, scheint pulverisierte Kalmuswurzel das körperliche Verlangen zu steigern.

Im Rezept wird betont, wie wichtig es ist, dass man seine Kräfte sammelt und sich die ersehnte Begegnung so lebhaft ausmalt, als wolle man sie aus dem Nichts erschaffen. Das zeigt noch einmal, welche entscheidende Rolle Vorstellungskraft und Fantasie spielen, wenn es darum geht, die Mechanismen der Verführung auszulösen.

Beim Hämatit handelt es sich um einen roten Stein mit magnetischer Kraft, der die gleiche Struktur besitzt wie der Korund. Seit der Antike nutzte man seine angeblich magischen Eigenschaften. Man glaubte unter anderem,

Venus und Amor mit dem Hämatit gnädig stimmen und die Geister der Unterwelt und des Bösen damit zum Schweigen bringen zu können. In dem beschriebenen Ritual spielt er zusammen mit grauer Ambra und der Unterwäsche des Objektes der Begierde die Hauptrolle.

54 Hecht nach einer Laune Armidas

Zutaten

Ein kastrierter Hecht (im Mittelalter war dieser Leckerbissen sehr in Mode; heutzutage ist ein Hecht, der nicht aus der Zucht stammt und somit nicht kastriert wurde, vorzuziehen), Meersalz, zwei Hand voll fetter gesalzener Speck oder ersatzweise drei Tassen Olivenöl, ein Glas Weißwein, eine Zwiebel, ein halber Teelöffel weißes Mehl, ein Gänseeigelb, zwei Nelken, drei Pfefferkörner, eine Prise fein gehacktes Aloeholz oder ersatzweise eine Prise Estragon, vier Pfefferminzblätter, eine Hand voll Pilze, zwei Hühnereigelbe, eine halbe geriebene Muskatnuss, eine Prise Galgant, eine Prise Bohnenkraut, eine halbe Hand voll Petersilie, eine halbe Fingernagelspitze Goldpulver oder ersatzweise eine Prise Safran.

Zubereitung

Einen Hecht sorgfältig mit Meersalz waschen, innen und außen säubern und in Stücke schneiden. Den Schwanz beiseite legen. Eine Zwiebel hacken und in zwei Hand voll fettem gesalzenem Speck oder drei Tassen Olivenöl anbräunen. Dann die Fischscheiben in die Kasserolle legen, anbraten und anschließend mit einem Glas Weißwein ablöschen, der mit einem halben Teelöffel weißem

Mehl sowie einem verschlagenen Gänseeigelb verrührt wurde.

Die Flüssigkeit zur Hälfte verkochen lassen. Dann zwei zerstoßene Nelken, drei Pfefferkörner, eine Prise fein gehacktes Aloeholz oder ersatzweise die gleiche Menge Estragon, zwei Prisen Salz und vier in insgesamt fünfunddreißig Teile geschnittene Pfefferminzblätter hinzufügen. Die Pfefferminze muss genau in dem Augenblick gepflückt werden, wenn sich nach einer Vollmondnacht die ersten Sonnenstrahlen zeigen und man das Gestirn mit bloßem Auge ansehen kann.

Sieben Mal mit einem Löffel aus unbehandeltem Holz umrühren.

Anschließend eine Hand voll Petersilie hacken, die mit Daumen, Zeige- und Mittelfinger geerntet wurde. Der Handrücken muss dabei dem Körper zugewandt sein. Die Petersilie wird, wie alle in diesem Rezept verwendeten Kräuter, ebenfalls magnetisiert.

Die Petersilie zu den anderen Zutaten in die Kasserolle geben, die Hechtscheiben wenden und das Gericht mit einer Hand voll Pilze verfeinern. Getrocknete Pilze zuvor in Aquavit einweichen und gut abtropfen lassen. Den Fisch bei mäßiger Hitze etwas schmoren lassen, dann aus der Kasserolle nehmen, auf einen großen Teller legen und warm stellen.

Inzwischen zwei Hühnereigelbe mit einer halben geriebenen Muskatnuss, einer Prise Galgant und einer Prise Bohnenkraut verschlagen und die übrige Soße damit legieren.

Eindicken lassen, durch ein Stück doppelt gelegte Jute oder ein Sieb gießen und in die Kasserolle zurückschütten.

Sodann das Gericht bei mäßiger Hitze weiterköcheln lassen und mit einer halben Fingernagelspitze Goldpulver oder ersatzweise einer Prise Safran würzen. Eine Prise Mehl in zwei Fingerbreit Weißwein rühren und die Soße damit andicken.

Die Soße in eine große Tasse gießen. Der inzwischen etwas abgekühlte Fisch bleibt hingegen auf dem großen Teller: So kann sich jeder je nach Lust und Laune bedienen.

Wertvoller Hinweis

Den Schwanz des Hechts in einem trockenen und dunklen Raum eintrocknen lassen. Pulverisieren und in einer aus Knochen oder Holz hergestellten Schachtel aufbewahren.

Am ersten Tag des zunehmenden Mondes um einen Granatapfelbaum oder einen Rosenstock verstreuen. Dabei sagt man der Göttin der Liebe und allen Mächten der Unterwelt, die über die Versuchungen des Fleisches und des Gaumens herrschen, zweimal Dank.

Kommentar

Der in Flüssen und Seen lebende, nicht im Schlamm wühlende Hecht besitzt ein fettes, geschmackvolles Fleisch und ist überaus nährstoffreich. Das Fleisch eines kastrierten Tieres ist hingegen nur schwer verdaulich. Kocht man es aber wie in diesem Rezept bei mäßiger Hitze zusammen mit Kräutern und Öl in einer hellen Soße, wird es noch schmackhafter und lässt sich besser verdauen. Dieser Kunstgriff macht es zu einem hervorragenden Kräftigungsmittel.

Das Aloeholz des Baumes *aquillaria agallocha* ist mit Ölen getränkt, die sich zu Harz verhärtet haben. Bereits im alten Ägypten, wo dieser Duft die Seelen der Menschen berauschen und erregen sollte, war das Aloeholz für seine magischen Kräfte bekannt. In der Renaissance verbrannte man Aloeholz anstelle von Weihrauch, um das Schicksal gnädig zu stimmen – besonders, wenn es sich um Liebeszauber oder Beschwörungen handelte. Man glaubte sogar, die Schwingungen dieses Rauchs hätten eine so hohe Frequenz, dass er Liebesträume wahr machen könne. Noch heute glaubt man vielerorts, dass Menschen, die ihre Kleider mit dem Harz der Aloe tränken oder ein Stückchen Aloeholz in einem kleinen Säckchen am Körper tragen, Glück in der Liebe haben und mit Hilfe des Dufts eine verlorene Liebe zurückgewinnen können.

In seiner sehr weit zurückreichenden geschichtlich-religiösen Tradition symbolisiert der Olivenbaum Weisheit, Gerechtigkeit und Frieden. Der Baum stammt zwar ursprünglich aus dem Kaukasus, ist inzwischen aber für den Mittelmeerraum charakteristisch. Die Taube, die Noah das Ende der Sintflut verkündete, trug einen Olivenzweig im Schnabel. Palm- und Olivenzweige säumten beim Einzug Christi in Jerusalem den Weg – eine Tradition, die in der katholischen Kirche noch heute am Palmsonntag weiterbesteht.

In der heidnischen Welt der Griechen und Römer wurden die Sieger der Olympischen Spiele mit Kränzen aus Olivenzweigen geschmückt. Mit dem Öl, das aus den Früchten des Athene geweihten Baumes gewonnen wird, salbte man die Wettstreiter. Die prallen Oliven standen für Kraft und sexuelle Energie: Wenn man den Körper mit ihrem Öl salbte, sollte es reinigen, körperliche und geistige Beweglichkeit sowie leibliche und moralische Stärke garantieren. Wie es heißt, stärkt es die sexuelle Potenz, wenn man Oliven isst, die lange Zeit in Öl eingelegt waren und mit einem Löffel entnommen wurden, der aus dem Holz desselben Baumes geschnitzt wurde.

Schließlich und endlich gehört zu dem Rezept ein magisches Ritual, bei dem der Schwanz des Hechtes getrocknet, pulverisiert und in eine aus Knochen oder Holz hergestellte Schachtel gegeben wird, um Venus und die Mächte der Unterwelt gnädig zu stimmen.

55 Hell Brews[12] mit Aal

Zutaten

Ein großer Aal, ein apfelgroßes Stück Butter oder zwei Hand voll fetter Speck, ein Pfund Lauch, zwei Knoblauchzehen, eine halbe Hand voll Petersilie, ein halbes Glas Verjus oder ersatzweise die gleiche Menge mit etwas gewässertem Hering verrührter Apfelessig, eine halbe geriebene Muskatnuss, eine geriebene Kugel graue Ambra oder ersatzweise eine weitere halbe geriebene Muskatnuss, zwei Hand voll Korinthen oder Rosinen, ein Glas reiner Malzschnaps, zwei Unzen altbackenes Brot, eine kleine Tasse Mandelmilch, zwei Prisen Salz, zwei Skrupel Ingwer, zwei Skrupel Koriander, ein Skrupel geriebenes Hippomanes oder ersatzweise ein Quentchen getrocketer und geriebener Rogen der Meeräsche, eine Tasse frische Heidelbeeren.

Zubereitung

Hier handelt es sich um ein typisches Wintersonnwend-Gericht.

[12] Mit dem Begriff *Hell Brews*, »Teufelsgebräu«, der den Fermentationsprozess nicht nur bei der Bierherstellung beschreibt, bezeichneten die englischen Hexen auch ihre teuflischen Ratschläge.

In einem Bräter ein apfelgroßes Stück Butter oder zwei Hand voll fetten Speck auslassen. Eine Schicht fein geschnittenen Lauch hineingeben und mit zwei gehackten Knoblauchzehen und einer Hand voll gehackter Petersilie würzen. Bei sanfter Hitze anbraten, bis die Mischung zu duften beginnt. Mit einem halben Glas Verjus ablöschen und mit einer halben geriebenen Muskatnuss verfeinern, die mit einer geriebenen Kugel graue Ambra oder ersatzweise einer weiteren halben geriebenen Muskatnuss verrührt wurde.

Die Mischung etwas andicken lassen und zwei Handvoll Korinthen oder Rosinen hinzufügen. Die Temperatur erhöhen und mit einem kleinen Glas reinem Malzschnaps aufgießen.

Wenn die Mischung aufkocht, einen großen gehäuteten Aal auf das duftende Bett legen. Sorgfältig darauf achten, dass die Haut des Aals, falls man sie noch hat, nicht in die Nähe des Gerichts kommt.

Nun mit zwei Unzen altbackener Brotkrume bedecken, die zuvor in Mandelmilch eingeweicht und ausgedrückt wurde. Zuletzt mit zwei Skrupel Ingwer, der gleichen Menge Koriander, einer Tasse frischen Heidelbeeren, einem Skrupel geriebenem Hippomanes oder ersatzweise einem Quentchen getrocknetem und geriebenem Rogen der Meeräsche würzen.

Bei mittlerer Hitze etwa eine halbe Stunde in den Ofen schieben. Zuerst sollte man sich jedoch fragen, ob das Gericht nicht noch etwas Salz bedarf.

Warm servieren.

Die wundersame Wirkung der Aalhaut

Die Haut des Aals in gesalzenem Essigwasser waschen, mit großer Sorgfalt abtupfen und zum Trocknen in ein Gefäß legen. Das Gefäß tagsüber zudecken, nachts jedoch den wärmenden Strahlen Selenes aussetzen.

Die getrocknete Haut in einem Gefäß pulverisieren. Sodann die Blütenblätter von drei roten Rosen, drei zerstoßene Nelken und einen getrockneten Myrtenzweig hinzufügen, den man zuvor irgendwo in der Macchia des Mittelmeerraumes gepflückt hat. Sollte das nicht möglich sein, kann man die Myrte auch durch einen kleinen Eichenzweig ersetzen.

Alles zusammen zugedeckt eine Mondphase lang ruhen lassen. Anschließend die Mischung in ein sparsam mit Sandelholzessenz parfümiertes Tuch aus rohem Hanf geben, fest einrollen und an den Seiten mit Zwirn zubinden.

Das Päckchen hält negative Energien fern und verwöhnt die Nasen aller, die sein Aroma einatmen, mit einem Duft, der ihre Tage und Nächte mit Lust und Freude erfüllt.

Kommentar

Wie bereits erwähnt, ist das Fleisch des Aals nahrhaft und stimulierend. Eine entsprechende Zubereitung verstärkt diese Eigenschaften noch.

Malz, gekeimte Gerste, ist das Ausgangsprodukt für den Gärungsprozess bei der Bierherstellung. Die Gerste ist das in magischer Hinsicht wirkungsvollste Gräsergewächs: Sie vermag jedes Liebesproblem zu lösen und die sexuelle Harmonie eines Paares wiederherzustellen.

Von der getrockneten, pulverisierten und mit Gewürzen und Kräutern vermischten Haut des Aals glaubte man, sie könne vor negativen Energien schützen und steigere den Sexualtrieb derjenigen, die ihren Geruch einatmen.

Dem stark duftenden Sandelholz (dem weißen, nicht dem roten) schrieb man derart starke magische Kräfte zu, dass es zusammen mit Weihrauch bei den an Vollmond stattfindenden Hexenversammlungen sowie während eines Exorzismus verbrannt werden sollte. Es wurde auch empfohlen, Sandelholz und Lavendel miteinander zu mischen. Wenn man einem alten Glauben zufolge an bestimmten Tagen des Monats ein aus den Blüten beider Pflanzen hergestelltes Pulver zu sich nahm, sollte man die ganze darauf folgende Nacht geliebt werden.

56 Delikatessschnecken

Zutaten

Vier Dutzend Schnecken, ein apfelgroßes Stück Butter, ein Teelöffel weißes Mehl, eine Knoblauchzehe, zwei Skrupel Schwarzkümmel, drei Thymianzweige, eine halbe Hand voll Petersilie, ein Lorbeerblatt, vier Körner Meersalz, zwei Paradieskörner oder zwei gemahlene schwarze Pfefferkörner, eine kleine Tasse Weißwein, eine halbe kleine Tasse entfettete Brühe vom Fasan.

Zubereitung

Dieses Rezept wurde bereits von Apicius in seinem berühmten Traktat über die Kochkunst beschrieben und im Mittelalter mehrmals überarbeitet.

Für dieses Gericht benötigt man vier Dutzend gesäuberte, küchenfertige Schnecken. Eine Hand voll Butter bei sanfter Hitze in einer Kasserolle schmelzen lassen, einen Teelöffel weißes Mehl hineingeben und kräftig umrühren.

Anschließend eine gehackte Knoblauchzehe, eine halbe Hand voll Petersilie, zwei Skrupel Kreuzkümmel, drei in je sechs Teile gebrochene Thymianzweiglein, ein zerstoßenes Lorbeerblatt, vier Körner Meersalz, zwei Paradieskörner oder ersatzweise zwei geriebene schwarze Pfefferkörner dazugeben und nach und nach mit einer kleinen Tasse Weißwein aufgießen.

Die Schnecken mit Haus in die Soße geben, sobald sie andickt.

Nun mit einer halben kleinen Tasse entfetteter Brühe vom Fasan aufgießen.

Die Soße bei mäßiger Hitze zugedeckt einkochen lassen.

Das Gericht wird warm serviert. Um Unheil zu bannen, dreht man die mit Soße gefüllte Öffnung der Schneckenhäuser den Gästen zu.

Kommentar

Dieses von dem berühmten Koch Apicius in seinem gastronomischen Traktat notierte, schmackhafte Gericht sollte unter geeigneten Umständen unter anderem für sexuelle Potenz garantieren. Diese Überzeugung hat sich bis in die Zeit der Renaissance gehalten.

Gehen wir auch auf den Fasan ein, dessen entfettete

Brühe in diesem Rezept verwendet wird. Vor dem Kochen muss das sehnige Fleisch des Fasans gut abhängen. Es wird seit Jahrtausenden als Aphrodisiakum und Kräftigungsmittel eingesetzt. Baldassare Pisanelli gibt uns in seinem *Trattato dei cibi e del bere* folgende Informationen:

»... Er sollte fett sein. Im Winter gefangene Fasane sind besonders nahrhaft. Vom Nährwert und der leichten Verdaulichkeit her ähnelt das Fleisch des Fasans dem des Huhns, es ist jedoch leichter und sieht wie ein Mittelding zwischen Kapaun und Rebhuhn aus.

Schenkt man den Gelehrten Glauben, wurde der Fasan nach dem kolchischen Fluss Phasis benannt; der Volksmund meint, er trage deshalb seinen Namen, weil er den Menschen gesund macht (ital. *fa sano*). In der Tat bildet er, vorsichtig formuliert, weder zu dünnes noch zu dickes, sondern gerade richtiges Blut. Kurz gesagt ist ein Fasan das Beste, was man essen kann.« Sein Fett dürfte dieser Einschätzung in nichts nachstehen.

Schnecken, der Hauptbestandteil dieses Gerichtes, beschreibt der Koch Cavaliere Antonio Latini im sechzehnten Jahrhundert wie folgt: »Der Erste, der Schnecken aß, war Cheroso da Melara. Sie sind heiß im ersten, feucht im zweiten Grad. Vor dem Kochen müssen sie ihren Darm zuerst drei Tage in einem zugedeckten Gefäß entleeren. Gekocht machen sie sich gut in verschiedenen Gerichten. Man reinigt die Schnecken zwei bis drei Monate, indem man ihnen fünfzehn Tage lang Talkumpulver zu fressen gibt. Anschließend zermahlt und destilliert man sie mitsamt dem Haus. Das auf diese Weise gewonnene, wunderbare Gesichtswasser macht das Antlitz der Damen hell und strahlend. Schnecken sind auch eine delikate Mahlzeit, steigern die Samenproduktion und fördern den Beischlaf.«

57 Gardaseeforelle mit Speck

Zutaten

Eine Gardaseeforelle, zwei Hand voll Bärenschinken oder ein anderer magerer Schinken, zwei schwarze Trüffel, zwei Hand voll Sultaninen oder ersatzweise Rosinen, ein Pfund Lauch, zwei Prisen Majoran, zwei Pfund fetter Speck, eine Prise Ingwer, ein Glas Malvasier (früher wurde geraten, den Malvasier mit etwas von dem Körpersekret der im Stillen befriedigten Lust zu vermischen; heute bleibt das jedem freigestellt, zumal der wohl einzige Einfluss, den es auf das Gericht hat, in einer rein psychologischen Wirkung besteht). Darüber hinaus benötigt man eine geriebene Kugel gesprenkelte Ambra oder ein Skrupel einer Zimt-Kardamom-Mischung.

Zubereitung

Eine Gardaseeforelle ausnehmen, die Kiemen entfernen und die Haut abziehen, ohne sie zu sehr zu beschädigen.

Dann das Fleisch teils mit in Würfel geschnittenem Bärenschinken oder einem anderen mageren Schinken, teils mit in Stücke geschnittenen Trüffeln spicken. Falls möglich, die Haut wieder um den Fisch legen und mit einem Faden zunähen, so dass er wie unversehrt aussieht. Man kann der Gardaseeforelle aber auch eine Hülle aus einem bei jedem Metzger erhältlichen elastischen Netz auf den Leib schneidern, als wäre es ein Maßanzug.

Den Lauch und die Sultaninen in eine ovale Pfanne schichten, mit zwei Prisen Majoran würzen und den Fisch darauf legen. Anschließend salzen, den Fisch mit

Speckscheiben bedecken und mit einer großzügigen Prise Ingwer würzen.

Bei mäßiger Hitze auf den Herd stellen. Wenn der Inhalt der Pfanne zu duften beginnt, nach und nach ein Glas Malvasier aufgießen.

Eine gute Viertelstunde garen lassen, dann die Pfanne bei geringer Hitze in den Ofen stellen und den Fisch fertigbraten. Von Zeit zu Zeit mit dem Bratenfond übergießen.

Wenn die Soße um mehr als die Hälfte eingekocht ist, den Fisch aus der Pfanne nehmen. Die Soße durch ein Leintuch oder ein Sieb passieren. Nun die abgeseihte Flüssigkeit mit einer Kugel Ambra oder ersatzweise einem Skrupel einer Mischung aus gemahlenem Zimt und Kardamom bestäuben.

Fisch und Soße jeweils heiß in einem Extragefäß servieren.

Kommentar

Das nahrhafte Fleisch der Gardaseeforelle harmoniert hervorragend mit Trüffeln und Bärenschinken.

Pisanelli sagt von diesem Fisch: »Er ist von hervorragender Qualität und so exzellentem, delikatem Geschmack, dass er allgemein als der edelste unter den Fischen gilt. Er ist heiß und feucht im ersten Grad. Auch Griechen und Römern war die Gardaseeforelle bekannt. Ein paar davon gibt es auch im Posta-See, wo der Fluss Fibreno entspringt, doch sie sind klein und kaum ein Pfund schwer. Die Fische aus dem Gardasee wiegen sechs bis acht Pfund. [...] Weil sich im Darm der Gardaseeforelle nur goldfarbener Sand befindet, glaubten viele, sie ernähre sich von Gold, denn sie lebt auf dem Grund des Sees. Sie ist sehr nahrhaft, fördert den Beischlaf und erfrischt das Blut. Egal auf welche Weise man sie zubereitet, sie hat immer einen sehr delikaten Geschmack, der sich durch Lorbeer-, Myrten- und Zedernzweige noch verstärken lässt. Die Gardaseeforelle besitzt ein festes, rotes Fleisch, das vom Geschmack her an Lachs und Forelle erinnert. Ursprünglich wurde die Gardaseeforelle (ital. *carpione*) *pione* genannt, doch da sie so teuer (ital. *caro*) war, sagten die Käufer, sie hätten eine teure Gardaseeforelle erstanden (*car pione*). Seither trägt sie diesen Namen.«

Auch bei diesem Rezept können dem Wein Sexualsekrete beigemischt werden, das Resultat der Selbstbefriedigung der Verführerin oder des Verführers an drei aufeinander folgenden Tagen. Wie bereits erwähnt, war dieses Vorgehen bei Liebesritualen sehr beliebt, als wollte man den Sexualtrieb einer Person, dem sie bereits unter dem Einfluss ihrer Sinne stehend Ausdruck verliehen hatte, stärken, so sehr es nur geht.

58 Schmackhafter Aal

Zutaten

Zwei Aale, der Saft von vier Zitronen, drei Teelöffel Schwarzkümmelsamen, acht Prisen Salz, vier Prisen Ingwer, eine halbe Tasse Olivenöl, ein Pfund Zwiebeln, zwei Knoblauchzehen, zwei Büschel Petersilie, drei Lorbeerblätter, eine gute Hand voll Sultaninen oder ersatzweise Rosinen, drei Orangen, ein halber Granatapfel, zwei gemahlene Paradieskörner oder ersatzweise zwei gemahlene schwarze Pfefferkörner, eine Teelöffelspitze Zucker, ein Skrupel Bärenklau, eine Prise Kardamom, eine Prise

Kreuzkümmel, die gleiche Menge Ingwer und Muskatellersalbei, ein Körnchen geriebener Bernstein oder ersatzweise je ein Skrupel gemahlener Zimt und Koriander.

Zubereitung

Zwei Aale in je vier Stücke zerteilen und eine halbe Stunde in einer Marinade aus dem Saft von vier Zitronen, drei Teelöffeln zerstoßenen Kreuzkümmelsamen, Salz und drei Prisen Ingwer ziehen lassen.

Währenddessen das Olivenöl in einer großen Pfanne erhitzen und zwei Pfund Zwiebeln darin anbraten. Wenn die Zwiebeln etwas angebräunt sind, zwei Büschel gehackte Petersilie, drei zerkleinerte Lorbeerblätter, eine gute Hand voll Sultaninen oder Rosinen, den Saft von drei Orangen verrührt mit dem Saft eines halben Granatapfels, drei Salzkörner, ein geriebenes Paradieskorn oder ersatzweise schwarzen gemahlenen Pfeffer sowie eine Teelöffelspitze Zucker hinzugeben. Bei sanfter Hitze einkochen lassen.

Mit einem kleinen Dreizack umrühren, der aus Apfelholz hergestellt wurde, das jünger ist als ein Jahr. Das Kochwerkzeug sollte aber zumindest aus jungem Holz geschnitzt werden. Nun zwei gehackte Knoblauchzehen dazugeben.

Die Soße ist fertig, sobald sie gut reduziert ist. In Kürze ist auch die Zeit der Marinade abgelaufen.

Einen Teil der warmen Soße in eine feuerfeste Form gießen, den marinierten Fisch hineinlegen, dann mit der übrigen Soße aufgießen und die Form bei schwacher Hitze in den Ofen stellen.

Nach einer halben Stunde das Gericht mit einem Skrupel Bärenklau, einer Prise Ingwer und der gleichen Menge Kreuzkümmel, Muskatellersalbei und Kardamompulver sowie einem Körnchen geriebenen Bernstein oder ersatzweise einem Skrupel Zimtpulver und einem Skrupel Koriander würzen.

Sieben Minuten weiter garen.

Das Gericht im ausgeschalteten Ofen noch etwas ruhen lassen, damit sich die Aromen langsam miteinander verbinden.

Anschließend sofort servieren.

Kommentar

Aus dem Buch *Lo Scalco alla Moderna* von Antonio Latini, Neapel 1694:

»Nikarchos war der Erste, der Aal (ital. *anguilla*) aß. Seinen Namen verdankt der Aal seiner Ähnlichkeit mit der Blindschleiche (ital. *angue*). Er ist der einzige Fisch, der nicht schwimmt. Aale werden zehn Jahre alt und können außerhalb des Wassers acht Tage lang überleben. Sie bevorzugen klare Gewässer und vertragen im Sommer keine Veränderungen. Im Fluss Ganges sollen schon Exemplare mit einer Länge von dreißig Fuß gesichtet worden sein. Aristoteles behauptet, der Aal sei weder männlich noch weiblich; Plinius bezeichnet ihn als fruchtbar. [...] Der Aal ist nahrhaft, delikat und vermag den Sexualtrieb zu reizen. Besonders gut sind Aale, die in sandigen, schlammfreien Gewässern gefangen wurden; am besten schmecken Fische aus klarem Wasser. Sehr schöne Aale kann man hier in Neapel fangen. Die besten findet man in der Nähe von klaren, unterirdischen Quellen. Sie müssen sofort nach dem Fangen zubereitet werden. Hervorragend schmecken auch Aale aus dem Bolsena-See und gesalzene Aale aus Comacchio ...«

In diesem Gericht findet auch der im Mittelmeerraum beheimatete Muskatellersalbei Verwendung, der dem *sal-*

via officinalis sehr stark ähnelt und einen ähnlichen Duft, jedoch mit starker Muskatnote, verströmt.

Der Salbei ist schon seit sehr langer Zeit bekannt. Laut Dioskurides wurde er unter den Wein gemischt, um starkes sexuelles Verlangen auszulösen. Die Aromatherapie, eine Disziplin, die im neunzehnten Jahrhundert in Frankreich entstand, empfiehlt Salbeiessenz als Aphrodisiakum. Diese muss, will man die größtmögliche Wirkung erzielen, aus frisch geernteten Pflanzen gewonnen und über einen längeren Zeitraum hinweg täglich eingeatmet oder tropfenweise eingenommen werden. *Getrockneter Salbei kann alleine oder zusammen mit anderen Kräutern wie Cannabis, Stechapfel oder Bilsenkraut geraucht werden*[13].

59 Lamm »Merlin«

Zutaten

Eine halbe Lammkeule oder ein Stück Lammfleisch, ein apfelgroßes Stück Butter oder ersatzweise zwei Hand voll fetter Speck und eine Tasse Olivenöl, eine Zwiebel, eine halbe Handvoll Petersilie, zwei Skrupel Kreuzkümmel, ein Skrupel Anis, ein Skrupel Cassia, ein Hauch Schafgarbe, sechs Körner Meersalz, zwei gemahlene weiße Pfefferkörner, eine geriebene Kugel graue Ambra, die man auch durch ein Skrupel aus einer Mischung Nelken- und Zimtpulver ersetzen kann, eine Tasse Agrest oder ersatzweise die gleiche Menge Zitronensaft, zwei Schöpflöffel mit Apfelbrühe vermischte Hühnerbrühe, eine halbe Fin-

[13] Der Verlag betont an dieser Stelle: Ge- und Verbote aus dem Betäubungsmittelgesetz und aus anderen Rechtsquellen sind selbstverständlich unbedingt zu beachten.

gernagelspitze Goldpulver oder ersatzweise eine Prise Safran.

Zubereitung

Hier haben wir ein altes Druidenrezept, das schon Merlin, den großen Zauberer und Propheten der Kelten, verzauberte und das im Laufe der Zeit immer weiter verbessert wurde. Die vorliegende Fassung stammt aus dem Mittelalter.

Ein apfelgroßes Stück Butter oder zwei Hand voll fetten Speck und eine Tasse Olivenöl in einem Topf zerlassen. Eine halbe Lammkeule oder ein Stück Lammfleisch hineinlegen und bei kräftiger Hitze anbraten. Das Fleisch in Stücke schneiden, wenn es etwas Farbe angenommen hat. Auf einem großen Teller ruhen lassen.

Die Hitze reduzieren und eine Zwiebel, eine halbe Hand voll Petersilie, zwei Skrupel Kreuzkümmel, ein Skrupel Anis, die gleiche Menge Cassia und einen Hauch Schafgarbe in den zum Anbraten verwendeten Topf geben.

Wenn die Zutaten fast gar sind, das Lammfleisch und die Flüssigkeit, die sich inzwischen gesammelt hat, wieder in den Topf geben. Mit Salz, zwei gemahlenen weißen Pfefferkörnern und einer geriebenen Kugel graue Ambra würzen. Anstelle der grauen Ambra kann man auch ein Skrupel einer Mischung aus gemahlenen Nelken und Zimtpulver verwenden.

Das angebräunte Lammfleisch mit einer halben Tasse Agrest oder der gleiche Menge Zitronensaft ablöschen. Diesen Vorgang mindestens einmal wiederholen, bis die Flüssigkeit halb verdampft ist. Beim dritten Mal dagegen, wenn man merkt, dass der Agrest oder der Zitronensaft anfängt zu verdampfen, das Gericht mit etwas von der mit Hühnerbrühe vermischten Apfelbrühe übergießen. Den Kopf des für die Hühnerbrühe verwendeten Gockels beiseite legen.

Bei geringer Hitze zugedeckt schmoren lassen, gelegentlich umrühren und die Lammfleischstücke vom Boden lösen.

Nach ungefähr einer Stunde das Gericht etwas großzügiger mit Brühe übergießen, bis es einen deutlich dunkleren Farbton annimmt.

Die Soße nun einkochen und das Gericht mit einer halben Fingernagelspitze Goldpulver oder ersatzweise einer Prise Safranfäden oder der gleichen Menge Safranpulver bestäuben.

Ein paarmal umrühren und servieren.

Das folgende Geheimnis...

...sollte man hüten wie einen Schatz:

Den beiseite gelegten Kopf des Hahns mit Dill- und Lavendelzweigen umwickeln. Die Kräuter müssen am sechsten Tag der Mondphase gesammelt und getrocknet werden.

Den Kopf des Hahns ins Feuer legen. Während man sich auf den geliebten Menschen konzentriert, bittet man Satanachia, er möge die amourösen Absichten bezeugen und ihnen seinen Schutz gewähren.

Die zurückbleibende Asche ist wertvoll und begünstigt das Vorhaben erheblich. Wenn man etwas davon unter die Speisen und Getränke gibt, die dem Objekt der Begierde serviert werden, erleichtert das jedes Vorhaben sehr.

Kommentar

Der Name des legendären Propheten und Zauberers Merlin findet sich zum ersten Mal in den Werken Geoffrey of Monmouths und der Legende von König Artus und den Rittern der Tafelrunde: *Prophetiae Merlini, Historia regum Britanniae: Vita Merlini* (erste Hälfte des zwölften Jahrhunderts). Wegen des großen Interesses an Magie und Hexerei, das diese Figur immer wieder weckte, widmete Monmouth ihm den ersten Teil seines Werks.

Anfang des dreizehnten Jahrhunderts machte Robert de Boron Merlin zum Mittelpunkt seiner Gralstrilogie: Leider gibt es sein in französischer Sprache verfasstes Gedicht *Merlin* nur als Fragment. Allerdings blieb die Prosafassung erhalten, in der die Haupterzählstränge der Legende festgelegt wurden. Merlin ist demnach der Sohn des Teufels und wurde von ihm gezeugt, um den Glauben zu bekämpfen. Nichtsdestotrotz macht die Gabe der Prophezeiung Merlin zum Freund und Verbündeten der Christen, Lehrmeister Artus' und zur treibenden Kraft hinter vielen edlen und mystischen Taten. Er verliebt sich in Viviane, die Dame vom See, und umgibt das Grab, in dem ihre Körper einmal bestattet werden sollen, mit einem unzerstörbaren Zauber. Mit einer List gelingt es Viviane, Merlin bei lebendigem Leibe in dem Grab einzuschließen, das er erst am Tag des jüngsten Gerichtes wieder verlassen kann.

Wer sich näher mit Merlin befasst, erkennt die Widersprüche in seinem Charakter. Er besiegt das Böse, das ihm in seinem Blut vorherbestimmt ist, durch die Güte und Intelligenz seines Geistes und die wahrhafte Hingabe, zu der er unter dem Einfluss der Leidenschaft fähig ist. Zu dem von Merlin geweckten literarischen Interesse kommt die neugierige Verwunderung über seine merkwürdigen, scharfsinnigen, ja manchmal geradezu satirischen Prophezeiungen.

Kehren wir zum vorliegenden Rezept zurück, in dem fetter Speck verwendet wird. Dieses Schweinefett hat genau wie das Schmalz einen hohen Energiegehalt und eine blutstauende Wirkung.

Ähnlich wirkt auch das Fleisch des Hahns. Auf Grund seiner außerordentlichen sexuellen Leistungsfähigkeit ist er für viele ein Symbol der Erotik. Der Hahnenkamm hat eine schreiende Farbe, mit der er das Weibchen erobert.

Der Agrest ist die Flüssigkeit, die aus dem Weinsatz gewonnen wird, der auf den Wänden der Fässer zurückbleibt. Er wurde mit sauren Wildäpfeln, Petersilie und Mangold, der im Mittelalter sehr beliebt war, vermischt und diente als Würze vieler Speisen.

Für das magische Ritual, in dessen Verlauf man Satanachia beschwört, den Großmeister der Geister der Unterwelt mit der Macht, sich alle Frauen zu Willen zu machen, benötigt man drei Hahnenköpfe.

Den symbolischen Zusammenhang zwischen der männlichen Sexualität und dem Hahn zeigt die folgende Geschichte aus *Tausendundeiner Nacht*: »Oh, Aziz« – ruft in einer Geschichte die schöne Prinzessin ihren Pagen – »komm mit mir, und ich füttere dich mit dem Hirn und den Nieren des Huhns und anderen Leckerbissen, damit du gewahr wirst, wie sehr ich mich danach verzehre, dich Tag und Nacht in meiner Nähe zu haben. Füge dich deinem Schicksal und nimm mich zur Frau. Du wirst es nicht bereuen. Vor Allah und seinem Propheten möchte ich mich mit dir vereinen. Du sollst alles haben, was du begehrst. Ich werde dich mit Reichtum, edlen Stoffen für deine Kleider und leichten, erlesenen Turbanen überhäufen, die dich nichts kosten werden. Dafür begehre ich einzig und allein, dass du mit mir das machst, was der Gockel macht ...«

»Und was macht der Gockel?«, fragt der junge Mann.

Da bricht das Mädchen in schallendes Gelächter aus und biegt sich vor Lachen. »Was, du weißt nicht, was der Gockel macht?«

»Bei Allah, nein. Was ist seine Aufgabe?«

»Die Aufgabe des Gockels ist es, zu fressen, zu trinken und zu kopulieren.«

Sie so sprechen zu hören, verwirrt den jungen Mann, und er ruft aus: »Nein, bei Allah, ich wusste tatsächlich nicht, dass das die Aufgabe der Söhne Adams ist!«

Die Prinzessin antwortet: »Nur die der besten, also fasse dir ein Herz ...«

Empört weist Aziz sie zurück: »Lieber würde ich sterben, als eine schamlose Person wie dich zu heiraten.«

Aber die Prinzessin gibt nicht auf. Um ihr Ziel zu erreichen, sperrt sie Aziz in ein Zimmer, verschließt die Tür mit einem Riegel und zwingt den Pagen so, sich ein für allemal mit seiner neuen Rolle abzufinden.

60 Ochsenschwanz »Benedikt IX.«

Zutaten

Ein Ochsenschwanz, eine Zwiebel, eine halbe Hand voll Petersilie, drei Wacholderbeeren, drei Lorbeerblätter, zwei Paradieskörner oder zwei gemahlene schwarze Pfefferkörner, eine Prise Mazis, eine Tasse Apfelwein, eine halbe Tasse Agrest oder ersatzweise eine halbe Tasse Zitronensaft, zwei kleine Tassen Olivenöl, eine Hand voll fetter Speck, drei Prisen Salz, eine knappe halbe Hand voll weißes Mehl, der Saft zweier Granatäpfel, eine Hand voll schwarze Johannisbeeren, eine Teelöffelspitze Zucker, eine geriebene Kugel graue Ambra, acht gehackte Mandeln, eine halbe Hand voll Rosinen, ein knapper halber Schöpflöffel Mandelmilch.

Zubereitung

Den Ochsenschwanz sorgfältig waschen und mit einer Zwiebel, einer halben Hand voll gehackter Petersilie, drei Wacholderbeeren, drei zerstoßenen Lorbeerblättern, zwei Paradieskörnern oder zwei gemahlenen schwarzen Pfefferkörnern und einer Prise Mazis in eine Schüssel geben. Mit einer kleinen Tasse Apfelwein und einer halben Tasse Agrest oder ersatzweise einer halben Tasse Zitronensaft aufgießen. Etwa zwei Stunden ruhen lassen.

Dann den Ochsenschwanz aus der Beize nehmen und mit Weinblättern trockentupfen. Zwei kleine Tassen Olivenöl und eine Hand voll fetten Speck in einen Topf geben und erhitzen. Das erlesene Fleischstück in das heiße Fett geben, anbraten und salzen.

Die für die Beize verwendeten Kräuter mit Hilfe einer mit drei Löchern versehenen Schöpfkelle aus der Schüssel nehmen und nach und nach zum Ochsenschwanz geben.

Den angebratenen Ochsenschwanz mit einer knappen halben Hand voll weißem Mehl bestäuben und allmählich mit dem Rest der Beize übergießen, der mit dem Saft zweier Granatäpfel und einer Hand voll zerdrückten schwarzen Johannisbeeren verrührt wurde. Eine Teelöffelspitze Zucker, eine geriebene Kugel graue Ambra oder ersatzweise zwei Skrupel einer Mischung aus Zimt- und Ingwerpulver, acht gehackte Mandeln und eine halbe Hand voll Rosinen in die Flüssigkeit rühren.

Bei mäßiger Hitze eineinhalb Stunden köcheln lassen.

Den Ochsenschwanz vor dem Servieren auf einen Teller legen.

Den Bratenfond mit einem knappen halben Schöpflöffel Mandelmilch lösen. Sodann die Soße durch ein Leintuch oder ein Sieb passieren und in eine große Tasse gießen.

Das Gericht wird heiß verzehrt.

Nützlicher Hinweis

Die festen Bestandteile, die beim Entfetten des Bratenfonds im Tuch zurückbleiben, mit sieben Esslöffeln Olivenöl verrühren.

Ein paar Stunden durchziehen lassen, dann durch ein konkaves, durchlöchertes Rindenstück gießen. Auf diese Weise erhält man eine Mischung, die am Ansatz der Wirbelsäule oder in der Kniekehle des Partners aufgetragen und einmassiert eine kräftigende und energetisierende Wirkung entfaltet.

Kommentar

Papst Benedikt IX. (1032–1044) bestieg im Jahrhundert der Theophylakten im Alter von zwölf Jahren den Heiligen Stuhl und wurde »der Kinderpapst« genannt. Er soll Dämonen angebetet und mit ihrer Hilfe die Frauen verführt haben. Darüber hinaus galt er als großer Experte und Anhänger okkulter Wissenschaften.

Auch im Mittelalter war der Ochsenschwanz, der zarteste und fetteste Teil des Tiers, eine Delikatesse. Die festen Bestandteile aus dem Bratenfond des Gerichts werden aufgefangen und mit Olivenöl verrührt. Das Öl ähnelt dem Bibergeil, das sich in einem Drüsenbeutel befindet, der mit den Geschlechtsorganen des Bibers verbunden ist.

Das Bibergeil mit seinem leichten, aber durchdringenden Duft wird in Fällen von Hysterie als Antispastikum eingesetzt und bei Neurosen sowie zur Erleichterung und Regulierung der Menstruation verabreicht. Lässt man Castoreum und einige Teile vom Ochsen fünf Tage in Mandelöl ziehen, erhält man ein dickflüssiges Öl, das für seine beruhigende Wirkung bei rheumatischen und nervösen Beschwerden bekannt war und auch äußerlich angewendet wurde.

In dem magischen Teil des Rezeptes wird empfohlen, die festen Bestandteile des Bratenfonds mit Olivenöl zu verlängern. Diese Mischung soll, mit etwas Anmut auf den Ansatz der Wirbelsäule oder die Kniekehle des Partners aufgetragen, eine kräftigende und energetisierende Wirkung haben.

61 Ochsenzunge mit Gewürzen[14]

Zutaten

Das mittlere Stück einer Ochsenzunge, drei Tassen Mandelmilch, zwei Skrupel weißes Mehl, eine kleine Tasse Verjus oder ersatzweise die gleiche Menge Apfelessig, ein Skrupel Kreuzkümmel, zwei Paradieskörner oder zwei schwarze Pfefferkörner, ein halber kleiner Schöpflöffel Weißwein, acht Prisen Salz, eine Teelöffelspitze Zucker, ein Skrupel gehackte Alkanna oder ersatzweise die gleiche Menge Safran, die in eine halbe kleine Tasse Rotwein gerührt wurde, drei Tintenfische, drei Kraken, zwei Scheiben Brot, eine halbe Handvoll Petersilie, ein halbes Skrupel

[14] Im Mittelalter wurde ersatzweise auch die Zunge eines Wals verwendet.

pulverisierter Bernstein, eine gute Hand voll frische Heidelbeeren, ein Eigelb, drei Nelken, zweieinhalb Pfund fetter Speck, eine Tasse Olivenöl, ein Skrupel Zimtblüte, eine Zwiebel, zwei Stangen Lauch, ein oder zwei Schöpflöffel Beize, zehn Prisen Estragon und die gleiche Menge Dill.

Zubereitung

Ein Stück aus der Ochsenzunge von der Mitte zu jeder Seite hin einschneiden, aber nicht ganz durchschneiden. Wenn man die Zunge nun auseinander klappt, sollte das Stück doppelt so lang sein. Wo nötig, die Seiten zurechtschneiden, so dass ein rechteckiges Stück entsteht.

Wichtig: Falls sich noch Häute auf der Zunge befinden, müssen diese entfernt werden.

Drei Tassen Mandelmilch, drei Prisen Salz, zwei Skrupel weißes Mehl, eine kleine Tasse Verjus oder ersatzweise eine kleine Tasse Apfelessig, ein Skrupel Kreuzkümmel, zwei Paradieskörner oder frisch gemahlenen schwarzen Pfeffer, einen halben kleinen Schöpflöffel Weißwein, Salz, eine Teelöffelspitze Zucker und ein Skrupel gehackte Alkanna oder ersatzweise ein Skrupel Safran, das in eine halbe Tasse Rotwein gerührt wurde, in eine Schüssel geben.

Das Zungenstück in die Beize legen und mindestens zwei Stunden darin marinieren.

Währenddessen die Fleischabschnitte fein hacken. Die Tintenbeutel der drei Tintenfische entfernen und die Fische sorgfältig säubern. Die Kraken ebenfalls gut waschen. Alles in feine Scheiben schneiden und zu dem Fleischhack geben.

Die Zutaten verrühren. Zwei zerkrümelte Scheiben Brot, eine halbe Hand voll gehackte Petersilie und mindestens ein halbes Skrupel gemahlenen Bernstein oder ersatzweise ein halbes Skrupel getrockneten und geriebenen Rogen der Meeräsche, ausreichend Salz und eine gute Hand voll frische, zerdrückte Heidelbeeren hinzufügen.

Die Zutaten in einem Tongefäß zu einer Farce verrühren, ein Eigelb dazugeben und die Mischung durchkneten. Ruhen lassen.

Die Ochsenzunge herausnehmen, wenn sie lange genug in der Beize gelegen hat: Mit zehn zuvor magnetisierten Heidelbeerzweiglein trockentupfen. Die Zweige beiseite legen.

Nun das Zungenstück ausklappen und zwei Drittel davon mit der Füllung bestreichen. Das Fleisch vorsichtig aufrollen und dabei hier und dort mit zerstoßenen Nelken, kleinen Stückchen Speck oder einer Prise Estragon oder Dill spicken.

Die Fleischrolle auf beiden Seiten mit Zwirn zusammenbinden und bei kräftiger Hitze mit zwei Pfund gehacktem fettem Speck, einer Zwiebel, einer Tasse Olivenöl sowie zwei grob gehackten Stangen Lauch anbraten.

Sobald die Zutaten angebräunt sind, die Hitze reduzieren und das Fleisch unter häufigem Wenden weiterbraten. Mit dem Bratenfond übergießen, bis es auf allen Seiten schön angebraten ist.

Jetzt mit einem Schöpflöffel Beize ablöschen, zudecken und mindestens zwei Stunden leise köcheln lassen. Nach und nach mit der restlichen Beize aufgießen.

Die Ochsenzunge ist gar, wenn das Fleisch einen kräftigen Bronzeton angenommen hat. Auf ein Brett geben, in Scheiben schneiden und auf einen großen Teller legen.

Den Fond einreduzieren lassen und die heiße Soße mit einem Schöpflöffel aus Platanenholz oder einem anderen hellen Holz in eine Sauciere füllen und zu dem Gericht servieren.

Heiß verzehren.

Nützlicher Hinweis
Die zehn magnetisierten Heidelbeerzweiglein, mit denen die Ochsen- oder Walzunge trockengetupft wurde, trocknen lassen. Mit ihrer Hilfe lässt sich vorhersagen, wie die Liebesbeziehung in Zukunft verlaufen wird.

Dazu drückt man die Zweiglein dem geliebten Menschen einfach unter irgendeinem Vorwand in die Hand. Bittet er oder sie um eine Erklärung, so besteht Hoffnung. Benimmt er oder sie sich aber, als sei nichts geschehen, zerdrückt er die Zweige in der Faust oder lässt sie fallen, sollte man sich diesen Menschen besser aus dem Kopf schlagen. Er ist bereits anderweitig vergeben.

Kommentar
Noch beliebter als die Ochsenzunge war im Mittelalter die Zunge des Walfischs. Dem gegenüber schreibt Ububchasym de Baldach:

»Das Fleisch des Wals ist eher ledrig. Seine Zunge mitsamt den Speicheldrüsen hat einen eher durchschnittlichem Nährwert. Wegen ihrer Zähigkeit macht man sie mit süßen Gewürzen ein.«

Die Alkanna ist eine purpurfarbene Wurzel, aus der meist Likör hergestellt wird.

Mutter Natur stattete die Tintenfische mit einer Drüse aus, die eine schwarze Flüssigkeit produziert. Wenn die Mollusken in Gefahr sind, schützen und verteidigen sie sich, indem sie sich in eine schwarze Wolke hüllen und darin verstecken. Das Fleisch des Tintenfischs wirkt stark blutstauend, ebenso wie das Fleisch der Krake. Über letztere schreibt Latini in seinem bereits zitierten Werk: »Die Fangzeit beginnt im Januar und dauert den ganzen Frühling hindurch. Kraken sind heiß und feucht im ersten Grad. Man bereitet sie ebenso zu wie Tintenfische, sie müssen jedoch länger garen, da sie ein sehr viel zäheres Fleisch haben. Kraken schmecken gut gebraten, und man kann verschiedene Fischsuppen aus ihnen kochen.«

Auch die Heidelbeeren sind für dieses Rezept wichtig. Ihr Duft und ihr vorzügliches, leicht säuerliches Aroma, das einem das Wasser im Mund zusammenlaufen lässt, geben Gerichten einen Hauch von Raffinesse und verstärken den Geschmack der anderen Elemente etwas.

In dem magischen Teil des Rezeptes verwendet man die Heidelbeerzweige dazu, den Verlauf einer Liebesbeziehung vorauszusagen. Und wer weiß, vielleicht wohnt manchen Kräutern ebenso wie bestimmten Menschen eine bislang nicht nachgewiesene Weisheit inne und sie senden geheime Schwingungen aus, die Studien noch nicht enthüllen konnten.

Sicher ist, dass die vielen noch ungeklärten Geheimnisse unserer Welt das Leben der Menschen harmonischer machen.

62 Rinderbraten mit Waldfrüchten[15]

Zutaten

Drei oder vier Pfund Rindfleisch, ein Stich Butter, zwei oder drei Tassen Olivenöl, eine Zwiebel, eine Schalotte, drei Knoblauchzehen, eine Prise Pfefferminzblätter, eine Prise Lorbeerblätter, zwei Gläser Rotwein, eine Teelöffel-

[15] Im Mittelalter erfreute sich Auerochsenfleisch bei Festessen großer Beliebtheit.

spitze Zucker, eine halbe kleine Tasse Agrest oder ersatzweise die gleiche Menge Zitronensaft, zwei Tassen Olivenöl, zwei gemahlene Paradieskörner oder zwei gemahlene schwarze Pfefferkörner, eine kleine Tasse konzentrierte Rinderbrühe oder ersatzweise eine weitere kleine Tasse Rotwein, ein Teelöffel weißes Mehl, ein Esslöffel geriebene Mandeln, die fein geschnittene Schale einer ganzen Orange, eine Tasse Zwetschgenschnaps, acht Prisen Salz, ein Viertel einer geriebenen Muskatnuss, zwei gute Hand voll Heidelbeeren, zwei gute Hand voll schwarze Johannisbeeren, das Fruchtfleisch von vier Zwetschgen, eine Prise Zimt, drei Nelken, eine Prise Bärenklau.

Zubereitung

Für dieses vortreffliche Gericht benötigt man drei oder vier Pfund Rindfleisch. Im Mittelalter verwendete man Fleisch vom Auerochsen[16].

Das Rindfleisch sorgfältig säubern und alle Fett-, Haut- und Sehnenreste entfernen. Anschließend in etwa drei Finger breite Scheiben schneiden. Das Fleisch in eine Schüssel legen. Einen Stich Butter und eine Tasse Olivenöl in eine Kasserolle geben. Eine geschnittene Zwiebel und eine geschnittene Schalotte bei mäßiger Hitze darin anbraten, bis das Wurzelgemüse Farbe annimmt.

Nun drei halbierte Knoblauchzehen, eine Prise zerkleinerte Pfefferminzblätter sowie die gleiche Menge zerstoßene Lorbeerblätter hinzufügen.

Umrühren und, sobald der Knoblauch eine goldbraune Farbe angenommen hat, mit zwei Gläsern Rotwein ablöschen, der mit einer Teelöffelspitze Zucker und einer hal-

[16] Der Auerochs ist eine mittlerweile ausgestorbene, wilde Rinderart, die im Mittelalter sehr geschätzt wurde.

ben kleinen Tasse Agrest oder ersatzweise dem Saft einer halben Zitrone verrührt wurde.

Salzen und acht Minuten aufkochen lassen. Die Beize vom Herd nehmen, abkühlen lassen und vollständig über das Rindfleisch gießen.

Während man die Schüssel abdeckt, erbittet man die Hilfe Belphegors. Die Schüssel an einen kühlen Ort stellen und das Fleisch mindestens sechs Stunden ruhen lassen.

Das Fleisch zum Kochen aus der Beize nehmen, die Kräuter entfernen und mit Kirsch- oder Lorbeerblättern trockentupfen. In Stücke schneiden.

Zwei knappe Tassen Olivenöl in einen tiefen Topf geben und erhitzen. Die Fleischstücke bei kräftiger Hitze rundum gut anbraten. Mit Salz und zwei gemahlenen Paradieskörnern oder ersatzweise gemahlenem schwarzen Pfeffer würzen.

Nun die Hitze stark reduzieren und das Fleisch immer wieder mit zwei Esslöffeln Beize übergießen. Das Rindfleisch nach etwa zwanzig Minuten, wenn es gerade gar ist, aus dem Topf nehmen und auf einen großen Teller legen.

Den Topf auf den Herd zurückstellen und die restliche Beize hineingießen, die zuvor durch ein am Palmsonntag gesegnetes Tuch oder ein in Weihwasser getauchtes Stück Mull geseiht wurde. Das Tuch sollte aber zumindest vom Koch mit dem Zeichen des Kreuzes gesegnet werden, damit die Flüssigkeit nicht nur von allen Rückständen, sondern auch von schlechten Einflüssen gereinigt wird. Die Flüssigkeit auf die Hälfte einkochen lassen, dann mit einer kleinen Tasse konzentrierter Rinderbrühe oder einem weiteren Glas Rotwein aufgießen.

Ohne Deckel köcheln lassen. Die Flüssigkeit erneut etwa um die Hälfte einkochen und mit einem Teelöffel weißem Mehl und den geriebenen Mandeln andicken.

Sorgfältig umrühren, dann die Fleischstücke in die Soße legen und bei sanfter Hitze erwärmen, aber nicht aufkochen.

Den Topf vom Herd nehmen, wenn die Soße dick und sämig ist. Zugedeckt warm stellen.

Unterdessen eine Orange dünn schälen, ohne etwas von dem weißen Fleisch mitzufassen. Die Schale klein schneiden und mit einer Tasse Zwetschgenschnaps, einer Prise Salz und dem Viertel einer geriebenen Muskatnuss in eine Pfanne geben. Bei kräftiger Hitze etwa zehn Minuten lang einkochen.

Nun zwei gute Hand voll Heidelbeeren und die gleiche Menge schwarze Johannisbeeren leicht zerdrücken und mit dem Fruchtfleisch von vier Zwetschgen, einer Prise Zimt, drei Nelken und einer Prise Bärenklau dazugeben. Unter häufigem Rühren einkochen lassen.

Die Soße über das warm gestellte Rindfleisch geben.

Mit dem Bratenfond verrühren und alles weitere fünf Minuten einkochen lassen. Malven und Brennnesseln in Wasser aufkochen und eine Terrakottaschüssel damit ausschwenken. Im Mittelalter galt es als außerordentlich wichtig, dass man dabei einen kleinen Zopf trug, der unter dem Haarschopf verborgen war. Heutzutage kann man durchaus darauf verzichten. Etwas von der Soße in die Schüssel gießen.

Das Gericht vom Herd nehmen und auf den Teller legen.

Nun kann die Delikatesse heiß serviert werden.

Kommentar

Wir werden uns an dieser Stelle nicht weiter mit den Eigenschaften von Rindfleisch befassen. Da es im Mittelalter in Mode war, dieses Gericht mit dem Fleisch des

Auerochsen zuzubereiten, wollen wir stattdessen etwas mehr über dieses Tier in Erfahrung bringen.

Der Auerochse ist ein großes Wildrind mit rötlichem Fell, der nur sehr schwer zu erlegen war. Gerade weil die Auerochsenjagd so schwierig war, galten sein Fleisch und besonders sein Rücken sowohl im Mittelalter als auch in der Renaissance als Delikatesse.

Belphegor

Es gehört zur Zubereitung des Gerichtes, das Fleisch mit einer Beize zu übergießen und Belphegor, einen obszönen Teufel, den die Moabiter auf dem Berg Phagor anbeteten, zu beschwören, während man die Schüssel zudeckt. Auf Abbildungen wird Belphegor mit offenem Mund dargestellt. Seine Zunge ähnelt dem männlichen Glied.

In dem zuletzt beschriebenen magischen Ritual wird ein unter dem Haar verborgener Zopf erwähnt. Im Mittelalter glaubte man, alles Geflochtene gewinne an Kraft und verfüge somit über große, geheime, magische Macht. In einer Situation, die unter der Herrschaft Belphegors steht, könnte das bedeuten, dass der Betreffende sehr mächtig ist, ohne diese Macht zur Schau zu stellen.

Zwetschgen haben ein süßes Fruchtfleisch. Sie duften und schmecken delikat und sind für süßsauere Gerichte wie dieses sehr gut geeignet. Die süßsauere Küche wurde nicht nur von Griechen und Römern, sondern auch im Mittelalter und der Renaissance bis hin zur Französischen Revolution geschätzt. In den 80er Jahren feierte sie mit Paul Bocuse und seiner *Nouvelle Cuisine* neue Triumphe.

63 Gefülltes Zicklein auf ungarische Art

Zutaten

Ein Stück Fleisch vom Zicklein (vier oder fünf Pfund), ein Pint kaltes Wasser, drei Schöpflöffel Agrest oder ersatzweise drei Schöpflöffel Apfelessig, drei zerstoßene Paradieskörner, ein Hauch Lotosblüte (nicht unbedingt erforderlich) oder drei schwarze Pfefferkörner, ein Stück Schweineschwarte (ein halbes Pfund) oder ersatzweise ein halbes Pfund fetter gesalzener Speck, eine halbe Hand voll Petersilie, eine Hand voll frische oder getrocknete Pilze, eine Hand voll Mandeln, sechs hart gekochte Eier, eine halbe Tasse gekochter Reis, drei Äpfel, ein Teelöffel Zucker, zwei Prisen Ingwer, ein Glas Weißwein, zwei frische Eier, vier Prisen Salz, zwei Esslöffel Verjus, zwei Teelöffel Essig, ein Skrupel Safran, zwei Skrupel Zimtpulver, ein halbes Pfund fetter Speck.

Zutaten für die Soße

Ein halber Esslöffel flüssiger Honig, drei zerstoßene Nelken, eine halbe Hand voll Hippomanes oder ersatzweise zwei Skrupel getrockneter und geriebener Rogen der Meeräsche, ein Skrupel Vanille, ein Skrupel Ingwer, drei Skrupel Mandeln, eine halbe Hand voll Petersilie, ein paar Salbeiblätter, zwei Prisen Bärenklau, eine Prise Salz, zwei Schöpflöffel alter Rotwein.

Zubereitung

Ein schönes Stück Fleisch vom Zicklein mit der gebotenen Sorgfalt säubern, falls nötig vom Knochen lösen, Häutchen und Sehnen entfernen. Auf einer Seite einschneiden, so dass eine Art Tasche entsteht. Drei Schöpflöffel aus saueren Trauben gepressten Agrest (ersatzweise drei Schöpflöffel Apfelessig), drei zerstoßene Paradieskörner oder drei zerstoßene schwarze Pfefferkörner sowie einen Hauch Lotosblüte, der für das Gelingen des Rezeptes nicht unbedingt erforderlich ist, in kaltes Wasser rühren. Das Fleisch mindestens drei Stunden in die Beize legen, anschließend mit Apfelblättern trockentupfen. Die Apfelblätter in ein Jutetuch legen.

Das Fleisch salzen, als wolle man es braten.

Nun ein halbes Pfund Schweineschwarte oder ersatzweise ein halbes Pfund fetten Speck, eine halbe Hand voll Petersilie, die doppelte Menge frische oder auch getrocknete, in Wasser eingeweichte und ausgedrückte Pilze sowie die gleiche Menge Mandeln hacken.

Die Zutaten in einen Topf geben, ordentlich umrühren und drei hart gekochte und in Scheiben geschnittene Eier, eine halbe Tasse gekochten Reis und drei geschälte, vom Kerngehäuse befreite und klein geschnittene Äpfel unterrühren. Die Farce gut vermengen und mit einem Teelöffel Zucker und zwei Prisen Ingwer bestäuben. Ein Glas Weißwein unter die Masse mischen.

Mit einem Löffel umrühren, der aus weichem Holz, beispielsweise Kirsche, Walnuss oder Lotos, eine dem Mond zugeordnete Pflanze und Symbol der Fruchtbarkeit, hergestellt wurde. Der Löffel sollte auf keinen Fall aus zu dunklem Holz bestehen.

Zwei frische Eier, vier Prisen Salz, zwei Teelöffel Verjus und die gleiche Menge Essig, ein Skrupel Safran – nach Möglichkeit in Fäden, andernfalls als Pulver – und zwei Skrupel Zimtpulver hinzufügen.

Rühren, bis eine homogene Masse entsteht, und die in das Fleisch des Zickleins geschnittene Tasche damit füllen. Die Öffnung mit Zwirn zunähen, das Fleisch in ein weißes Leintuch oder ein elastisches Netz wickeln, das man für gewöhnlich bei jedem Metzger bekommt.

Das gefüllte Fleisch in einen Kessel mit kochendem Wasser geben und mindestens eine halbe Stunde darin garen. Dann das Fleisch aus dem Tuch oder Netz wickeln, auf zwei Spieße stecken und grillen. Von Zeit zu Zeit mit etwas ausgelassenem Speck bestreichen.

Währenddessen die Soße zubereiten. Drei Skrupel geriebene Mandeln, ein paar zerstoßene Salbeiblätter, eine Hand voll Petersilie, zwei Prisen gehackten Bärenklau und nach Wunsch eine Prise Salz in einen Topf geben. Die Kräuter mit zwei Schöpflöffel altem, rubinrotem Wein aufgießen. Bei kräftiger Hitze einkochen lassen. Die Flüssigkeit zum Entfetten durch ein Hanftuch oder ein engmaschiges Sieb gießen, wenn sie anzudicken beginnt und sich eine dünne Haut gebildet hat.

Dann die Soße in den Topf zurückgeben und mit drei zerstoßenen Nelken, einer halben Handvoll geriebenem Hippomanes oder ersatzweise zwei Skrupeln getrocknetem und geriebenem Rogen der Meeräsche, einem Skrupel Vanille und der gleichen Menge Ingwer verfeinern. Bei sanfter Hitze weiter einkochen.

Das Zicklein, das sich inzwischen seit mehr als einer Stunde am Spieß dreht, sollte nun schön braun sein. Das Fleisch auf einen Teller legen, in Scheiben schneiden, damit man auch seine Füllung kosten kann, und zusammen mit einer Schüssel von der soeben zubereiteten Soße servieren.

Wie man die Liebe schützt

Die in das Jutetuch gelegten Apfelblätter mit drei Unzen Sandelholz in einem Kohlenbecken verbrennen.

Die Asche mit einer Hand voll Eichenmoos und zehn Tropfen Zedernessenz vermengen und die Mischung neben einem offenen, brennenden Kamin oder an der Sonne trocknen lassen. Anschließend in ein kleines Säckchen geben und unter die Matratze legen. Das Säckchen schützt vor einer Reihe von negativen Energien, die gerade das Liebesleben stören können.

Kommentar

Laut Pisanelli muss das Zicklein jung sein und an der Luft abhängen, bis es zart ist. Sein Fleisch hat mehr Nährwert als jedes Wildbret, es wirkt kräftigend, begünstigt den Beischlaf und die Spermaproduktion. In diesem Text wird das Fleisch des Zickleins nach einem raffinierten ungarischen Rezept zubereitet. Der Großteil der verwendeten Zutaten steht in dem Ruf, erotisierend zu wirken.

Befassen wir uns noch etwas mit dem Lotos, einer tausendjährigen Pflanze, deren Holz zur Herstellung des Kochlöffels empfohlen wird.

Die angenehm duftenden Lotosblüten wachsen wie die Seerosen in Tümpeln, Seen und Gartenteichen. Sie liegen sanft auf den Blättern auf, werden aber von kräftigen Stängeln an der Wasseroberfläche gehalten.

In der Welt der klassischen Antike bezeichneten Römer und Griechen eine Vielzahl von Pflanzen, die sowohl im Wasser als auch auf dem Land wuchsen und sich durch ihren Duft, ihre Schönheit und ihre Früchte auszeichneten, als *Lotos*. Sie kannten etwa ein Dutzend davon, die sich in vier Kategorien einordnen lassen: Wassergehölze, Wasserpflanzen, Pflanzen und Gehölze. Der von Homer besungene Lotos gehört der letzten Gruppe an: In der *Odyssee* erzählt Homer, der blinde Barde, dass »wer nun die Honigsüße der Lotosfrüchte gekostet, dieser dachte nicht mehr an Kundschaft oder an Heimkehr«. So erging es einigen Seeleuten des Odysseus, als »der Held, der schon lange gelebt und viel gesehen hatte«, vom Zorn Neptuns zu einer kurzen Rast im Land der Lotophagen gezwungen wurde (*Odyssee*: 9. Gesang, 82–104).

Zum Schluss möchten wir daran erinnern, dass die Blüten des Wasserlotos nicht nur als Heilmittel, sondern auch als heilige Speise mit kräftigender und leicht aphrodisierender Wirkung eingesetzt wurden. Ihre Blüte symbolisiert das weibliche Geschlechtsorgan, ihr Same soll die Schöpferkraft Gottes darstellen.

64 Schweinefleisch in Leindottersoße

Zutaten

Zwei oder drei Pfund Schweinefleisch, ein halbes Pfund fetter Speck, drei Esslöffel Petersilie, das Fruchtfleisch von drei Zwetschgen, zwei Äpfel, eine Zwiebel, drei Paradieskörner oder ersatzweise drei schwarze Pfefferkörner, drei Büschel frischer Dill, zwei gemahlene Nelken, drei oder vier Prisen Salz, zwei Gläser Weißwein, drei Skrupel Ingwer, drei Skrupel Zimtpulver, eine halbe geriebene Muskatnuss, eine halbe Hand voll Korinthen oder ersatzweise Rosinen, zwei geröstete Brotscheiben, eine Tasse Agrest, die einmal durch eine halbe Tasse Apfelessig, das andere Mal durch eine halbe Tasse Zitronensaft ersetzt werden kann.

Zubereitung

Den Boden eines sehr großen Topfes mit einem halben Pfund Speckscheiben auslegen und drei Esslöffel gehackte Petersilie, das zu Mus zerdrückte Fruchtfleisch von zwei Zwetschgen und zwei Äpfeln sowie eine in Ringe geschnittene Zwiebel dazugeben.

Den Speck bei kräftiger Hitze auslassen. Ein Stück Schweinefleisch mit drei zerstoßenen Paradieskörnern oder ersatzweise drei gemahlenen Pfefferkörnern, drei kurz vorher zerkleinerten Büscheln Dill und zwei zerstoßenen Nelken einreiben.

Anschließend das Fleisch sorgfältig mit einem feinen Faden umwickeln und zu dem ausgelassenen Speck und den anderen Zutaten in den Topf legen. Mit einigen Prisen Salz würzen und bei mäßiger Hitze leicht anbraten.

Das Schweinefleisch von Zeit zu Zeit mit einigen Esslöffeln einer aus zwei Gläsern Wein, einer halben Prise Salz und Zimtpulver hergestellten Mischung beträufeln. Etwa eineinhalb Stunden bei sanfter Hitze garen lassen.

Dann ist die Flüssigkeit eingekocht und das Fleisch schön braun. Das Fleisch aus dem Topf nehmen und den Bratenfond durch ein Tuch oder ein Stück Mull gießen.

In einem Mörser zwei Skrupel Ingwer, die gleiche Menge Zimt und eine halbe Muskatnuss zerstoßen. Man kann die Gewürze aber auch mit einer halben Tasse von dem zuvor gefilterten Bratenfond im Mixer zerkleinern.

Den übrigen Bratenfond in einen weiteren Topf gießen und bei geringer Hitze erwärmen. Wenn die Flüssigkeit aufkocht, nach und nach sehr vorsichtig das Gewürzpulver oder die im Bratenfond zerkleinerten Gewürze hinzugeben. Mit einer halben Tasse Agrest oder ersatzweise Apfelessig aufgießen.

Bei leicht geöffnetem Deckel köcheln lassen, bis die Soße etwas reduziert ist. Eine halbe Hand voll Korinthen oder ersatzweise Rosinen, zwei geriebene Brotkrusten und eine weitere halbe Tasse Agrest oder ersatzweise eine halbe Tasse Zitronensaft hinzufügen.

Wenn die Soße andickt, das inzwischen in Scheiben geschnittene Schweinefleisch hineinlegen, damit es den Geschmack annimmt.

Sodann das Fleisch wieder aus der Soße nehmen und beides getrennt voneinander servieren, so dass sich Soße und Fleisch während der Mahlzeit ergänzen.

Je nachdem, in welcher Stimmung sich der andere befindet, kann man ihm die von diesem Leckerbissen geweckten Impulse mitteilen, sie mit ihm teilen oder vermehren.

Kommentar

Schweinefleisch, das nach diesem klugen Rezept zubereitet wird, verströmt einen stimulierenden Duft und weist eine erhöhte blutstauende Wirkung auf. Schon immer bevorzugten die starken und kriegerischen Stämme des Nordens – von Deutschland bis Skandinavien, Polen, der Schweiz, Ungarn und den Niederlanden – das Fleisch des Schweins und seines wild lebenden Verwandten, des Wildschweins. Auch in Norditalien schätzen die Landbewohner der Lombardei, des Piemont, Venetiens, der Emilia und der Toskana seine wärmende und anregende Wirkung, die ihren Ursprung vermutlich auch in den hochprozentigen Getränken hat, die zu seiner Verdauung serviert wurden. Die eleganten Franzosen von Brillat-Savarin über Curnonsky bis hin zu Bocuse glaubten indes, das schwere Schweinefleisch sei nicht gut für die Liebe. Wir meinen, dass die Wirkung stark davon abhängt, wer es verzehrt. Halten wir es fern von Frauen und Männern vor dem Liebesspiel und nähren stattdessen Krieger, Jäger, Bauern und Arbeiter besonders in weniger warmen Ländern damit. Die Hitze schadet dem Schweinefleisch, so dass es genau wie das gewisser anderer Säugetiere Juden, Moslems, Buddhisten und Hindus verboten ist.

Die Soße ist nach dem Leindotter benannt, da die verschiedenen Zutaten ihr das typische Gelb der Leindotterhülle verleihen.

65 Getrüffelter Fasan[17]

Zutaten

Ein Fasan, viereinhalb Pfund fetter Speck oder ersatzweise ein halbes Pfund fetter Speck und drei Tassen Olivenöl, zwei Pfund schwarze Trüffel, acht Prisen Salz, ein schwarzes Pfefferkorn, ein Korn langer Pfeffer, eine halbe Tasse Apfelschnaps, eine halbe Tasse Zwetschgenschnaps, halb soviel Agrest, eine Teelöffelspitze Zucker, etwas Muskatnuss, eine Prise Ingwer, eine Fasanenleber, eine Zwiebel, vier Nelken, vier Lorbeerblätter.

Zubereitung

Zwei Pfund schwarze Trüffel gründlich waschen, Erdreste sorgfältig abschaben und die Trüffel mit einem scharfen Messer schälen. Die Trüffelschalen mit einem

[17] Im Mittelalter wurde anstelle des Fasans häufig ein Pfau zubereitet und mit Kopf und Federn geschmückt serviert.

Pfund gehacktem Speck oder einem apfelgroßen Stück Butter vermengen.

Nun die Trüffel schnitzeln und mit einer Prise Salz, einem frisch gemahlenen schwarzen Pfefferkorn und einem gemahlenen Korn langer Pfeffer, einer halben Tasse Apfelschnaps, der gleichen Menge Zwetschgenschnaps, halb soviel Agrest sowie einer Teelöffelspitze Zucker in eine tiefe Schüssel geben. Umrühren und die Trüffel ungefähr eine Stunde in der Marinade ziehen lassen.

Die kurz vorher mit gehacktem fetten Speck oder Butter verrührten Trüffelschalen in den Mörser geben, eine glatte Creme herstellen und durch ein Netz streichen.

Nach Ablauf der Zeit der Marinade die Trüffelstücke, ein Viertel der Marinade und die soeben durch das Netz gestrichene Creme in einen großen Kessel geben, der ausreichend Platz zum Rühren bietet. Einen Hauch Muskatnuss, eine Prise Ingwer sowie die gekochte und zerstoßene Leber des Fasans hinzufügen.

Die Zutaten verrühren und den Fasan mit der Farce füllen. Anschließend Brust und Bauch mit Zwirn zunähen. Wer besondere Sorgfalt walten lassen will, hängt den Fasan mindestens eine halbe Stunde lang an einem nicht zu warmen Ort auf, damit das Fleisch den Geschmack der Füllung annimmt und die nicht von der Trüffelfüllung absorbierte Flüssigkeit abtropfen kann.

Anschließend den Fasan mit vier Pfund fettem Speck oder drei Tassen Olivenöl und einem halben Pfund gehacktem Speck sowie einer halbierten, mit Nelken und Lorbeerstückchen gespickten Zwiebel in eine sehr große, ovale Pfanne legen.

Den Fasan salzen und zweieinhalb Stunden bei sanfter Hitze im Ofen braten. Langsam garen, dabei immer wieder um eine Handbreit wenden.

Wenn das Fleisch schön angebraten ist, leuchtet und glänzt es wie ein Topas. Den Fasan auf dem Bauch liegend auf einer sehr großen Platte anrichten.

Die Soße erst servieren, nachdem der Leckerbissen tranchiert und portioniert wurde. Man kann auch eine Pflaumensoße – eines der letzten Rezepte dieses Buches – dazu reichen.

Das Gericht ist eine besondere Delikatesse und wird warm, aber nicht zu heiß serviert.

Kommentar

In der kalten Jahreszeit sorgt dieses Rezept für Leidenschaft im Ehebett.

Da wir uns im Zusammenhang mit anderen Gerichten mit dem Fasan befassen, versuchen wir, etwas mehr über die mittelalterliche Art, Pfauen zu kochen, in Erfahrung zu bringen.

Obwohl es ziemlich hart und faserig war und aus diesem Grund lange lagern und abhängen musste, galt Pfauenfleisch als kulinarischer Hochgenuß. Das Tier musste zudem noch recht jung und in einer Gegend mit guter Luft aufgewachsen sein. Pisanelli schreibt über den Pfau: »Nach dem dritten Lebensjahr kommt der Pfau ins fortpflanzungsfähige Alter. Danach ernährt er sich von Mist und wird bis zu 25 Jahre alt.«

Alexander der Grosse

Alexander der Große liebte die schönen Vögel und verbot, sie zu töten. Erst später wurde der Pfau zur raffinierten Delikatesse, und der römische Redner Quintus Hortensius, der sich mit Leidenschaft kulinarischen Genüssen widmete und seine Gäste gerne verblüffte, führte sie ein.

Über den wunderschönen Vogel, von dem man wissen muss, wie man ihn zubereitet, sagt Juvenal: »Et crudum pavonem ad balnea portas« (Und den harten Pfau legt man ins Bad). Das Abhängen war so wichtig, dass der heilige Augustinus sogar berichtet, er habe das Fleisch eines bereits ein Jahr zuvor getöteten Pfaus gegessen. Wer Pfauenfleisch isst, kann wie beim Fasan mit einer kräftigenden und anregenden Wirkung rechnen.

Die schwarzen Trüffel und die besonderen Gewürze verleihen einen besonderen Geschmack und geben dem Gericht jenes delikate und schwer definierbare Aroma, das die Erwartung schürt und den Appetit kräftig anregt.

Dulcis in fundo ist der angerichtete Fasan auf dem Tisch eine wahre Wonne und Augenweide: Das verstärkt seine psychologische Wirkung und weckt unser Bedürfnis nach Wohlbefinden und allem, was damit zusammenhängt.

66 Geröstete Brotscheiben mit Tauben

Zutaten

Vier Tauben, eine Knoblauchzehe, ein Büschel Petersilie, sechs Prisen Salz, eine halbe geriebene Muskatnuss, ein Skrupel Ingwer, eine Prise Koriander, eine Prise Kreuzkümmel, etwas Speick oder ersatzweise eine Lavendelblüte, zwei Prisen Guineapfeffer, eine Teelöffelspitze Zucker, eine Hand voll Brotkrumen, eine Tasse Mandelmilch, zwei Skrupel Reismehl, ein ganzes Ei und etwas Eiweiß, ein Stich Butter, zwei Lebern der gebratenen Tauben, zwei Hand voll fetter Speck, eine halbe Tasse Heidelbeeren, eine halbe Tasse Sauerkirschen, vier Pfefferminzblätter, ein halbes kleines Glas Weißwein, vier Scheiben altbackenes Brot.

Zubereitung

Für die Zubereitung benötigt man vier gebratene Tauben.

Die Haut der Tauben abziehen, das Fleisch vom Knochen lösen und zerkleinern. Eine Knoblauchzehe, eine Zwiebel und ein Büschel Petersilie hacken und dazugeben. Nach Bedarf salzen.

Umrühren und eine halbe geriebene Muskatnuss, ein Skrupel Ingwerpulver, eine Prise Koriander, die gleiche Menge Kreuzkümmel, etwas Speick (siehe Zutaten), zwei Prisen Guineapfeffer oder ersatzweise einige Kardamomsamen sowie eine Teelöffelspitze Zucker hinzufügen.

Eine Hand voll in der Mandelmilch eingeweichte und sorgfältig ausgedrückte Brotkrume dazugeben. Zwei Skrupel Reismehl mit einem ganzen Ei und etwas Eischnee verrühren und unter die Mischung heben.

Mit den Händen verkneten, dann einen Stich Butter hinzufügen, damit die Paste besser bindet, und die zuvor zur Seite gelegten, fein gehackten Lebern der gebratenen Tauben zugeben.

Wenn die Zutaten sich miteinander verbunden haben, die Masse mit einer halben Tasse zerdrückten Heidelbeeren und der gleichen Menge Sauerkirschen, auch diese zerdrückt, befeuchten. Vier mit Daumen und Mittelfinger zerriebene Pfefferminzblätter zugeben.

Die Masse etwa eine Stunde ruhen lassen. Anschließend die Mischung mit zwei Hand voll fettem Speck bei kräftiger Hitze in einen Topf geben.

Wenn die Zutaten miteinander verschmelzen, kräftig weiterrühren. Sobald die Soße etwas eingekocht ist, mit einem halben kleinen Glas Weißwein aufgießen. Bei sanfter Hitze aufwallen lassen und darauf achten, dass die Soße beim Reduzieren nicht zu stark kocht.

Inzwischen das altbackene Brot anrösten, auf einen Teller legen und warm stellen. Mit ein paar Teelöffeln Bratenfond beträufeln.

Schließlich die eingekochte, glatt gerührte Taubensoße auf dem Brot verteilen.

Dieses Gericht schmeckt am besten kalt.

Ein Geheimnis, das man kennen sollte

Zwei Herzen der gebratenen Tauben mit acht Efeublättern und etwas Schweinefett zu einer Kugel verarbeiten. Die Kugel in ein Behältnis aus Holz oder Terrakotta legen und zugeckt fünfunddreißig Tage trocknen lassen.

Wenn die Zeit abgelaufen ist, ist die kleine Murmel auf die Hälfte eingetrocknet, und die beiden Herzen haben sich zu einem verbunden.

Das ist das greifbare Zeichen dafür, dass die Sterne nach Ablauf dieser fünfunddreißig Tage – eine magische Zahl für alle Schutzsuchenden – nun günstig stehen.

In der Tat wird selbst derjenige, der das Ritual vollzogen hat, staunen, zu welchen Wundern er auf sexuellem Gebiet fähig ist.

Kommentar

Dieses süßsaure Gericht, bei dem, wie bei vielen anderen Mahlzeiten, der reichhaltigen Soße besondere Aufmerksamkeit zukommt, ist eines der schmackhaftesten Rezepte.

Die Taube genoss im Mittelalter auf Grund einer vermeintlich wärmenden und blutstauenden Wirkung den Ruf, ein wunderbares Aphrodisiakum zu sein, da man sie fälschlicherweise für einen heißblütigen Vogel hielt. Wegen ihres delikaten und gleichzeitig anregenden Fleisches hat sich die Vermutung einer sexuell anregenden Wirkung bis heute gehalten. Pisanelli schreibt: »Tauben sind sehr nahrhaft und erhöhen unsere natürliche Temperatur, besonders die von älteren Menschen oder Genesenden. Allerdings müssen die Tauben noch jung sein und dürfen sich noch nicht selbst ernähren. Sie müssen frisch gegessen werden, da sie sonst leicht verderben. Sie tun denjenigen gut, die von der Kälte gelähmt sind, fördern den Beischlaf und sind leicht verdaulich.«

Bei dem magischen Ritual wird Efeu, die bekannteste europäische Kletterpflanze, zu den Taubenherzen gegeben: Ihre immergrünen Blätter und kleinen, schwarzen, giftigen Früchte stehen für Langlebigkeit, Fruchtbarkeit und Treue. Der Sage nach verstecken sich gute und böse Kobolde unter den Efeublättern; die einen kann man sich mit magischen Ritualen gewogen machen, die anderen kann man damit bekämpfen. Man sagt, die blühenden Zweige des ausgewachsenen Efeus machen unfruchtbare Frauen fruchtbar und verhelfen besonders jungen Frauen zu dauerhafter Liebe.

Der Saft des Efeus wird empfohlen, wenn man sich müde und deprimiert fühlt und Kraft schöpfen muss. Man sammelt ihn im Frühling, wenn die Kletterpflanze damit prall gefüllt ist. Dabei geht man folgendermaßen vor: Man sticht mit einer goldenen Nadel in die Stängel und sammelt die austretende gummiartige Flüssigkeit in einem Gefäß aus Edelmetall oder Kristall: Wird sie rot, besitzt man ein hervorragendes Kräftigungsmittel.

67 Rinderbraten für Feinschmecker

Zutaten

Zwei oder drei Pfund Rindfleisch, drei Unzen fetter Speck, eine Tasse Olivenöl, drei Prisen Salz, ein gemahlenes schwarzes Pfefferkorn, ein Teelöffel Ingwer, eine halbe geriebene Muskatnuss, ein Hauch Gebersumach[18], ein halbes Glas Essig, zwei Unzen gewässerte Heringe, ein paar Büschel Petersilie, ein Entenei, ein Hühnerei, ein Kügelchen gemahlener Bernstein oder ersatzweise zwei Skrupel einer Mischung aus Zimt- und Nelkenpulver.

Zubereitung

Hier handelt es sich um ein altes Rezept aus dem Spätmittelalter. Deshalb sollte seine Zubereitung respektiert werden, die in der Folgezeit nach und nach weiter verfeinert wurde. Wir haben uns für das Rezept einer Kräuterhexe entschieden, die um das Jahr 1345 herum lebte.

Ein schönes Stück Rindfleisch von etwa zwei oder drei Pfund mit drei Unzen klein geschnittenem Speck und einer Tasse Olivenöl in eine Kasserolle geben. Mit Salz, einem frisch gemahlenen schwarzen Pfefferkorn, einem knappen Teelöffel Ingwer, einer halben geriebenen Muskatnuss und einem Hauch in Essig getränktem und zerriebenem Gebersumach würzen.

Das Fleisch nicht zudecken und unter häufigem Wenden bei mäßiger Hitze anbraten. Sofort wenn es angebräunt ist, zwei Unzen zuvor gewässerte und gehackte Heringe dazugeben, die mit ein paar Büscheln ebenfalls

[18] Rhus coriaria, der Gebersumach oder Essigbaum, enthält sehr viel Tannin.

klein gehackter Petersilie vermischt wurden. Das Fleisch etwa eine Stunde zugedeckt garen lassen, damit es Geschmack annimmt.

Wenn die Zeit verstrichen ist, ein Enten- und ein Hühnerei verschlagen, mit drei Esslöffeln Essig und einem Kügelchen gemahlenem Bernstein oder ersatzweise zwei Skrupeln einer Mischung aus Nelken- und Zimtpulver verrühren und über das Rindfleischstück gießen. Bei sanfter Hitze langsam stocken lassen. Anschließend das Fleisch aus der Kasserolle nehmen und auf einen Teller geben.

Den Bratenfond bei etwas kräftigerer Hitze auf dem Herd einreduzieren, das Fleisch in nicht zu dünne Scheiben schneiden.

Die angedickte Soße durch ein Leinentuch oder ein Sieb gießen, um die Zutaten herauszufiltern, so dass nur deren Aroma zurückbleibt.

Das Gericht mit der Soße würzen, nur ganz kurz ruhen lassen und auftragen.

Aus dem Grimoire der Kräuterhexe

Drei Tage, bevor man dieses Gericht zubereitet, sollte man weder Fleisch noch andere fette Speisen zu sich nehmen.

Es muss in einem Raum gekocht werden, in dem weder Kleider noch Haare, Vogelkäfige, Knoblauchzöpfe oder Rosmarinbüschel an den Wänden hängen. Außerdem dürfen sich keinesfalls Vorhänge an den Zimmerfenstern befinden.

Den Tisch, auf dem man arbeitet, deckt man mit einem frisch gewaschenen, weißen Tuch. An jede der vier Tischkanten legt man ein Gran Salz. Dann entzündet man vier Weihrauchkörner, legt sie auf ebenso viele Stoffstreifen, damit sie langsam brennen, und platziert sie in den Ecken des Raums, während man das Gericht zubereitet.

Kommentar

Dieses alte Rezept mit seinen üppigen Zutaten und seiner raffinierten Zubereitung spricht für sich selbst. Zu erwähnen ist lediglich der Hering, ein nahrhafter Fisch mit delikatem und zugleich kräftigem Geschmack: Gewöhnlich isst man ihn gesalzen und geräuchert. Er gibt Genesenden Kraft, stärkt den Appetit, wirkt anregend und fördert den Beischlaf.

Die Kräuterhexe, von der das Rezept stammt, empfiehlt, drei Tage auf Fleisch und fette Speisen zu verzichten. Im Raum dürfen sich weder Kleider noch Stoffe, Knoblauchzöpfe oder Kräuterbüschel befinden; der Tisch wird mit weißem Leinen gedeckt, und Weihrauch wird verbrannt. All das ergibt zusammen ein besonderes, ausgesprochen eindrucks- und bedeutungsvolles Ritual.

Maurice Edmond Saillant Curnonsky schreibt: »Wer diesen Leckerbissen verzehrt, sollte Herkules in zwölf aufeinander folgenden Stunden zehnmal zu Boden schmettern können.«

68 Hühner-Moxeric[19]

Zutaten

Ein Huhn, eine Drossel, vier Pint klares Wasser, sieben Lorbeerblätter, sieben Prisen Salz, eine halbe Tasse Agrest, ein schwarzes Pfefferkorn, ein Stück Zimtstange, eine halbe geriebene Muskatnuss, zwei Teelöffel Zucker, ein Zweiglein Fenchel, zwei Äpfel, ein gemahlenes Bernsteinkügelchen oder ersatzweise zwei Skrupel von einer Mischung aus Vanille und Ingwer, ein gemahlenes Korn langer Pfeffer, eine Prise Ingwer, zwei Esslöffel Apfelessig, zwei Schöpflöffel von der Brühe, in der das Huhn gekocht wurde, ein halbes Pfund geröstetes Brot, eine Tasse Weißwein, das Fruchtfleisch von zwei getrockneten Pflaumen, zwei Prisen Safran.

Zubereitung

Ein Huhn und eine Drossel säubern. Zehn Minuten in eine Schüssel mit kaltem Wasser, Lorbeerblättern und zwei Prisen Salz legen. Mit Granatapfelblättern trockentupfen.

Das Huhn in einen Kupferkessel legen, mit klarem Wasser bedecken und einen gedrittelten Apfel, eine kleine gedrittelte Zimtstange, eine Teelöffelspitze Salz und die gleiche Menge Zucker hineingeben.

Auf den Herd stellen und eine Dreiviertelstunde köcheln lassen. Nun die Drossel dazugeben und mindestens zwanzig Minuten mitgaren. Gelegentlich umrühren und gegen Ende der Garzeit ein zerstoßenes Fenchelzweiglein sowie eine halbe geriebene Muskatnuss zufügen.

[19] Moxeric ist der möglicherweise aus dem Arabischen stammende, spanische Begriff für ein recht bekanntes Schmorgericht mit vorgegartem Hühnerfleisch.

Nach Ablauf der Garzeit Huhn und Drossel aus dem Kessel nehmen und in einen ovalen Topf legen.

Die Brühe durch ein Jutetuch gießen und so von den anderen Zutaten befreien.

Einen weiteren, im Ofen gegarten Apfel zerdrücken. Strunk und Kerne entfernen und das Mus mit einem gemahlenen Bernsteinkügelchen oder ersatzweise zwei Skrupeln einer Mischung aus Vanille und Ingwer sowie einer Teelöffelspitze Zucker würzen. Wenn sich die Zutaten gut vermischt haben, das Mus über Huhn und Drossel geben, letztere wurde in der Zwischenzeit entbeint.

Den ovalen Topf auf den Herd stellen. Die warme Soße mit einem Korn langem Pfeffer, einer weiteren Prise Ingwer und zwei Esslöffeln Apfelessig abschmecken.

Zugedeckt eine gute Stunde weiterköcheln lassen. Von Zeit zu Zeit mit einem halben Schöpflöffel der abgeseihten Brühe aufgießen und bei Bedarf mit zwei Prisen Salz würzen. Die Bratensoße sollte nicht zu sehr einkochen, weshalb man eine gewisse Vorsicht walten lassen und gegebenenfalls einen weiteren Schöpflöffel Brühe aufgießen sollte.

Wenn die Stunde um ist, geröstetes und geriebenes Brot in die Soße geben, und sofort mit einer halben Tasse Weißwein aufgießen, unter den man das zerdrückte Fruchtfleisch von zwei getrockneten und eingeweichten Pflaumen gerührt hat.

Sämig rühren. Zwei Prisen Safran (in Fäden oder als Pulver) in eine weitere halbe Tasse Weißwein rühren und nach und nach über die Soße mit den Leckerbissen geben. Fünf oder sechs Minuten bei etwas kräftigerer Hitze auf den Herd stellen.

Das Huhn in Stücke zerteilen und warm mit der köstlichen süßsaueren Soße sowie der »goldenen Soße« – dem letzten Rezept dieses Buchs – servieren. Beide Soßen in eigenen Soßenschüsseln auftragen.

Danach ist der Stolz zu allem in der Lage, wozu der Mut reicht. Dabei sollte man nicht außer Acht lassen, dass ausgelebte Fleischeslust so manches Mal befriedigender sein kann als eine unterdrückte platonische Liebe.

Kommentar

Auch hier handelt es sich wieder um ein sehr reichhaltiges, aromatisches und kräftigendes Fleischgericht. Das zarte und wohlschmeckende Fleisch der Drossel stellt auch den unaufmerksamen Esser, der nur während des Essens glücklich ist, vollstens zufrieden und gibt ihm die vollständige Kontrolle über alle anderen Impulse.

Verwendet werden nur große, mit Wacholder- und Myrtenbeeren gefütterte Drosseln. Am besten sind Vögel, die zur Zeit der Olivenpressung mit der Schlinge oder mit Netzen gefangen wurden. Sie sind sehr nahrhaft und können reichlich gegessen werden, da sie leicht verdaulich sind. Drosselfleisch fördert den Beischlaf, sorgt für gutes Blut und ist besonders für Menschen geeignet, denen es an Appetit fehlt oder die sich gerade in der Phase der Genesung befinden. Drosseln galten als Delikatesse und durften auf keiner wichtigen Tafel fehlen. Unter anderem sollen Horaz und Martial sie sehr gerne gegessen haben.

Einige interessante Fakten: Plinius berichtet von einer sprechenden Drossel, die Agrippina, der Frau des Gaius Julius Caesar Germanicus, genannt Caligula, gehört haben soll. Heute glaubt man, dass es sich dabei um einen kleinen Tukan gehandelt haben muss. Dieser der Drossel ähnelnde Vogel ist bekannt dafür, dass er Wörter und Sätze wiederholt und lernt.

Von Juvenal erfahren wir, dass man glaubte, Drosseln müssten taub sein, um gut zu schmecken, was er mit der Redensart »Surdior turdo« (»Tauber als eine Drossel«) untermauert.

Die süßsaure Soße sowie die »goldene Soße« sind typische Spezialitäten der Epoche, die in den letzten Jahren zu neuen Ehren gekommen sind.

69 Bukkenade[20]

Zutaten

Ein Rebhuhn, eine Drossel, zwei Pfund Kalbfleisch, sieben Prisen Salz, drei Pint klares Wasser, ein Pfund gesalzener fetter Speck, eine Stange Lauch, eine Zwiebel, drei Lorbeerblätter, ein Büschel Petersilie, eine Hand voll Mandeln, ein Apfel, eine halbe Tasse Mandelmilch, eine geriebene Kugel graue Ambra oder ersatzweise zwei Skrupel einer Mischung aus Vanille und geriebenem schwarzen Pfeffer, ein Enteneigelb, zwei Hühnereigelbe, ein Teelöffel Ingwer, eine halbe kleine Tasse Gebersumachessig, eine Hand voll Sultaninen oder Rosinen, eine Tasse Agrest, eine Prise Anis, eine Prise Guineapfeffer oder ersatzweise langer Pfeffer, zwei Prisen Safran, eine Prise Koriander.

Zubereitung

Ein schönes Rebhuhn, eine Drossel und das Kalbfleisch mit klarem Wasser und zwei Prisen Salz waschen. Mit Feigenblättern trockentupfen.

[20] Bei der Bukkenade, die im mittelalterlichen England gerne gegessen wurde, handelt es sich um in verschiedenen salzigen, süßen oder süßsaueren Soßen gegartes Fleisch.

Das Rebhuhn und die Drossel etwa zwanzig Minuten kochen, dann das Fleisch des Rebhuhns in Streifen schneiden, das der Drossel würfeln. Das rohe Kalbfleisch ebenso würfeln.

Das Fleisch mit dem gehackten gesalzenen Speck, einer fein gehackten Zwiebel und einer in dünne Ringe geschnittenen Lauchstange in eine Kasserolle geben. Unter häufigem Rühren anbraten, nach zwanzig Minuten die Hitze reduzieren.

Nach Bedarf mit Daumen und Mittelfinger salzen. Nun einen duftenden Strauß aus drei zerstoßenen Lorbeerblättern – der Venus geweihte Pflanze der Sonne und der Energie – und zwölf fein gehackten Büscheln Petersilie – diese Pflanze ist Merkur geweiht – hinzufügen.

Der Schutz der Liebesgöttin wird im Verlauf der Zubereitung des Gerichtes noch weiter verstärkt.

Zugedeckt weitergaren lassen.

Währenddessen eine Hand voll in der Asche geröstete und abgezogene Mandeln und das Fleisch eines in Mandelmilch gekochten, abgetropften und von Strunk und Kernen befreiten Apfels im Mörser zerkleinern. Den Brei mit einem Kochlöffel aus hellem Holz umrühren und über das Fleisch geben.

Das Gericht einige Minuten durchziehen lassen, damit es Geschmack annimmt. Die Gunst der Göttin Venus erringt man, wenn man das Gericht mit einer geriebenen Kugel Ambra oder ersatzweise zwei Skrupel einer Mischung aus Vanille und geriebenem schwarzen Pfeffer bestäubt – zwei Gewürze, die der Göttin teuer sind.

Nun ein Enteneigelb und zwei Hühnereigelbe mit dem Schneebesen verschlagen und einen Teelöffel Ingwerpulver sowie eine Hand voll Sultaninen oder ersatzweise Rosinen unterrühren. Die Mischung zum Fleisch in die Kasserolle gießen und die Soße damit binden. Inzwischen eine halbe kleine Tasse Gebersumachessig, eine Prise Anis, die gleiche Menge Guineapfeffer oder ersatzweise eine Prise schwarzen Pfeffer in einer weiteren Schüssel verrühren. Die Mischung über das Gericht gießen.

Die angedickte Soße mit drei Esslöffeln Agrest oder ersatzweise zwei Esslöffeln Zitronensaft verrühren und mit zwei Prisen Safran und einer Prise Koriander verfeinern.

Ein paar Minuten rühren und darauf achten, dass die Soße nicht am Topfboden anhängt oder anbrennt. Inzwischen hat die Mahlzeit die Farbe von gebranntem Ton angenommen.

Kurz warten, dann kann das Gericht serviert werden.

Kommentar

Diese schmackhaften Fleischsorten, die durch die Art der Zubereitung noch nahrhafter werden, wurden so zusammengestellt, dass sie eine starke, anregende Wirkung erzielen. Kalbfleisch wird mit dem Fleisch des Rebhuhns und der Drossel gemischt, deren Eigenschaften in anderen Rezepten erläutert werden.

Ganz offensichtlich hat dieses Gericht einen leicht kannibalistischen Aspekt.

Curnonsky scherzte in *Table et l'Amour*: »Die anregendste Wirkung hat Menschenfleisch, das man heute leider nicht mehr beim Metzger nebenan bekommt – die Zeiten haben sich geändert.«

Buffon bestätigte seinerseits: »Nichts ist der Liebe zuträglicher als Fleisch.«

Doch lassen wir diese Betrachtungen, die eine Unzahl von Gegnern fanden, um die Erörterung der Eigenschaften unseres Rezeptes zu beschließen. Die Kombination aus einem hervorragenden Gericht und den damit verbundenen Empfindungen wird von einer raffinierten Soße begleitet, so dass selbst die überzeugtesten Skeptiker überrascht sein werden, wie gut sich der Leckerbissen für die ins Auge gefassten Ziele eignet.

70 Fleischküchlein

Zutaten

Eine Hand voll Rindfleisch, drei Hand voll Kalbfleisch, zwei Schüsseln klares Wasser, zwei gekochte Eier, ein halbes Pfund gesalzener fetter Speck, zwei Enteneier, drei Büschel Petersilie, zwei gemahlene Körner langer Pfeffer, eine Prise Safran, ungefähr eine halbe geriebene Muskatnuss, ein frisches Hühnerei, zwei Teelöffel Reispulver (ersatzweise kann man eine gekochte und zerdrückte Kartoffel zugeben), zwei schwarze Trüffel, zwei Skrupel Korianderpulver, zwei Stich Butter oder eine Tasse Olivenöl, zwei Knoblauchzehen, eine Prise Pfefferminze, ein halbes Pfund Brotrinde, ein Teelöffel Essig, zwei Unzen geriebener Käse, zwei Prisen Safran, eine Teelöffelspitze Ingwer.

Zubereitung

Dieses Rezept aus dem sechzehnten Jahrhundert wurde von Mägdelein Uther, einer böhmischen Kräuterhexe festgehalten.

Ein etwa drei Hand voll großes Stück Kalbfleisch in klarem Wasser waschen. Falls nötig, auf einem Küchenbrett die Knochen entfernen.

Aus dem Fleisch, zwei gekochten Hühnereiern und einem Stück fettem gesalzenen Speck ein feines Hack herstellen.

Dann in einer Pfanne ein Omelette zubereiten und mit drei Büscheln gehackter Petersilie, zwei frisch gemahlenen Körnern langem Pfeffer, einer Prise Safran und einer knappen halben gemahlenen Muskatnuss würzen.

Das fertige Omelette abkühlen lassen, pürieren und unter den Fleischteig heben.

Zu einer glatten Masse verarbeiten, dann ein weiteres Hühnerei sowie zwei Teelöffel Reispulver hinzugeben (heute kann man es durch eine gekochte und zerdrückte Kartoffel ersetzen) und zwei Unzen geriebenen Käse untermengen.

Den Teig mit den Händen durchkneten und nach und nach mit zwei in Würfel geschnittenen schwarzen Trüffeln aus Böhmen sowie zwei Skrupel Korianderpulver aromatisieren.

Nun den Teig zu Küchlein formen und diese langsam in Kalbsbrühe gar ziehen lassen. Inzwischen in einem weiteren Kessel eine Hand voll Rindfleisch kochen und das Fleisch anschließend im Mörser kräftig zermahlen oder im Mixer zerkleinern, um alle Nervenfasern zu zerstören.

Das zerkleinerte Fleisch mit Brotbröseln vermengen, die mit einem Teelöffel Essig beträufelt wurden, und die Mischung mit einem halben Schöpflöffel Brühe binden.

Während die Fleischküchlein garen, die Rindfleischsoße bei mäßiger Hitze auf den Herd stellen und mit einer Prise Safran sowie einer Teelöffelspitze Ingwer einkochen lassen.

Die fertigen Fleischküchlein warm stellen. Inzwischen ist auch die warme Soße angedickt. Die Fleischküchlein halbieren und dabei jedes Mal laut den Namen des geliebten Menschen nennen und Satanachia anrufen. Die halbierten Fleischküchlein erneut warm stellen.

Nun eine Mistelbeere mit einem Kochlöffel aus hellem Holz zerdrücken. Fünf ganze Weihrauchkörner oder fünf Tropfen Passionsblume, ein Büschel Salbei sowie die Geschlechtsteile eines Hammels dazugeben. Mindestens drei oder vier Minuten mit dem Kochlöffel aus hellem Holz verrühren. Anschließend drei Nelken sowie zwei Tropfen Zimtessenz dazugeben, die Mischung in ein Gefäß geben und sorgfältig verschließen. Nun kann die Zeit den Wünschen nichts anhaben, und die gnädig gestimmten Naturgeister sorgen dafür, dass man mit Beständigkeit jedes Hindernis überwinden kann – auch in der Liebe.

Nun kann man siegessicher gemeinsam mit dem Objekt der Begierde die halbierten Fleischküchlein kosten, die mit der Rindfleischsoße übergossen oder mit Pflaumensoße angerichtet werden. Das Rezept für die Pflaumensoße befindet sich auf den letzten Seiten dieses Buches. Sogar diejenigen, die das Ritual nicht vollziehen, stehen unter Satanachias Schutz.

Es gibt also Grund zu hemmungsloser Freude. In der Tat ist dieses Mahl nur ein Vorgeschmack auf die unbeschreiblichen Wunder, die noch kommen.

Kommentar

Diese Fleischküchlein, die zuerst mit schwarzen Trüffeln aus der Tatra aromatisiert und dann in einer Brühe gekocht werden, die im örtlichen Dialekt *Oukrop* heißt, sollten hervorragend schmecken.

Das Gericht, das mit einer hocharomatischen Soße serviert wird, hat verschiedene positive Wirkungen, wie es nur bei selbst gemachten Spezialitäten der Fall ist.

Im Verlauf des Rituals wird der Dämon Satanachia angerufen, was die Fantasie anregt und ein Gefühl psychologischer Allmacht auslöst, die für den Verführer unerlässlich ist.

Benannt wurde die Passionsblume, die in dem magischen Ritual verwendet wird, nach der Form ihrer Stiele, die an das Symbol der Passion Christi erinnern. Die Passionsblume wird seit undenklichen Zeiten als Beruhigungs- und Schlafmittel eingesetzt. Noch heute ist sie in vielen Rezepturen, besonders in Säften für Kinder und Senioren, enthalten.

Die Sperbe, die wie die Mistel in den Wipfeln anderer Pflanzen wächst und nicht in der Erde verwurzelt ist, gilt ebenfalls als Zauberpflanze. Sie teilt ihren Lebensraum, die Luft, mit den Geistwesen. Hexen haben aus diesem Grund keinerlei Macht über die Sperbe. Wenn sie am Himmelfahrtstag gesammelt wurde, hält sie Hexen sogar fern. Die Druiden bedienten sich ihrer Beeren, um die Geheimnisse der Zukunft zu lüften und Prophezeiungen zu machen.

71 Lachs auf polnische Art

Zutaten

Ein frischer Lachs, eine Hand voll Meersalz, ein Pint klares Wasser, drei Lorbeerblätter, zwei Salbeiblätter, drei oder vier Prisen Salz, zwei Körner langer Pfeffer, zwei Paradieskörner oder ersatzweise schwarzer Pfeffer, zwei Nelken, eine Tasse Apfelessig, ein Pint Rotwein, ein halbes Pfund Zwiebeln, zwei Unzen Lauch, ein Zweiglein Dill, ein Pfund fetter Speck, ein Schöpflöffel von der Marinade, ein Schöpflöffel Fischbrühe, eine Prise Zimtblüte, eine Prise Mazis, ein halber Teelöffel Zucker, zwei Unzen Butter, zwei Trüffel, ein halbes Pfund Mandeln.

Zubereitung

Einen Lachs außen mit Salz abreiben, innen unter fließendem Wasser säubern. Den Kopf abschneiden und mit einem Pint klarem Wasser und einer Prise Salz in einen Topf geben. Mit drei zerstoßenen Lorbeerblättern und zwei Salbeiblättern bei mäßiger Hitze eine Fischbrühe daraus kochen.

Den Fisch in eine Schüssel geben, mit zwei Prisen Salz, zwei Körnern langem Pfeffer, zwei Paradieskörnern oder ersatzweise der gleichen Menge schwarzem Pfeffer sowie zwei zerstoßenen Nelken würzen und zuletzt mit einer halben Tasse Apfelessig sowie einem Pint Rotwein übergießen.

Eine halbe Stunde marinieren.

Unterdessen in einem Topf ein Bett aus gehacktem fetten Speck, einem halben Pfund sehr dünn geschnittenen Zwiebeln, zwei Unzen klein gehacktem Lauch und einem kleinen, in vier Teile gebrochenen Dillzweiglein vorbereiten.

Wenn der Speck ausgelassen ist und das Gemüse zu duften beginnt, den Fisch aus der Marinade nehmen und in den Topf legen. Nach etwa fünf Minuten wenden, so dass die Haut etwas anbräunt und der Lachs gleichzeitig das Aroma annimmt.

Nun nach und nach etwas von der Marinade aufgießen.

Bei sanfter Hitze zugedeckt etwa zwanzig Minuten kochen lassen. Den Bratenfond bei Bedarf zusätzlich mit etwas Marinade verlängern.

Nach Ablauf der Kochzeit schrittweise ein paar Esslöffel Fischbrühe unter die Soße rühren und diese mit einer Prise Zimtblüte sowie der gleichen Menge Mazis würzen. Langsam einkochen lassen.

Den Lachs auf eine große Platte legen.

Nun bei sanfter Hitze eine weitere Soße zubereiten: Einen Teelöffel Zucker in gut ein Drittel Liter[21] Apfelessig auflösen.

Die Bratensoße durchseihen und nur die Hälfte davon unter die Soße rühren.

Die Temperatur leicht erhöhen und die Soße mit zwei Unzen Butter verfeinern. Sodann mit zwei in kleine Stücke geschnittenen Trüffeln und einem halben Pfund unter der Asche gerösteten, abgezogenen und blättrig geschnittenen Mandeln verfeinern.

Rühren, bis die Soße sämig ist. Etwas Soße über den Lachs geben, den Rest davon in ein geeignetes Gefäß gießen.

Nachdem der Lachs bei Tisch portioniert wurde, reicht man die Soße.

Wertvoller Hinweis

Es handelt sich hier um ein recht wirkungsvolles Ritual, das sowohl Katharina von Medici als auch Rudolf von Habsburg, König von Böhmen, ausprobiert haben.

Einen Tag vor dem Genuss des oben beschriebenen Gerichtes begibt man sich auf eine Lichtung und entzündet dort ein Feuer.

Mit einem Stock oder einem Haselnusszweig zieht man zuerst einen magischen Kreis um das kleine Feuer, dann zeichnet man zwei Herzen auf ein Fleckchen Erde, das

[21] Ein cossa entspricht in etwa 0,35 Liter.

man zuvor mit Ziegenmilch oder dem frühmorgens von einer Rose gesammelten Tau gesegnet hat.

Anschließend wirft man eine gute Hand voll Schwefel ins Feuer und spricht in die auflodernden Flammen: »Asmodeo, accende flammam amoris.« Dann denkt man intensiv an den geliebten Menschen und verbindet die Herzen mit einem Pfeil, der in beide Richtungen zeigt.

Sodann schlägt man drei Mal mit dem Haselstecken auf die brennenden Holzscheite und fährt fort: »Infonde, Asmodeo, amorem cordibus.«

Zuletzt beschriftet man die Herzen mit dem eigenen Namen und dem des Objektes der Begierde und wispert: »Cor meum vigilat in amore pro ...«, und fügt den Namen des Geliebten ein, den man eben erst auf den Boden geschrieben hat.

Nun kreist man drei Mal um das Feuer, ohne den magischen Kreis zu berühren oder ihn zu verlassen. Wenn ein Windhauch ein klitzekleines Stück eines brennenden Scheites oder gar einen Funken auf die Zeichnung auf dem Boden trägt, kann man sicher sein, dass in Kürze auch der andere rettungslos dem Gefühl verfallen ist, von dem man selbst durchdrungen ist.

Kommentar

Lachs schmeckt frisch, geräuchert oder gesalzen. Er wirkt kräftigend und fördert den Beischlaf.

Lachsfleisch ist sehr aromatisch und wirkt stark blutstauend, besonders wenn man es – wie in diesem Fall – mit den verschiedensten Zutaten, unter anderem einer Fischbrühe, zubereitet. Auf diese Weise wird seine Wirkung aufs Äußerste gesteigert. Die Haut des Lachses nimmt bei der beschriebenen Garmethode die Aromen an, was das Gericht noch wirkungsvoller macht.

Der Salbei, das Heilkraut mit den samtigen Blättern, das seiner heilenden Wirkung auch seinen Namen verdankt (ital. *che salva,* dt. *das heilt*), verleiht dem Gericht sein zartes Aroma.

Dazu kommt ein magisches Ritual, das angeblich von zwei für ihr erotisches Hexenwissen bekannten Souveränen getestet wurde. Katharina von Medici, die sehr lange als Königin über Frankreich herrschte, brachte die raffinierte toskanische Küche sowie die Kunst, eine Tafel mit den verschiedensten Köstlichkeiten festlich zu schmücken, mit Hilfe der Köche in ihrem Gefolge von Florenz nach Frankreich. Von dort aus gelangte sie – mit einigen Abwandlungen – als »französische Küche« in alle Welt. Katharina hatte auch gelehrte Alchemisten und Experten für giftige Substanzen sowie ihre Gegenmittel in ihrem Tross. So war sie in der Lage, Gifte zu ihren Zwecken einzusetzen, die bis dato in Frankreich unbekannt waren. Es ist erwiesen, dass sie nicht einmal vor den heimtückischsten Giften und ihren Antidoten zurückschreckte und das Wissen darüber an ihre Vertrauten weitergab.

Rudolf von Habsburg, erster böhmischer König und deutscher Kaiser, liebte Prag so sehr, dass er seinen Herrschaftssitz dorthin verlegte und auf diese Weise mit den magischen Zusammenkünften und Hexenzirkeln in Berührung kam, die dort blühten.

Eine Lichtung ist der Schauplatz für den magischen Kreis dieses komplexen Rituals. Dort entzündet man ein kleines Feuer, lässt es mit Hilfe von Schwefel auflodern und schickt ein Stoßgebet zu Asmodeus, einem Dämon. Diese Wünsche, die sich in der Aura eines Menschen festsetzen, können nicht umhin, das Verlangen nach dem geliebten Menschen zu stärken. Im Gegenteil, die personalisierte psychische Projektion könnte sich in eine Art

Lockruf verwandeln, dem man sich ebenso wenig entziehen kann wie dem Gesang der Sirenen in der *Odyssee* – aber das ist eine andere Geschichte.

72 Lukullusdrosseln

Zutaten

Zwei Drosseln, zwei schwarze Trüffel, eine halbe geriebene Muskatnuss, zwei oder drei Prisen Salz, das Fruchtfleisch von drei Datteln, eine Prise Kardamom, ein Entenei, eine Tasse trockener Weißwein, zwei geröstete Brotscheiben, drei Stich Butter oder ersatzweise eine Hand voll fetter Speck, eine kleine Tasse Öl, ein Teelöffel geröstete, abgezogenen und blättrig geschnittene Mandeln.

Zubereitung

Zwei Drosseln ausnehmen, absengen, waschen und mit Walnussblättern trockentupfen.

Dann mit einer Farce aus zwei Trüffeln, einer knappen halben geriebenen Muskatnuss, zwei oder drei Prisen Salz, dem zerkleinerten Fruchtfleisch von drei Datteln, einem Teelöffel Mandelblättchen und einer Prise Kardamom füllen. Die Zutaten für die Füllung gut verrühren und ein Enteneigelb dazugeben. Die Farce verkneten und die Vögel damit füllen.

Die Drosseln mit Zwirn zunähen, in einen kleinen Topf legen und bei kräftiger Hitze in drei Stich Butter oder ersatzweise einer Handvoll Speck und einer halben Tasse Olivenöl anbraten.

Bei mäßiger Hitze mindestens eine halbe Stunde weiterbraten.

Anschließend nach und nach mit dem trockenen Weißwein aufgießen. Die Drosseln häufig wenden, damit sie rundum braun werden.

Nach Ablauf der Garzeit die Vögel auf je eine angeröstete Brotscheibe legen, die zuvor mit einem Teelöffel Olivenöl beträufelt und auf einem Teller angerichtet wurde.

Die Soße in der Zwischenzeit gut einkochen lassen und durch ein Sieb passieren.

Die Brotscheiben mitsamt den Drosseln mit der kurz zuvor passierten Soße übergießen.

Das Gericht wird warm verzehrt. Man sollte nicht vergessen, dass zwei Seelen in der Brust eines jeden Menschen schlummern – eine weibliche und eine männliche. Um wahrhaft verführerisch zu sein, muss man manchmal beiden Genüge tun.

Kommentar

Lucius Licinius Lucullus wurde im Jahre 106 vor Christus geboren. Er war Politiker und ein angesehener römischer Feldherr, besiegte Mithridates, König von Pontus, und eroberte für Rom die asiatischen Provinzen zurück. Gerade als ihm der endgültige Sieg sicher schien, war er 66 vor Christus auf Grund von Intrigen gezwungen, sich aus dem Krieg zurückzuziehen. Lukull war eine bedeutende Persönlichkeit und häufte unter anderem ein riesiges Vermögen an. Bekannt wurde er aber vor allem als größter Gastronom seiner Zeit. Er reformierte die Fischzucht an der tyrrhenischen Küste, machte den Kirschbaum in Italien heimisch und wurde zu einem der größten Kirschlieferanten. Darüber hinaus setzte er sich sehr dafür ein, hellenistische und orientalische Kultur und Gepränge in Rom einzuführen.

Wie man sich erzählt, schickte er eines schönen Morgens nach seinem Küchenchef, einem Sklaven, um drei Stunden lang mit ihm ein erlesenes Menü zu besprechen. Schließlich konnte der Koch seine Neugier nicht länger bezähmen und sagte: »Herr, straft meine Dreistigkeit, aber sagt mir, ich bitte Euch, wer der wichtige Gast ist, für den wir diese Mahlzeit planen, die ich noch heute zubereiten werde.« Lächelnd erwiderte der Soldat und Gastronom: »Der wichtigste Gast, den man sich denken kann, hodie Lucullus cum Luccullo edit (heute speist Lukull mit Lukull).«

Für seine Verdienste ging Lukull zu Recht als gefeierter Gastronom und Feinschmecker in die Geschichte ein. Drosseln waren sein Lieblingsgeflügel, und er kreierte verschiedene Drosselrezepte. Das zarte und gleichzeitig fette Fleisch dieses kleinen Vogels passt zweifellos sehr gut zu Trüffeln, Gewürzen und Essenzen.

Das Bett aus Brotscheiben und die pikante, darüber geträufelte Soße vervollständigen den Genuss: Man könnte dieser Köstlichkeit durchaus zutrauen, beide Teile der menschlichen Seele zu erschließen.

73 Delikater Stör

Zutaten

Zwei Scheiben vom Stör, ein Pfund fetter Speck, zwei Prisen Salz, eine halbe Tasse Agrest oder der mit etwas Weißwein verlängerte Saft einer Zitrone, sechs Scheiben schwarze Trüffel (insgesamt etwa ein Pfund), eine Tasse Weißwein, ein Teelöffel Zucker, zwei gemahlene schwarze Pfefferkörner, vier Flusskrebse, acht kleine Kraken, ein Schöpflöffel aromatische Brühe, eine halbe Hand voll Mandeln, ein Viertel einer geriebenen Muskatnuss, eine Prise Safran, ein Stich Butter.

Zubereitung

Zwei etwa zwei Finger breite Scheiben vom Stör in einen Bräter auf ein Bett aus einem Pfund fettem Speck legen. Den Bräter bei sanfter Hitze auf den Herd stellen. Mit zwei Prisen Salz und einer halben Tasse Weißwein würzen. Zugedeckt garen lassen, bis der Fisch sich zu erwärmen beginnt.

Nun den Bräter – natürlich ohne den Deckel – etwa eine Viertelstunde bei mittlerer Hitze in den Ofen stellen. Den Bratenfond von Zeit zu Zeit sorgfältig mit einigen Esslöffeln Agrest oder der gleichen Menge mit Weißwein gemischtem Zitronensaft aufgießen.

Die goldbraunen Störscheiben auf eine große Platte legen und jede mit drei schwarzen Trüffelscheiben belegen.

Einen knappen Teelöffel Zucker in eine knappe halbe Tasse Agrest (siehe *Zutaten*) rühren. Die Flüssigkeit erhitzen und mit zwei frisch gemahlenen schwarzen Pfefferkörnern würzen. Kurz darauf einige Flusskrebse sowie acht kleine Kraken in den Sud geben. Zwanzig Minuten köcheln lassen.

Dann den Bräter mit dem Bratenfond vom Stör erneut bei sanfter Hitze auf den Herd stellen. Erwärmen und mit einem Schöpflöffel der soeben hergestellten süßsauren Brühe aufgießen. Die Soße etwas einkochen lassen, dann die Temperatur erhöhen und eine weitere halbe Tasse Weißwein dazugeben.

Schließlich mit einer halben Hand voll gehackten Mandeln andicken und mit einem Viertel einer geriebenen Muskatnuss sowie einer Prise Safran würzen.

Die Zutaten gut verrühren und einen Stich Butter daruntergeben. Nun die Mischung unter ständigem Rühren mit einem Holzlöffel zu einer dicken Soße einkochen.

Die Flusskrebse und die geschnittenen Kraken neben den Störscheiben auf der Platte anrichten. Etwas von der heißen Soße über die mit Trüffelscheiben dekorierten Fischscheiben geben.

Die übrige Soße wird bei Tisch mit dem Gericht serviert.

Kommentar

Der Stör, ein Meeresfisch mit fettem Fleisch, der auch in Flüssen und Seen lebt, galt seit jeher als Aphrodisiakum. Wie dieses Rezept zeigt, passt er gut zu schwarzen Trüffeln, Agrest mit Zimt, langem Pfeffer, Flusskrebsen und Kraken. Die Gewürze und die Soße runden die Mahlzeit ab.

Angeblich kostete der ägyptische Pharao Cheops, der die größte Pyramide bauen ließ, das Fleisch des Störs als Erster. Der Stör ist zwar ein Meeresfisch, lebt aber im Süßwasser. Die besten Störe fängt man in Flüssen wie der Wolga; früher gab es sie auch noch in den italienischen Flüssen Po und Tiber, wo sie besonders groß und schmackhaft waren. Der Stör galt bereits in der Antike bei Ärzten und Gelehrten als sehr gehaltvolles Nahrungsmittel, das auch die Arterien erfrischte. Er wurde zudem zur Potenzsteigerung eingesetzt, weshalb Störmahlzeiten sich großer Beliebtheit erfreuten und noch erfreuen. Sein Rogen, der Kaviar, wird roh oder gekocht verzehrt. Er erfreut den Gaumen, regt den Appetit an und löst nicht nur Durst, sondern auch sexuelles Verlangen aus.

74 Neunauge zu Ehren von Simon dem Zauberer

Zutaten

Ein Neunauge, eine Hand voll grobes Salz, zwei Unzen fetter Speck, zwei Schalotten, ein Zweig Dill, eine Prise Guineapfeffer, eine Hand voll weißes Mehl, ein halber Schöpflöffel Weißwein, eine Prise Salz, eine Prise Ingwer, eine Prise geriebene graue Ambra, eine Teelöffelspitze Zucker, ein Skrupel geriebene Muskatnuss, drei Prisen Safranfäden, ein halbes Glas trockener Weißwein, zwei Pflaumen, zwei Datteln.

Zubereitung

Zwei Unzen fetten Speck, zwei fein gehackte Schalotten, einen zerriebenen Zweig Dill und eine Prise Guineapfeffer oder ersatzweise zwei frisch gemahlene schwarze Pfefferkörner bei sanfter Hitze in der Pfanne anbraten.

Ein bereits gehäutetes Neunauge mit Meersalz waschen. In Stücke schneiden und mit Kirsch- oder Feigenblättern trockentupfen.

Die Stücke mit Mehl bestäuben und in die Pfanne legen. Die angebräunten Fischstücke mit einem halben Schöpflöffel Weißwein ablöschen. Salzen und mit einer Prise Ingwer, einer Prise geriebene graue Ambra oder einer Prise Zimtpulver, einer Teelöffelspitze Zucker, einem Skrupel geriebener Muskatnuss und drei Prisen Safran, nach Möglichkeit in Fäden, würzen. Den Deckel auf die Pfanne geben und den Fisch zehn Minuten garen.

Nach Ablauf der Garzeit ein knappes halbes Glas trockenen Weißwein aufgießen, das mit dem zerdrückten Fruchtfleisch von zwei Pflaumen und dem weichen, ebenfalls pürierten Fleisch der beiden Datteln verrührt wurde.

Den Bratenfond bei sanfter Hitze einkochen lassen. Servieren.

Kann es, nach dem Genuss eines derart anregenden Leckerbissens, ein Geheimnis geben, das in der Liebe unwiderstehlich macht?

In einem magischen Kreis, den man mit einem Zweig aus Zitrusholz oder Walnussholz gezogen hat, beschwört man zwei Wochen lang die Geister der Unterwelt, oder besser, die schwarzen Cherubim.

An den darauf folgenden Abenden sollte man versuchen, mit beiden Armen eng an die Seiten des Körpers gepresst einzuschlafen, fünf Fenchelsamen in jeder Faust. Man sollte genau siebeneinhalb Stunden so liegen bleiben. Das sind halb so viele Stunden wie Geister, um deren Schutz man gebeten hat.

Wer diese Regeln befolgt, sollte unbedingt sofort bei Sonnenaufgang aufstehen und das Bett zur linken Seite verlassen.

Anschließend trinkt man fünf Tropfen Wasser aus einem Glas und kaut vier Fenchelsamen. Die restlichen Fenchelsamen werden am nächsten Abend wieder verwendet.

Unterstützt von den Geistern der Unterwelt und den schwarzen Cherubim sorgen diese Rituale dafür, dass sich eine Reihe von Gelegenheiten bietet, das Verlangen zu stillen.

Kommentar

Sowohl das neue Testament als auch zeitgenössische Chronisten erwähnen Simon den Zauberer, eine wichtige Persönlichkeit aus der Zeit der ersten Christen. Wie die Apostelgeschichte berichtet, lebte Simon im Jahr 37 in der Stadt Samaria, als Philippus aus Jerusalem kam, um die

Lehre Christi zu predigen: Simon genoss in seiner Stadt großes Ansehen, denn er hatte mit seiner Zauberkunst sehr viele Anhänger gewonnen. Nachdem er die Predigten gehört und die Wunder gesehen hatte, bei denen er Philippus zur Hand gegangen war, ließ Simon sich taufen.

Später kamen die Apostel Petrus und Johannes nach Samaria, um die neuen Gläubigen zu firmen, damit diese durch das Auflegen ihrer Hände den Heiligen Geist empfingen. Simon bot ihnen Geld, dass auch ihm die Gabe des Handauflegens zuteil werden möge. Diese Geschichte ist der Ursprung des Begriffs der »Simonie«, der den Kauf von geistlichen Ämtern oder Dingen bezeichnet. Petrus aber wies Simon zurück und trug ihm auf, Buße zu tun, weshalb Simon versuchte, sich den Aposteln anzuempfehlen, um einer Strafe zu entgehen. Simon, der Zauberer, wird im Neuen Testament nur dieses eine Mal erwähnt.

In der alten christlichen Literatur finden sich viele weitere Hinweise auf den Zauberer Simon. Justin zufolge wurde er in Gittai geboren, einer kleinen Stadt bei Nablus. Zur Zeit von Kaiser Claudius gelangte er nach Rom, wo er dank seiner magischen Künste eine große Gefolgschaft um sich scharte. Wie man liest, war er nicht allein, sondern in Begleitung von Helena aus Tyrus, einer Frau von zweifelhaftem Ruf, die Simon, die »Große Kraft«, als »Erste Idee« befreit hatte. Mit anderen Worten: Helena war vom Teufel besessen, der nicht nur von ihr, sondern nach und nach auch von anderen Menschen Besitz ergriff. Doch zurück zu Simon. Er soll eine gnostische Lehre aus dem Osten verbreitet haben, wonach er der erste Äon oder die erste Emanation, der Vorläufer einer primitiven Gottheit war; das Wort, der Paraklet, der allmächtige Gott.

Irenäus zufolge behauptete Simon, in drei verschiedenen Formen erschienen zu sein: in Judäa als Sohn (Gottes), in Samaria als Vater und den Heiden als Heiliger Geist.

Die Petrusakten enthalten eine Legende, die jeglicher geschichtlicher Grundlage entbehrt, wonach Simon Petrus und Paulus in Rom herausgefordert haben soll. Simon wollte Nero von seinen magischen Kräften überzeugen und bot an, auf dem Forum Romanum allein durch die Kraft seiner Magie in den Himmel aufzusteigen. Doch die Gebete der beiden Apostel machten jegliche Magie zunichte. So wurden die Anwesenden nicht Zeugen des Auffahrens Simons, sondern seines Falls. Er stürzte zu Boden und starb kurz darauf in tiefer Verzweiflung (im Vatikan kann man diese Szene als hervorragendes Fresco von Raffael in den Loggien bewundern).

Diese Gedanken zum Neunauge stammen aus dem bereits zitierten *Buch vom gesunden Leben*: »Dieser Fisch ist kalt und feucht. Je weißer sein Fleisch, desto besser ist er. Er hilft, Samenproduktion und Geschlechtstrieb anzuregen, aber schadet jenen, die zu Koliken neigen. Dies kann man vermeiden, wenn man die Umsicht besitzt, ihn in Aspik einzulegen. Die Römer nannten ihn *mustella*, die Griechen *galexia*, und in Toulouse, wo er in großen Mengen verkauft wurde, hieß er *chatillon*.«

In dem vorliegenden Rezept wird der Fisch auf eine raffinierte Art und Weise zubereitet, welche die kleinsten Besonderheiten hervorzuheben scheint. Noch magischer wird das Gericht durch die Beschwörung und das Ritual, die zweifellos beide eine psychologische Wirkung haben. Weiter steht im *Buch vom gesunden Leben* über die Ambra: »Heiß und trocken. Sie soll grau, leicht und fett sein. Sie stärkt das Herz und die Geisteskräfte. Sie schadet Leuten, die zu Kopfschmerzen neigen. Gegen diese hilft das Einatmen von Kampfer oder Alkanna.«

Avicenna und Serapion sind wie das *Buch vom gesunden Leben* der Ansicht, dass es sich bei der Ambra nicht um Fischkot handelt. Sie meinen, die Ambra diene einem an der Wasseroberfläche lebenden Fisch als Nahrung und werde nach dessen Tod aus seinem Bauch zurückgewonnen. Die Arzneimittelkunde schrieb der Ambra eine krampflösende und deutlich aphrodisierende Wirkung zu.

Man mischte graue Ambra in verschiedene Essenzen oder in das Heilpulver des Nicola di Salerno, dessen Verwendungszweck verloren gegangen sein soll.

»Der Guineapfeffer ist« – zu guter Letzt – »kalt und trocken. Am besten ist der weiße. Er eignet sich besonders für auf dem Land lebende Tiere und Schweine, kann jedoch Blähungen und Melancholie auslösen. Dies lässt sich beheben, indem man Gewürze beimischt, die fröhlich machen. In Rotwein getrunken, beenden seine Blüten die Menstruationsblutung und stärken den Geschlechtstrieb« (*Buch vom gesunden Leben*).

75 Gefüllte Hirschkeule

Zutaten

Eine Hirschkeule ohne Knochen, zwei Pfund fetter Speck, zwei Pfund Bärenschinken, eine halbe Hand voll Petersilie, fünf Prisen Salz, drei gemahlene schwarze Pfefferkörner, etwas gemahlene Muskatnuss, ein Entenei, ein Hühnerei oder ersatzweise zwei Hühnereier, ein Teelöffel Reispulver, der Saft eines hell gezeichneten Granatapfels, ein halber Teelöffel Zucker, ein Schweinenetz, zwei Pfund Schweineschmalz, das man auch durch drei Tassen Olivenöl ersetzen kann, zwei Prisen Ingwer, ein halbes Glas Rotwein, ein halbes Glas Agrest oder ersatzweise der zu gleichen Teilen mit Weißwein vermischte Saft einer Zitrone.

Zutaten für die Soße

Eine Zwiebel, drei Nelken, sechs Lorbeerblätter, ein halbes kleines Glas Essig, ein Esslöffel weißes Mehl, ein halber Schöpflöffel Hühnerbrühe, eine Hand voll Kapern, eine Tasse Johannisbeeren, eine Tasse Himbeeren, eine Tasse Heidelbeeren.

Zubereitung

Das Fleisch der Hirschkeule vom Knochen lösen, dabei darauf achten, dass ein Rest am Mittelknochen zurückbleibt.

Die Fleischreste ebenfalls vom Knochen entfernen und mit zwei Pfund fettem Speck, der gleichen Menge Bärenschinken und einer halben Hand voll Petersilie zu Hack verarbeiten.

Die Mischung in einen großen Topf geben, mit zwei Prisen Salz, drei schwarzen Pfefferkörnern und etwas Muskatnuss würzen. Alle drei Zutaten mahlen. Ein Enten- und ein Hühnerei oder ersatzweise zwei Hühnereier, einen Esslöffel Reispulver, den Saft eines hell gezeichneten Granatapfels[22] sowie einen halben Teelöffel Zucker zur Farce geben.

Zu einer kompakten Füllung verarbeiten und in die

[22] Ein hell gezeichneter Granatapfel ist reif, wenn er süß und zugleich herb schmeckt.

ausgehöhlte Keule geben. Die Öffnung sorgfältig zunähen, das Keulenstück in ein Schweinenetz wickeln und die Maschen mit Zwirn zusammenbinden.

Anschließend die Keule mit dem Schweineschmalz oder drei Tassen Olivenöl in den Topf legen. Bei mäßiger Hitze anbraten und etwa eine Stunde später mit zwei Prisen Salz und der gleichen Menge Ingwer würzen.

Nun das Hirschfleisch zugedeckt eine weitere halbe Stunde braten. Häufig wenden, damit es schön braun wird.

Nach und nach mit einem halben Glas Rotwein und einem halben Glas Agrest, das man durch den zu gleichen Teilen mit Weißwein gemischten Saft einer Zitrone ersetzen kann, ablöschen.

Wenn die Flüssigkeit verdampft, die Temperatur etwas erhöhen. Dabei darauf achten, dass der Bratenfond nicht anbrennt. Man sollte das Gericht deshalb in der letzten halben Stunde nicht aus den Augen lassen und das Hirschfleisch häufig mit dem eigenen Bratensaft übergießen.

Sehr heiß mit einer Soße aus Waldfrüchten servieren, die folgendermaßen zubereitet wird: Eine in Ringe geschnittene Zwiebel, drei gemahlene Nelken sowie sechs mit Daumen und Mittelfinger der linken Hand zerriebene Lorbeerblätter bei kräftiger Hitze mit einem halben kleinen Glas Essig und einem Teelöffel weißem Mehl in einen Topf geben. Ein paar Minuten köcheln lassen, damit sich das Mehl auflöst und sich keine Klumpen bilden.

Die Soße mit einem halben Schöpflöffel Hühnerbrühe und einer Hand voll gesalzenen und gut abgetropften Kapern verfeinern.

Gut umrühren und eine Tasse zerdrückte Johannisbeeren, eine Tasse zerdrückte Himbeeren und die gleiche Menge zerdrückte Heidelbeeren dazugeben.

Bei sanfter Hitze einkochen lassen. Die Soße im Wasserbad servieren, damit sie heiß bleibt.

Es wird sich erweisen, dass der unvergleichliche Augenblick die Seelen entflammt.

Kommentar

Es handelt sich hier um ein süßsaures Gericht. Der Hirsch besitzt ein zähes Fleisch, das allerdings im Mittelalter hoch geschätzt wurde: »Ein sehr schweres und melancholisches Nahrungsmittel. Je älter das Tier ist, desto stärker kommt diese Eigenschaft zum Ausdruck. Das Fleisch der Jungen, die noch von der Muttermilch leben oder die sich noch im Wachstum befinden, ist leidlich. Das Fleisch eines bereits sehr früh kastrierten Hirschen soll ausgezeichnet schmecken. Eine Hirschkuh ist acht Monate lang trächtig und bringt ihre Jungen aus Angst vor wilden Tieren auf den Straßen zur Welt. Wenn die Zeit der Geburt naht, fressen die Weibchen das *Herba Sefeli*, das ihnen die Geburt erleichtert und sie reinigt. Die Neugeborenen können sofort laufen. Die Hirschen werfen ihr Geweih jedes Jahr an unzugänglichen Orten ab. Tiere, die kastriert werden, noch bevor sie ihr erstes Geweih bekommen haben, bleiben für immer ohne« (Latini). Dies zeigt, dass zwischen dem Geweih und den männlichen Sexualhormonen eine enge Verbindung besteht und ohne Hormone kein Geweih wächst.

Früher glaubte man, alle Tiere würden fliehen, wenn man das Geweih eines Hirschen verbrannte. Das Hirschhornpulver galt nicht nur in den zurückliegenden Jahrhunderten, sondern bis heute als wirkungsvolles Aphrodisiakum.

Wenn man den Texten aus dem späten Mittelalter Glauben schenkt, erhöhte der Genuss von Hirschfleisch am

Morgen die Lebenserwartung. Aß man es am Abend, verkürzte man sein Leben. Baldassare Pisanelli empfahl, dass »die Hirschen sehr jung, nach Möglichkeit noch im Milchalter, und natürlich kastriert sind. Dann ist ihr Fleisch in der Tat hervorragend. Wenn sie jedoch erwachsen oder noch älter sind, ist ihr Fleisch schwer verdaulich. Es wird genießbar, wenn man es zusammen mit dem Fleisch fetter Tiere und Speck zu einer Pastete verarbeitet. Hirschfleisch ist ein heißes Nahrungsmittel ersten Grades und ein trockenes Nahrungsmittel zweiten Grades.«

Beachtung verdienen in unserem Rezept auch die Kapern, die in Essig und Salz eingelegt sehr würzig schmecken und den Beischlaf fördern. Kapern sind heiß und trocken im dritten Grad. Sie wachsen in unwegsamem Gelände, vorzugsweise zwischen Häuserruinen. Angeblich sind sie am besten frisch, zart und klein. Sie sind in der Lage, sowohl die Harn- als auch die Samenflüssigkeit zu vermehren. Allerdings können sie auch schaden, dann hat man Blut und Sperma im Urin. Diese Unpässlichkeit lässt sich beheben, indem man Essig zu sich nimmt (das *Buch vom gesunden Leben*).

76 Milz, Schweinsohren und Schnauze zum Beltane-Fest

Zutaten

Schweinemilz, Schweinsohren und Schweineschnauze oder ersatzweise zwei Schweinsfüße, eine Hand voll Meersalz, fünf Lorbeerblätter, zwei Nelken, drei Tassen Weißwein, zwei zerstoßene schwarze Pfefferkörner, eine Hand voll fetter Speck oder ersatzweise eine halbe kleine

Tasse Olivenöl, sieben Prisen Salz, eine halbe Tasse Essig, eine gute Hand voll Bärenschinken, ein knapper Teelöffel Zucker, eine halbe Kugel graue Ambra, ein Skrupel Kreuzkümmel, die gleiche Menge Zimt, ein Skrupel Fenchel, ein halbes Glas Birnen- oder Zwetschgenschnaps, der Saft eines Granatapfels, eine gute Hand voll Himbeeren.

Zubereitung

Für dieses Gericht, das für das genannte Beltane-Fest der Druiden typisch ist, verwendet man Milz, Ohren und Schnauze eines Schweins. Letztere galt früher als außerordentliche Delikatesse, heute kann man sie auch durch Schweinsfüße ersetzen. Wir geben hier ein Rezept wieder, das aus einem späteren Manuskript stammt.

Eine Schweinemilz sorgfältig häuten. Die Schweinsohren und die Schnauze oder die Schweinsfüße eine Stunde lang in Salzwasser kochen. Mit zwei Hand voll grobem Salz abreiben, dann werden sie besonders zart. Anschließend auch die Milz mit dem Salz abreiben. Milz, Füße, Ohren und Schnauze in eine Schüssel legen, mit drei Tassen Weißwein und einer halben Tasse Essig übergießen und fünf zerstoßene Lorbeerblätter, zwei Nelken sowie die gleiche Menge frisch gemahlenen schwarzen Pfeffer dazugeben. Etwa eine Viertelstunde ruhen lassen.

Nach dem Beizen die Fleischteile mit einem Löffel aus altem Holz von allem befreien, was daran haftet.

Eine Hand voll fetten Speck bei geringer Hitze in einem großen Topf auslassen.

Inzwischen die Milz in Stücke schneiden und diese an der Oberfläche jeweils einmal längs und einmal quer einschneiden. Die Stücke zum ausgelassenen Speck geben und mit ein paar Prisen Salz, einer Prise gemahlenem

Zimt, einer guten Hand voll Bärenschinken und einem knappen Teelöffel Zucker würzen. Wer möchte, kann noch eine halbe geriebene Kugel Ambra hinzugeben. Zugedeckt braten lassen, dabei häufig umrühren.

Unterdessen ein Skrupel Kreuzkümmelsamen und die gleiche Menge Fenchelsamen im Mörser zerstoßen. Die Gewürze in ein halbes Glas Birnen- oder Zwetschgenschnaps geben.

Die Mischung sorgfältig umrühren und über die Fleischstücke geben, die inzwischen langsam anbräunen sollten. Die Milz muss vollständig zerkochen, um so den restlichen Zutaten (Schnauze, Ohren oder Schweinsfüßen) Geschmack zu geben und sie zu binden.

Wenn eine homogene Mischung entstanden ist, die nur noch ungefähr ein Viertel der ursprünglichen Menge ausmacht, den Saft eines ausgepressten Granatapfels und eine Hand voll zerdrückte Himbeeren hinzugeben.

Bei sanfter Hitze fertig garen.

Dieses außerordentlich stärkende Gericht wird warm serviert.

Nach dem Mahl sind Exzesse jeder Art erlaubt – vorausgesetzt, man betrachtet sie als Spiel.

Kommentar

Beltane ist das Frühjahrsfest der Druiden. Bis auf Galatia und das südliche Gallien waren die Druiden überall in der keltischen Welt verbreitet. Ihre wichtigsten Standorte waren Irland, Britannien und Gallien.

In der Tat stellt sich die Frage, ob die Kultur der Druiden der keltischen Kultur vorausging. Viele Historiker behaupten ohne schlagende Beweise, die Druiden stammten von den Erbauern der *Dolmen* ab, jener charakteristischen Megalith-Bauwerke, für die das englische

Stonehenge eines der wichtigsten Beispiele ist. Angeblich breitete sich das Druidentum nicht von einem zentralen Punkt aus, sondern entstand auf Grund wechselseitiger Einflüsse an vielen Orten gleichzeitig.

Die Druiden

Bei den Druiden handelte es sich nicht um eine Kaste, sondern um eine für Laien offene Gruppe. Sie hatten drei Aufgaben, die wir im Anschluss benennen werden, und in jedem Ort gab es ein Oberhaupt. Sie waren hierarchisch strukturiert. Vermutlich richtete sich die Stellung des Einzelnen nach seiner Abstammung und seiner Funktion. Die Druiden waren vor allem Priester, die zwar bei Opfern mitwirkten, denen es jedoch nicht gelang, sich bei diesen praktischen Ritualen unentbehrlich zu machen. Wir wissen lediglich etwas über die von Plinius beschriebenen Menschenopfer und das Sammeln von Misteln. Zudem hatten sie bei den großen religiösen Versammlungen in Lyon (Gallien) und Mona (Britannien), der heutigen Insel Anglesey, den Vorsitz. Weibliche Druiden gab es nur in Irland. Sie besaßen politische und juristische Macht und hatten offenbar ein Mitspracherecht bei der Wahl des Königs, das sie jedoch später an Richter und Rechtsgelehrte verloren.

In Irland waren die Druiden zudem die Erzieher der Jugend. Um den Druiden Cathbad hatte sich, ähnlich der Wehrausbildung in Athen und der Ausbildung der Spartaner, eine Gruppe junger Männer geschart. Sie erhielten eine militärische Ausbildung, die wie in Melanesien mit einer Initiation endete und von philosophischen und religiösen Lehren ergänzt wurde.

Aber die Druiden waren auch Seher, und da sie um die Heilkraft der Pflanzen wussten, waren sie – genau wie ihre direkten Nachfahren, die Kräuterhexen des Mittelalters – Heilkundige.

»Die Milz ist« – wie im *Trattato dei cibi e del bere* des Bologneser Arztes Baldassare Pisanelli zu lesen ist – »schwer verdaulich und nicht besonders bekömmlich: Am besten ist noch die Milz des Schweins. Sie enthält sehr viel Blut und stärkt deshalb besonders an Blutarmut leidende Menschen.«

Die Wirkung von Schweinefleisch wird in einem anderen Rezept erörtert.

Zubereitung, Soße und Gewürze machen das Gericht ganz besonders schmackhaft, das laut Angaben seiner Erfinderin eine sehr stark sexuell anregende Wirkung haben soll.

77 Altes Straßburger Gänseleberrezept

Zutaten

Sechzig Gänselebern, zehn schwarze Trüffel, sieben Prisen Salz, drei zerstoßene schwarze Pfefferkörner, eine Prise Ingwer, vier kleine Gläser Aquavit aus der Charente, eine halbe Tasse Agrest oder die gleiche Menge Apfelessig, sechs Hand voll Schweinefilet oder ersatzweise sechs Handvoll Speck, drei Gläser Weißwein, ein halbes Pfund Butter, dreißig Lorbeerblätter, eine geriebene Kugel Ambra oder ersatzweise zwei Unzen geriebene Muskatnuss, zwei Pfund fetter Speck in dünnen Scheiben, sechs Stich Gänsefett.

Zubereitung

Von sechzig Gänselebern die Galle entfernen. Die Lebern aufschneiden, Fasern und Nerven entfernen.

Die Enden abschneiden und beiseite legen.

Die schwarzen Trüffel säubern, schälen und jede Leber mit kleinen Trüffelwürfelchen spicken. Die Lebern in eine tiefe Schüssel legen und mit sieben Prisen Salz, drei zerstoßenen schwarzen Pfefferkörnern, einer Prise Ingwer, drei Gläsern altem Aquavit aus der Charente und einer halben Tasse Agrest einlegen.

Die Schüssel zudecken und die eingelegten Gänselebern mindestens sechs Stunden ruhen lassen.

In der Zwischenzeit sechs Hand voll Schweinefilet oder die gleiche Menge Speck zu Hack verarbeiten und die beiseite gelegten Leberabschnitte dazugeben, die kurz in drei Gläsern Weißwein gegart wurden. Alle Zutaten zu einer Farce verarbeiten, mit sechs zerstoßenen Lorbeerblättern würzen und mit einem halben Pfund zerlassener Butter legieren. Die Masse gut verrühren und durch ein Sieb streichen.

Nach Ablauf der Ruhezeit eine dünne Schicht Farce in ein tiefes Terrakottagefäß streichen. Die Lebern nach und nach aus der Marinade nehmen und hineinlegen. Mit weiteren Trüffelstücken verfeinern. Wer mag, kann auch eine geriebene Kugel Ambra oder ersatzweise zwei Unzen geriebene Muskatnuss dazugeben.

Die Lebern mit einer weiteren Schicht Farce bedecken und so lange zwischen Farce und Lebern abwechseln, bis das Gefäß voll ist. Sodann zuerst die dünnen Speckscheiben, dann die Lorbeerblätter darauf legen.

Das Gefäß mit dem Deckel verschließen. Bei mittlerer Hitze in den Ofen geben, bis der Speck zu schmelzen beginnt. Er sollte allerdings nicht völlig durchsichtig werden.

Abkühlen lassen. Lorbeerblätter und Speckscheiben nach ungefähr zwanzig Stunden entfernen. Etwa sechs Stich zerlassenes, fast kaltes Gänsefett darüber gießen.

Sodann den Deckel mit Ölpapier ausschlagen. Auch das erhöht die Haltbarkeit des Gerichts.

Kommentar

Es ist kein Geheimnis, was in Straßburg mit den Gänsen geschieht, damit sie die Fettleber bekommen, die sie zu einer solch hochgelobten Delikatesse macht.

Bereits die Römer »servierten bei Gastmahlen gerne Gänseleber. Sie hielten die Gänseleber für ein hervorragendes Nahrungsmittel, und sie stopften die Vögel, damit sie noch fetter wurden«, berichtet Pisanelli. Martial schreibt: »Schau, wie die Leber größer ist als eine große Gans! Verwundert wirst du sagen: ›Wo denn wuchs sie, bitte?‹«

Obwohl »die Leber« laut dem *Trattato dei cibi e del bere* »die Körpersäfte zäh macht und nur schwer verdaulich ist, verweilt sie lange im Magen und verhindert so, dass man bald wieder Hunger leidet«. Umgekehrt steht im *Buch vom Gesunden Leben:* »Gebratene Ziegenleber verordnet man bei Schwachsichtigkeit. Die Leber des Wolfs kräftigt die menschliche Leber und hilft Menschen, die sich vor dem Wasser fürchten.«[23] Später heißt es, die Leber sei »heiß und feucht. Die Grade: Heiß und feucht im

[23] Auf Seite 280 des *Antidotario romano* befindet sich ein Rezept für Wolfsleber und eines für die Innereien des Tiers.

zweiten. Am besten sind fette Gänselebern. Sie helfen bei Nachtblindheit [sie hat einen hohen Gehalt an Vitamin A – *Anmerkung der Autoren*], insbesondere Ziegenlebern. Sie belasten den Magen. Die Verwendung von Öl und Salz wendet den Schaden ab.«

Die schwarzen Trüffel, die Gewürze, der Aquavit und die anderen Zutaten geben dem Gericht, das zusätzlich mit einer Kugel Ambra oder ersatzweise zwei Unzen geriebener Muskatnuss verfeinert wird, seine besondere Würze. Hinzu kommt die raffinierte Art und Weise, auf die das Fett geklärt wird. Diese uralte, gekonnte Zubereitung hat möglicherweise ebenfalls Einfluss auf die Rolle dieses Gerichts als Aphrodisiakum.

Dieser Leckerbissen kann die Gedanken beflügeln, die sich ihrerseits in jene Fröhlichkeit verwandeln, die für sinnlichen Genuss unerlässlich ist.

78 Wurst aus Flusskrebsen und Wildbret

Zutaten

Drei Dutzend Flusskrebse, ein Skrupel Meeresschildkrötenfleisch oder ersatzweise zwei Skrupel getrockneter und geriebener Rogen der Meeräsche, zwei kleine Tassen Wasser, eine Hand voll Gerste, ein halbes Pfund fetter Speck oder ersatzweise eine Tasse Olivenöl, eine Schalotte, eine Zwiebel, vier Esslöffel Brühe vom Kapaun oder vom jungen Huhn, eine halbe Zimtstange, zwei Nelken, zwei gemahlene Paradieskörner oder schwarze Pfefferkörner, eine halbe geriebene Muskatnuss, eine halbe Schnepfe, zwei Pfund Fasan, die Eier der Flusskrebse, ein halbes Pfund Brotkrumen, drei Tassen Milch, zwei Hühnereier, zwei Eigelbe, fünf Prisen Salz, zehn oder zwölf Schweinedärme, ungefähr zwei Pint Mandelmilch (siehe Rezept 101), eine halbe Tasse Aquavit, ein Lorbeerblatt, die gleiche Menge Dill und Engelwurz.

Zubereitung

Ein Dutzend Flusskrebse waschen, die Eier beiseite legen. Anschließend die Krebse drei Minuten kochen.

Eine Hand voll Gerste in zwei kleinen Tassen Wasser aufkochen, ein Skrupel Schildkrötenfleisch dazugeben, das man – nachdem die Gerste gar ist, abgegossen und in ein Tongefäß gegeben wurde – auch durch zwei Skrupel getrockneten und geriebenen Rogen der Meeräsche ersetzen kann.

Eine Schalotte und eine Zwiebel hacken und mit einem Pfund ausgelassenem Speck oder einer Tasse Olivenöl sanft anbraten. Sobald die Zutaten beginnen, braun zu werden, gibt man einige Esslöffel Brühe vom Kapaun hinzu.

Fünf Minuten umrühren, dann mit einer halben zerstoßenen Zimtstange, zwei zerstoßenen Nelken, zwei gemahlenen Paradieskörnern oder frisch gemahlenem schwarzen Pfeffer sowie einer halben, ebenfalls gemahlenen Muskatnuss würzen.

Zugedeckt köcheln lassen, dabei häufig umrühren. Die glasig gedünstete Zwiebel und Schalotte etwas salzen und abkühlen lassen.

Inzwischen eine halbe gebratene Schnepfe entbeinen und zu zwei Pfund Fasanenfleisch geben, das ebenfalls von den Knochen befreit wurde. Aus Fleisch, Zwiebel und Schalotte sowie den anderen festen Bestandteilen im Topf ein Hack herstellen. Mit den Flusskrebsen ebenso verfahren. Die Eier der Flusskrebse unter ein Pfund Brotkrume mengen, das in der Milch eingeweicht und rechtzeitig ausgedrückt wurde.

Alle Zutaten mit zwei ganzen Eiern sowie zwei Eigelben, alles vom Huhn, verrühren. Eier und Eigelbe nacheinander zugeben. Jedes Ei muss erst vollständig eingearbeitet werden, bevor man das nächste zugibt.

Sorgfältig vermengen. Wenn eine glatte Masse entstanden ist, nach Bedarf salzen.

Die Schweinedärme, die zuvor in der Milch gereinigt wurden, vorsichtig mit der Farce füllen. Wenn man zuviel davon hineingibt, kann die Hülle beschädigt werden.

Die fertigen Würste an den Seiten mit Zwirn zubinden. Jede Wurst zwei- oder dreimal einstechen, damit der Dampf entweichen kann.

Die Würste, die für die Mahlzeit mit dem geliebten Menschen bestimmt sind, mit einem Lorbeerblatt und der gleichen Menge Engelwurz und Dill würzen. Alle drei Kräuter müssen gerieben werden. Während man die Därme mit einer Nadel einsticht, denkt man nicht nur an den Ausgang der Begegnung, sondern sagt sieben Mal laut und deutlich den Namen des geliebten Menschen.

Nun die Würstchen in einen großen Topf legen und mit Mandelmilch übergießen, die mit einer halben Tasse Aquavit cremig gerührt wurde. Bei sehr geringer Hitze eine knappe halbe Stunde garen lassen. Die Flüssigkeit sollte nur schwach köcheln, damit die *boudins* zart bleiben.

Die Würste abtropfen lassen und diejenigen, die für das Liebesmahl bestimmt sind, auf zwei Tellern anrichten.

Auftischen und sehr heiß genießen.

Diese Mahlzeit verschafft Befriedigungen unterschiedlichster Art.

Kommentar

Bei diesem Rezept handelt es sich um eine gehaltvolle Farce – auch Pudding genannt –, in der sich der Geschmack und die sexuell stimulierende Wirkung der Flusskrebse mit den Eigenschaften des Wildbrets vereinigt.

Krebse sind laut dem *Buch vom gesunden Leben* »heiß und trocken. Die Grade: heiß und trocken im zweiten. Die bekömmlichsten sind gelb und frisch. Ihr Genuss steigert den Geschlechtstrieb. Darüber hinaus beeinträchtigt er den Schlaf. Das kann man durch die Verwendung von Mandelölsaucen wieder bessern.«

Latini schreibt, Nello Brentio sei der Erste gewesen, der Krebse gegessen hat. Süßwasserkrebse, wie sie für dieses Rezept empfohlen werden, sollen am schmackhaftesten sein. Für ihn sind sie »feucht im ersten Grad, kühl im zweiten«.

In diesem Rezept wird auch Schildkrötenfleisch verwendet, das laut Pisanelli »sehr nahrhaft ist und Schwindsucht sowie Erschöpfung lindert. Es wird nur sehr langsam verdaut, macht das Blut fett und phlegmatisch, die Menschen faul und schläfrig. Die Schildkröte ist kalt im zweiten Grad und mäßig feucht. Bei warmem Wetter tut sie jungen Menschen, Cholerikern und allen, die sich anstrengen müssen, gut. Die Schildkröte hat sehr viel Lebenskraft und stirbt selbst dann nicht sofort, wenn man ihr den Kopf abschlägt und das Herz herausnimmt. Sie legt Eier mit harter Schale, aus denen innerhalb eines Jahres die Jungen schlüpfen.«

Die Meeresschildkröten legen ihre Eier auf den Galapagosinseln vor der Küste Ecuadors ab. Zum Kochen eignet sich am besten eine große Schildkröte voller Eier, die man lange garen lässt und zusammen mit guten, hausgemachten Speisen serviert. Den ersten und zweiten Sud schüttet man weg, dann würzt man mit Kräutern und Gewürzen.

Latini meint, Herodot von Zypern habe als Erster Schildkröten gegessen. Erdschildkröten sollen wegen ihres zarteren Fleischs und der dadurch kürzeren Kochdauer am besten sein. Aus ihrem Blut lassen sich hervorragende Blutwürste herstellen. Das vorliegende Rezept wird mit zahlreichen Gewürzen und Kräutern verfeinert. Darüber hinaus gibt man Hühnereier, Krebse, Milch, Schweinedarm und Schweinswürste, Mandelmilch, Aquavit, Schnepfen- und Fasanenfleisch dazu.

Die Eigenschaften des Fasans werden in Rezept 65 behandelt. Darüber hinaus möchten wir daran erinnern, was Ububchasym über den Fasan schreibt: »Fasane sind heiß und trocken. Am besten schmecken sie, wenn sie mit Hafer gefüttert wurden und noch nicht lange singen. Sie fördern den Beischlaf und lindern allgemeine Schwäche, schaden jedoch bei Viertagewechselfieber. Dies kann man verhindern, indem man fette, ölhaltige Speisen dazu serviert.«

Baldassare Pisanelli unterstreicht bezüglich der Schnepfen, dass sie »fett und mit der Schlinge gefangen sein sollen, wenn Trauben und Feigen reif sind. Sie sind sehr nahrhaft und regen den Appetit der Genesenden stark an, die daraufhin außerordentlich fröhlich werden, schaden jedoch den Kranken. Schnepfen findet man auf den Tischen angesehener, geistreicher Herren, da ihr Fleisch sehr zart, leicht verdaulich und sehr gut als Nahrung geeignet ist. Sie liegen selbst dann nicht im Magen, wenn man sie zu Hunderten isst. Im Gegenteil – sie beruhigen, stärken und kräftigen ihn. Wer viele Schnepfen isst, ist also den ganzen Tag über fröhlich.« Latini schließt daraus, dass sie »die Lebensgeister wecken und das Herz stärken. Zu guter Letzt machen sie ein hervorragendes und hoch zu lobendes Blut. Die gleiche Wirkung haben sie auch auf die Sexualsekrete.«

Curnonsky meint: »Schnepfen müssen jung, zart und fett sein. Sie sind ein gutes, überaus kräftigendes Nahrungsmittel. Sie regen die Produktion von Milch und Samenflüssigkeit an. Freilich machen sie schnell dick, wenn man zuviel davon isst. Gebraucht sie, aber missbraucht sie nicht.« Die ideale Zubereitungsart für unsere Zwecke sind seiner Ansicht nach Schnepfen gebraten, nach Art von Diana de Poitiers gefüllt, natur, nach Drouant flambiert oder in Champagnersoße serviert.

Eine weitere erwähnenswerte Zutat ist die so genannte *Angelika* oder *Engelwurz*. Am besten ist wilde Engelwurz aus Sachsen, die sehr scharf schmeckt, aber leicht und hervorragend duftet, weshalb sie auch diesen Namen trägt. Man setzt sie ein, um Verlangen und Sexualität wieder zu erwecken. In diesem Rezept ist die Engelwurz eine von zehn Zutaten. Des Weiteren gehört auch der Granatapfel dazu, der sowohl die Geheimnisse des weiblichen Körpers als auch die in intimen Augenblicken zum Ausdruck kommende Potenz des männlichen Körpers symbolisiert.

79 Polnischer Gemüseborscht

Zutaten

Sechs rote Rüben, zwei Stangen Lauch, eine Zwiebel (wer keine Zwiebeln verträgt, kann sie durch einen halben Lattich ersetzen), ein Viertel eines Kohlkopfes, eine Hand voll Petersilie, ein halber Rettich, ein Pfund fetter Speck, drei Schöpflöffel Hühnerbrühe, zwei Schöpflöffel Brühe vom Kapaun, zwei Prisen Fenchelsamen, eine Prise Majoran, ein halber Teelöffel Zucker, eine Prise Borax, zwei oder drei gute Prisen Salz, ein Pfund Kalbfleisch, eine halbe Ente, acht Schweinswürste, eine Tasse Milch, der Saft einer Zitrone.

Um die Liebe auf Touren zu bringen...

Wer mit diesem Rezept die Sexualität ankurbeln möchte, serviert zusätzlich eine Soße aus folgenden Zutaten: eine Tasse Milch, zwei Esslöffel Senf, ein knapper halber Teelöffel Zucker, ein halber Teelöffel Ingwer, die gleiche Menge Zimt, ein Teelöffel Kreuzkümmel, der Saft einer Zitrone, ein Hühnerei.

Zubereitung

Das Gemüse, vier rote Rüben, zwei Stangen Lauch, eine Zwiebel, ersatzweise einen halben Lattich, ein Viertel eines Kohlkopfes und eine Hand voll gehackte Petersilie putzen. Einen halben geschmorten und in Stücke geschnittenen Rettich dazugeben.

Das Gemüse mit drei Schöpflöffeln Hühnerbrühe, zwei Schöpflöffeln Brühe vom Kapaun sowie weiteren vier Esslöffeln pürierte rote Rüben in einen großen Topf geben.

Die warme Flüssigkeit mit einer Prise Fenchelsamen, der gleichen Menge Majoran, einem halben Teelöffel Zucker, einer Prise Borax und zwei oder drei großzügigen Prisen Salz würzen.

Umrühren und zehn Minuten kochen lassen. Ein Stück Kalbfleisch sowie eine halbe angebratene, aber nicht durchgebratene und gehäutete Ente hineingeben.

Nun bei sanfter Hitze eineinhalb Stunden garen lassen. Falls nötig, die verdunstete Flüssigkeit durch Hühnerbrühe und Brühe vom Kapaun ersetzen.

Das Fleisch herausnehmen und die Brühe abkühlen lassen. Entfetten, indem man sie durch ein Sieb gießt.

In der Zwischenzeit sowohl das Kalbfleisch als auch das Entenfleisch klein schneiden und mit einem Pfund gehacktem fetten Speck in einen Topf geben. Sobald sich der Duft des angebratenen Fleischs ausbreitet, mit dem Saft einer weiteren roten Rübe ablöschen, der mit einer weiteren Prise Fenchelsamen und einer weiteren halben Hand voll Petersilie gewürzt wurde.

Einkochen. Dann den gesamten Inhalt des Topfes in den großen Topf mit der Brühe schütten. Die Zutaten bei kräftiger Hitze gut verrühren, acht zuvor gegrillte Schweinswürste ohne Haut hineingeben. Den Topf nach zwanzig Minuten vom Herd nehmen und die Gemüsesuppe mindestens eine Stunde ruhen lassen. Anschließend erneut erhitzen und servieren.

Man isst diese Suppe sehr heiß und serviert sie mit einer nach folgendem Rezept hergestellten Soße: Den Saft einer Zitrone, ein verschlagenes Ei, zwei Teelöffel Senfsamen, einen knappen halben Teelöffel Zucker, Ingwer, Zimt und Kreuzkümmel mit einer Tasse Milch verrühren. Mindestens sechs oder sieben Minuten kochen lassen. Die Soße so lange rühren, bis sie sämig wird.

Kommentar

»Der Lauch ist heiß im ersten Grad, trocken im zweiten. Am besten sind lange, spitz zulaufende Lauchstangen.

Lauch steigert den Harndrang und regt zum Beischlaf an. Mögliche schädliche Wirkungen behebt man mit Sesamöl« (Pisanelli).

Was den Lattich angeht, so sollte nicht unerwähnt bleiben, dass die Indios Nordamerikas den getrockneten Milchsaft der Lattichblätter bei rituellen Zeremonien, zur Anregung und zur sexuellen Stimulation in der Pfeife rauchten. Lattichsaft ist auch unter dem Namen Lattichopium oder Lactuarium bekannt. Er enthält das Alkaloid Lactucin, dessen Wirkung der von Morphium ähnelt.

Nach den Betrachtungen des weisen Ububchasym ist Lattich »kalt und feucht. Die Grade: kalt und feucht im dritten. Vorzuziehen ist Lattich mit breiten, gelben Blättern. Er hilft gegen Schlaflosigkeit und übermäßigen Samenfluss. Er mindert die Libido und schadet dem Sehvermögen. Das kann man vermeiden, wenn man ihn mit Eppich vermischt.«

Der Rettich oder Meerrettich, der vorwiegend zum Würzen, aber auch zu medizinischen Zwecken verwendet wird, wird seit dem siebzehnten Jahrhundert in Europa angebaut. Bevor es exotische Gewürze gab, wurden Fleischgerichte vorwiegend mit Rettich gewürzt. Auch seine Wurzel fand Verwendung. Dazu wurde die frische Wurzel geschält und zerkleinert.

Ebenso wie die anderen Gewürze in diesem Rezept steigert der Rettich das sexuelle Verlangen. Man kann ihn zudem als Stärkungsmittel einnehmen: Sein ätherisches Öl regt den Verdauungsapparat an, erleichtert die Harnausscheidung, das Abhusten und wirkt erregend.

»Rettiche sind heiß und feucht. Am besten sind frische Rettiche aus dem Garten. Allerdings haben sie die unangenehme Eigenschaft, Speisen und Körperflüssigkeiten stark durcheinander zu bringen. Die beste Abhilfe schafft es, wenn man Erbrechen herbeiführt« (Latini).

80 Kalbsbraten mit Kräutern

Zutaten

Ein Stück Kalbfleisch (drei Pfund), ein Pfund fetter Speck oder eineinhalb Tassen Olivenöl, zwei Prisen Fenchelsamen, fünf kleine Zwiebeln, eine halbe Hand voll geröstete und abgezogene Mandeln, eine halbe Tasse Olivenöl, ein Pfund Brot, eine Tasse Rotwein, eine halbe Tasse Aquavit, eine Prise Ingwer, eine Nelke, zwei gemahlene Paradieskörner oder ersatzweise schwarzer Pfeffer, zwei Prisen Safran.

Zubereitung

Ein drei Pfund schweres Stück Kalbfleisch in einer Schüssel mit klarem Wasser waschen, in der sich eine ganze Nacht nur der Mond gespiegelt hat. Tagsüber bleibt die Schüssel zugedeckt in einer kühlen Ecke des Hauses stehen.

Das gewaschene Fleisch mit Wein- oder Lattichblättern trockentupfen.

Mit Speckstreifen (ein Pfund) spicken, die mit Fenchelsamen gefüllt werden.

Das Fleisch auf den Spieß stecken, salzen und mit einer halben Hand voll in der Asche gerösteten, abgezogenen und sorgfältig zerkleinerten Mandeln würzen. Nicht vergessen, den Braten mit einem in Olivenöl getauchten Rosmarinzweig einzustreichen. Das Fleisch häufig wenden und nach ungefähr einer halben Stunde vom Spieß nehmen, damit es nicht zu dunkel wird.

Das Kalbfleisch jetzt in große Stücke schneiden. Die Stücke in einen ziemlich großen Topf legen und bei kräftiger Hitze mit einem halben Pfund fetten Speck oder in eineinhalb Tassen Olivenöl anbraten.

Inzwischen fünf kleine Zwiebeln hacken und dazugeben. Die Hitze reduzieren, sobald sie anbräunen. Geröstetes, in einer Tasse Rotwein eingeweichtes und gut ausgedrücktes Brot darüber bröseln.

Mit einer halben Tasse Aquavit ablöschen.

Wenn die Flüssigkeit aufkocht, den Braten mit einer Prise Ingwer, einer zerstoßenen Nelke, zwei zerstoßenen Paradieskörnern oder der gleichen Menge schwarzem gemahlenen Pfeffer sowie zwei Prisen Safran abschmecken. Bei sanfter Hitze zugedeckt köcheln lassen, bis die Soße eindickt.

Den Braten lauwarm servieren.

Kommentar

Dieses Rezept, dessen Hauptbestandteil das bereits besprochene Kalbfleisch ist, ist von magischen Ritualen durchdrungen. Viel hängt auch von der erotischen Aggressivität des Verführers, den Gesprächen und der Unterhaltung nach dem Essen ab.

Agrest wird aus sauren, noch vor den Hundstagen geernteten Trauben hergestellt, wie Dioskurides lehrt. Man erntet sie aber auch an anderen klaren Tagen. Der Agrest weckt den Appetit und die Sinne. Die Römer nannten ihn Omphalicum. Avicenna zufolge sollte man heiße Nahrungsmittel wie Tauben mit reichlich Agrest zubereiten, wie es in diesem Rezept der Fall ist. Wer Fischgerichte damit würzen will, muss zusätzlich zum Agrest auch heiße Gewürze verwenden.

Aquavit wird größtenteils aus Wein oder Traubenkämmen destilliert. Seinen Namen verdankt er der Tatsache, dass man früher glaubte, er könne das Leben so lange wie möglich erhalten. Man meinte sogar, in Maßen genossen bewahre er den Körper vor dem Zerfall, verhindere Fäulnis und stabilisiere nicht nur die Körpertemperatur, sondern erhalte auch die Kraft.

Das Getränk sollte den Magen wärmen, die Lebensgeister stärken, das Gehirn beruhigen und die Erinnerung zurückbringen. In geringer Dosis wirkt Aquavit anregend und steigert den Geschlechtstrieb, große Mengen davon lassen den Betreffenden in einen trunkenen Schlaf sinken.

Als Medikament wurde Aquavit in Maßen gegen zahlreiche Krankheiten eingesetzt, größere Dosen verwendete man bis Mitte des neunzehnten Jahrhunderts als Betäubungsmittel.

81 Stockfisch süßsauer

Zutaten

Ein Stockfisch, zwei Hand voll weißes Mehl, ein Pfund fetter Speck, zwei weiße Zwiebeln, fünf Teelöffel Majoran, fünf Prisen Salz, eine Prise Borretsch, eine Prise Damiana, eine Prise Alraune, eine Unze Zimtblüte oder ersatzweise eine Unze Zimtpulver, eine Prise Mazis oder ersatzweise ein Viertel einer geriebenen Muskatnuss, eine Prise Galgant, ein halbes Pfund weißes Mehl, ein Glas einer Mischung aus Mandelmilch[24] und dem Rest des Weißweins, zwei Teelöffel Verjus oder ersatzweise

[24] Zur Zubereitung siehe Rezept Nr. 101

zwei Teelöffel Apfelessig, eine halbe Kugel graue Ambra oder ersatzweise zwei Unzen getrockneter und geriebener Rogen der Meeräsche, ein Hühnerei, eine Prise Reismehl, eine Prise Safran, die gleiche Menge Ingwer, eine Prise Kreuzkümmel, eine halbe Hand voll Rosinen.

Zubereitung

An einem Sonntag einen kleinen Stockfisch mindestens vierundzwanzig Stunden unter fließendem Wasser wässern und einweichen. Mit Lorbeerblättern trockentupfen.

In Stücke schneiden, beide Seiten mit weißem Mehl bestäuben.

Klein geschnittenen Schweinespeck, keinen Walspeck[25], bei kräftiger Hitze in einem Topf auslassen, zwei in Ringe geschnittene Zwiebeln, zwei Teelöffel Majoran, eine Prise Borretsch und die gleiche Menge Damiana und Alraune dazugeben.

Die Stockfischstücke im ausgelassenen Fett kurz anbraten, ausreichend salzen.

Die Hitze reduzieren, den Fisch mit einer Unze gemahlener Zimtblüte oder ersatzweise einer Unze Zimtpulver, einer Prise Mazis oder dem geriebenen Viertel einer Muskatnuss sowie einer Prise Galgant bestreuen.

Gut verrühren und mit einer Mischung aus einem halben Glas Mandelmilch, einem Rest Weißwein, zwei Teelöffeln Verjus oder ersatzweise zwei Teelöffeln Apfelessig, einer halben geriebenen Kugel graue Ambra oder ersatzweise zwei Unzen getrocknetem und geriebenem Rogen der Meeräsche aufgießen. Bei sanfter Hitze weiterköcheln lassen.

[25] Walspeck, das Fett des Wals, der fälschlicherweise als Fisch galt, bildete während der Fastenzeit die Basis reichhaltiger Essen.

Inzwischen ein Hühnerei verschlagen und eine halbe Hand voll Rosinen, eine Prise Reismehl und die gleiche Menge Safran unterrühren.

Wenn der Bratenfond zur Hälfte eingekocht ist, die soeben zubereitete Mischung hineingeben und mit einer Prise (Daumen, Zeige- und Mittelfinger) Kreuzkümmel und der gleichen Menge Ingwer aromatisieren.

Noch ein paar Minuten warten, dann den Topf vom Feuer nehmen und das Fischgericht etwas ruhen lassen. Servieren.

Man sollte riskieren, sich etwas weiter vorzuwagen, wie neugierige Menschen es eben tun. Die Überschreitung jeder weiteren Grenze ist ein Geheimnis, das es im Alltag und im Ehebett zu bewahren gilt.

Kommentar

Beim Stockfisch handelt es sich um Kabeljau, der in der trockenen und kalten Luft Skandinaviens, wo man ihn fängt, auf Holzgestellen trocknet. Im Gegensatz zu dem Stockfisch der südeuropäischen Länder wird er nicht gesalzen.

Latini hielt den Fisch für nicht besonders nahrhaft und schwer verdaulich. Das Trocknen erhöht seinen Nährwert und die blutstauende sowie sexuell anregende Wirkung seines Fleisches merklich. Im vorliegenden Rezept verbessert die Fülle von Gewürzen, Fetten und Energielieferanten die Eigenschaften des Stockfischs zusätzlich.

82 Delikate Walzunge[26]

Zutaten

Eine Kalbszunge, eine halbe Hand voll grobes Salz, zwei Schöpflöffel Mandelmilch[27], eine gute Hand voll Mehl, zwei Körner runder Pfeffer oder ersatzweise zwei schwarze Pfefferkörner, eine Prise Galgant, eine Prise Mazis oder ersatzweise ein Viertel einer geriebenen Muskatnuss, eine Prise Ingwer, eine Prise Anis, vier oder fünf Prisen Salz, ein Teelöffel Zucker, eine kleine Tasse Weißwein, eine halbe Hand voll Pflaumenfruchtfleisch, drei Prisen Safran, eine halbe Hand voll Heidelbeeren, eine halbe Hand voll Sauerkirschen, die gleiche Menge Johannisbeeren.

Die Kalbszunge sorgfältig mit einer halben Hand voll grobem Salz säubern. Beim Wal ist die Zungenspitze vorzuziehen.

Folgende Beize vorbereiten: Zwei großzügige Schöpflöffel Mandelmilch, etwas Reismehl, zwei Körner runder Pfeffer oder ersatzweise zwei schwarze Pfefferkörner, eine Prise Galgant, die gleiche Menge Mazis (man kann den Mazis auch durch das geriebene Viertel einer Muskatnuss ersetzen), die gleiche Menge Ingwer und Anis sowie vier oder fünf Prisen Salz, ein knapper Teelöffel Zucker, eine Prise Alkannawurzel[28], an deren Stelle man auch eine Prise Safran verwenden kann.

[26] Die Walzunge, die in diesem im Mittelalter sehr beliebten Gericht verwendet wird, kann man heute auch durch eine Kalbszunge ersetzen.

[27] Zur Zubereitung siehe Rezept Nr. 101

[28] Die Alkanna verleiht den Gerichten nicht nur Geschmack, sondern auch eine lebhafte rote Farbe.

Mindestens zwei Stunden marinieren, dabei die Zunge häufig wenden.

Anschließend die Zunge in Scheiben schneiden und in eine Kasserolle legen, in der bereits bei mäßiger Hitze eine kleine Tasse Weißwein und eine halbe Handvoll Pflaumenfruchtfleisch erwärmt wurden.

Nur etwa zehn Minuten köcheln lassen. Anschließend den Bratenfond, wenn er allmählich beginnt einzukochen, ein paar Mal mit einem halben Schöpflöffel Beize aufgießen.

Weitere zehn Minuten später zwei Prisen Safran, eine halbe Hand voll zerdrückte Heidelbeeren, eine halbe Hand voll Johannisbeeren und die gleiche Menge Sauerkirschen – ebenfalls zerdrückt, dazugeben.

Umrühren, das Fleisch wenden und den Bratenfond zugedeckt auf ein Viertel einreduzieren lassen. Sobald die Fleischscheiben eine purpurne oder dunkelbraune Farbe angenommen haben, legt man sie auf eine Platte.

Die Soße durch ein Sieb passieren und in eine Schüssel gießen.

Frohgemut servieren.

Die Walzunge

Im Mittelalter wurde dieses Rezept noch mit einer Walzunge angegeben. Selbstverständlich ist dies heute nicht mehr möglich und auch nicht mehr wünschenswert.

Im Gegensatz zu den englischen Kräuterhexen des Spätmittelalters waren die Hexen im Spanien, Italien und Frankreich des fünfzehnten und sechzehnten Jahrhunderts der Ansicht, man könne die Walzunge auch in Streifen von Walfett braten und eine Tasse Rosenwasser, den Saft von drei Bitterorangen sowie Rosinen hinzugeben.

Schließlich würzten sie die Walzungenscheiben noch mit einer halben Tasse Agrest, unter die zwei Prisen Safran, vier Prisen Galgant, fünf Paradieskörner, Salz und eine Prise zerstoßener Koriander gerührt wurden.

Wie versichert wurde, handelt es sich hierbei um ein teuflisch anregendes Rezept, obwohl seine Zubereitung von den zeitgenössischen Kochbüchern abweicht.

Kommentar

Die Eigenschaften der Walzunge wurden, ebenso wie die des Kalbfleischs, wozu auch die Zunge gehört, bereits diskutiert.

Beschäftigen wir uns mit dem Mazis, der in der Küche des Mittelalters und der Renaissance häufig zum Würzen verwendet wurde. Im vorliegenden Rezept wird er unter anderem mit Ingwer, Anis und Alkanna verwendet.

In diesem Rezept kommt auch die Mandelmilch vor, der wir uns nun kurz widmen wollen.

Mandeln sind trockene Früchte, deren harte Schale vor dem Essen entfernt werden muss. Es gibt Süß- und Bittermandeln. Die darin enthaltene Blausäure macht viele Bittermandeln giftig oder gar tödlich. Es empfiehlt sich daher, nur süße Mandeln zu verwenden. Mandeln sind sehr nahrhaft, erhöhen die Spermaproduktion, machen schläfrig und wirken adstringierend. Galen schreibt: »Amigdolae nihil prorsus adstrictiorae facultatis fortiae sunt.«

(Mandeln haben vor allem eine sehr stark adstringierende Wirkung.) Glaubt man Eupolis, so machen sie durstig: »Da quas manducem Naxia amigdalas, da vinum quae bibam e vita Naxia (Wer mir Mandeln aus Naxos zu essen gibt, sollte mir auch den Wein der Reben aus Naxos zu trinken geben).« Plutarch schreibt, der Arzt des Drusus, Sohn des Tiberius, konnte mehr trinken als alle anderen, weil er vor jedem Trinkgelage fünf oder sechs Bittermandeln aß.

Aus den Mandeln gewinnt man eine Substanz, die früher bei Bluthusten eingesetzt wurde. Mit Essig aufgetragen, sollte sie Sommersprossen und andere Hautmale zum Verschwinden bringen.

Alle weiteren Zutaten wurden bereits im Rahmen anderer Rezepte besprochen.

83 Würziger Schmorhase

Zutaten

Ein Hase, sechs Prisen Salz, ein Pfund fetter Speck, Leber und Herz des Tiers, drei Prisen Anissamen, zwei kleine Tassen Olivenöl, drei Lorbeerblätter, eine Tasse Rotwein, zwei gemahlene Körner langer Pfeffer oder zwei frisch gemahlene schwarze Pfefferkörner, eine Nelke, ein kleines Stück Zimtstange, das geriebene Viertel einer Muskatnuss, eine Hand voll Bärenschinken oder ersatzweise mageren Schinken, eine halbe Tasse Essig, zwei Unzen Dattelfruchtfleisch, ein halber Teelöffel Zucker, acht getrocknete Pflaumen, eine halbe Tasse Sauerkirschen, eine Prise Zimtblüte, ein halbes Glas Heidelbeerschnaps, ein Teelöffel weißes Mehl.

Zubereitung

Einen Hasen säubern und ihn kurz in kochendes Wasser legen, damit sich das Fell besser abziehen lässt. Anschließend aufschneiden, ausnehmen, Herz und Leber waschen, mit Johanniskraut, Walnuss- oder Feigenblättern trockentupfen. Das Innere des Hasen salzen, mit einem halben Pfund gehacktem Speck und einem Hack füllen, das aus Herz und Leber hergestellt und mit drei Prisen Anis gewürzt wurde, und den Bauch mit Zwirn verschließen.

Den Hasen mit gehacktem fetten Speck, zwei kleinen Tassen Olivenöl sowie drei zerstoßenen Lorbeerblättern in einen großen Topf legen.

Unter häufigem Wenden eine Stunde anbraten, damit er rundum schön braun wird. Sodann mit einer Tasse Rotwein ablöschen. Die Flüssigkeit bei mäßiger Hitze zugedeckt einkochen lassen.

Mit zwei Körnern langem Pfeffer oder zwei frisch gemahlenen schwarzen Pfefferkörnern, einer zerstoßenen Nelke, einem zerstoßenen Stückchen Zimtstange, drei Prisen Salz und dem Viertel einer gemahlenen Muskatnuss würzen. Nach dem Würzen eine Hand voll in Würfel geschnittenen Bärenschinken sowie eine halbe Tasse mit einem knappen halben Teelöffel Zucker gesüßten Essig dazugeben.

Die Zutaten gut vermischen und den Teil des Hasen, der nicht von der Soße bedeckt ist, des Öfteren mit Bratenfond übergießen.

Nach etwa einer Stunde zwei Unzen Dattelfruchtfleisch, das Fruchtfleisch von acht getrockneten, in etwas Rotwein eingeweichten, abgetropften und entkernten Pflaumen, eine halbe kleine Tasse Sauerkirschen sowie eine Prise in ein halbes kleines Glas Heidelbeerschnaps gerührte Zimtblüte dazugeben.

Bei sanfter Hitze einkochen lassen. Gegen Ende der Garzeit den Hasen aus dem Topf nehmen und auf eine Platte legen.

Einen Teelöffel weißes Mehl in die Soße streuen und andicken. Dann die Soße durch ein grobmaschiges Sieb passieren und in eine Soßenschüssel gießen.

Braten und Soße auf den Tisch bringen.

Kommentar

Hasenfleisch gilt bis heute als Delikatesse.

In diesem besonderen Fall handelt es sich um ein sehr reichhaltiges Rezept mit einer Soße und Zutaten, die dem Fleisch nicht nur Geschmack verleihen, sondern es zusätzlich zart machen.

Die Beigabe von Herz und Leber des Tiers könnte aus dem kulinarischen Ereignis eine Art intimes Ritual machen und Koch oder Köchin dazu veranlassen, nach dem Mahl ein kühnes Wagnis einzugehen und sich dabei darauf zu verlassen, dass das Gericht zuvor für Wohlbefinden und Harmonie gesorgt hat. Die Pflaumen schließlich erfrischen, stillen den Durst und versorgen den gesamten Körper mit Flüssigkeit. In diesem Fall verleihen sie dem Braten sein süßsaures Aroma.

84 Hirsch auf irische Art

Zutaten

Der Hinterlauf eines Hirschen (soviel wie nötig, mindestens aber vier Pfund), zwei gute Hand voll Rosinen, ein Teelöffel Zucker, eine Hand voll geriebener Käse, eine halbe kleine Tasse Verjus oder ersatzweise der mit Wasser zu einer halben Tasse verlängerte Saft einer Zitrone, zwei Prisen Zimt, sieben Prisen Salz, ein halber Teelöffel Ingwer, ein halber Teelöffel geriebene Muskatnuss, ein halber Teelöffel gemahlene Nelken, zwei Teelöffel Safranfäden, ein Hühnerei, ein Pfund Brotkrume, ein halbes Glas Malzbier, sieben oder acht kleine Schweinenetze, eineinhalb Pfund fetter Speck, der Saft von drei Bitterorangen, der Saft von einem Pfund Heidelbeeren, zwei oder drei Prisen Vanillepulver.

Zubereitung

Das Hinterbein eines Hirschen (oder vier Pfund daraus) von Unterhautfettgewebe und Knochen befreien und in große Streifen schneiden. Die Fleischstreifen weich klopfen und zu Hack verarbeiten.

Zwei gute Hand voll Rosinen und einen Teelöffel Zucker zugeben. Ein paar Minuten mit einem Löffel aus Apfelholz oder einem anderen, noch ungebrauchten Löffel verrühren. Dann ein halbes Pfund gehackten fetten Speck sowie eine Hand voll geriebenen Käse dazugeben.

Mit den Händen durcharbeiten, bis sich die Zutaten vollkommen miteinander vermischt haben. Mit einer halben kleinen Tasse Verjus, zwei Prisen Zimt, einem halben Teelöffel Ingwer sowie vier Prisen Salz würzen und mit einem halben Teelöffel geriebener Muskatnuss, einem halben Teelöffel gemahlenen Nelken sowie zwei Teelöffeln Safranfäden abschmecken.

Den Fleischteig gut verkneten und ein Hühnerei sowie ein Pfund in Malzbier eingeweichte und ausgedrückte Brotkrumen untermengen. Die Zutaten langsam verrühren, damit sie sich miteinander verbinden. Die Füllung so lange ruhen lassen, bis eine kleine Kerze etwa zu einem Viertel heruntergebrannt ist[29], also ca. 10 Minuten.

Anschließend die Füllung auf die kleinen Schweinenetze setzen und diese sehr sorgfältig mit Zwirn und Kreuzstichen verschließen.

Die kleinen Kugeln mit einem Pfund ausgelassenem Speck bestreichen und auf Spieße stecken. Über nicht zu lebhaftem Feuer grillen oder in der Pfanne herausbraten.

Heiß servieren und mit einem aus ausgepressten Bitterorangen und dem Saft von einem Pfund Heidelbeeren hergestellten Saft bestreichen. Die Mischung erhitzen, sie sollte aber nicht kochen. Es empfiehlt sich, zum Umrühren einen Holzlöffel zu verwenden. Den eingedickten Saft salzen, mit zwei oder drei Prisen Vanille bestäuben und vom Herd nehmen.

Kommentar

Von einer Hirschkeule oder einem Stück Hirschfleisch geht die Faszination der Jagd aus. Diese schürt zusammen mit der geheimnisvollen und zeitraubenden Zubereitung und den verschiedenen, blutstauenden Zutaten die Vorfreude auf den kulinarischen Genuss, ohne deshalb gleich die Hoffungen derer zu enttäuschen, die sich ein daran anschließendes sexuelles Abenteuer erwarten.

Verjus ist der französische Begriff für Agrest.

Hier handelt es sich um ein Rezept aus Irland. Der Wald, die Welt des *kleinen Volkes*, spielt auch in der Magie der Druiden und Kelten eine wichtige Rolle. Dort wurden die Hexenrituale gepflegt und perfektioniert.

[29] Eine kleine Kerze brennt in etwa vierzig bis fünfundvierzig Minuten herunter.

85 »Civet[30] d'oistres« oder Geschmorte Austern

Zutaten

Zwei Schüsseln Austern, eine kleine Tasse Mandelmilch (siehe Rezept 101), eine Hand voll Erbsen, zwei Hand voll weißes Mehl, ein Pfund fetter Speck oder ersatzweise zwei kleine Tassen Olivenöl, vier Scheiben Brot, ein Glas Weißwein, zwei Prisen Kardamompulver, eine Prise Zimtblüte oder eine Prise zerstoßener Zimt, eine Prise Ingwer, drei Zwiebeln, zwei gemahlene Paradieskörner oder ersatzweise zwei schwarze Pfefferkörner, drei Prisen Safran, ausreichend Salz, ein halbes Schnapsglas Pflaumenschnaps.

Zubereitung

In einem Topf eine kleine Tasse Mandelmilch mit einer Hand voll gekochten und zerdrückten Erbsen verrühren und zwei Schüsseln sorgfältig gewaschene und abgebürstete Austern hineingeben.

Bei kräftiger Hitze auf den Herd stellen, gelegentlich umrühren. Sobald die Austern geöffnet sind, das Muschelfleisch aus der Schale nehmen und in einem tiefen Teller in weißem Mehl wenden.

Die in Mehl gewendeten Austern in ausgelassenem fetten Speck oder zwei kleinen Tassen Olivenöl sanft anbraten. Inzwischen in einer anderen Pfanne vier Scheiben Brot anrösten und anschließend in ein paar Esslöffeln Weißwein (alles in allem einem halben Glas) einweichen. Das Brot zerbröseln und zu Speck und Austern geben.

[30] Civets waren Fleisch- oder Fischschmorgerichte, die im Mittelalter in Frankreich sehr beliebt waren. In Italien hießen sie »civeri« oder »civero« oder auch »civiro«. Der Begriff variiert je nach Text und bezeichnete einen Schmorbraten auf der Basis von Fleisch, Zwiebeln und Wein.

Die Zutaten erhitzen, dann die Temperatur reduzieren und mit einer Prise Zimtblüte oder ersatzweise Zimt, der gleichen Menge Ingwer sowie drei fein gehackten Zwiebeln und zwei Paradieskörnern oder ersatzweise frisch gemahlenem schwarzen Pfeffer würzen.

Sorgfältig umrühren und mit einem halben Glas Wein sowie einer halben Tasse von der zum Öffnen der Austern verwendeten Flüssigkeit ablöschen, die nicht nur mit dem Erbspüree, sondern auch mit zwei oder drei Prisen Safran sowie nach Wunsch zwei Prisen Kardamompulver verrührt wurde.

Bei geringer Hitze so lange köcheln lassen, bis eine kleine Kerze zu einem Viertel heruntergebrannt ist[31].

Gelegentlich umrühren, bis die Soße eindickt. Ein halbes Schnapsglas Pflaumenschnaps und zwei Teelöffel Agrest oder die gleiche Menge Zitronensaft hineingeben. Den Topf vom Herd nehmen, wenn die Soße cremig ist, und servieren.

Heiß verzehren.

Kommentar

Die weithin geschätzten Austern, denen man bescheinigt, das sexuelle Verlangen und die sexuelle Leistungsfähigkeit beträchtlich steigern zu können, haben nicht nur in der westlichen Welt eine lange Tradition. Baldassare Pisanelli empfiehlt: »Austern fischt man nicht in schlammigen Gewässern. Vorzuziehen sind Exemplare vom Grund der alten Schiffahrtskanäle, die man in einem Monat mit ›r‹ (September bis April) frisch fängt und verzehrt.« Die Schale umhüllt eine salzige Muschel, die das sexuelle Ver-

[31] Die Hälfte einer kleinen Kerze brennt in etwa vier- bis fünfundzwanzig Minuten, ein Viertel in ungefähr zwölf Minuten herunter.

langen steigert und den Beischlaf fördert, aber nicht besonders nahrhaft ist. Darüber hinaus sind Austern schwer verdaulich und können Übelkeit verursachen, weshalb man sie mit Pfeffer, Öl und Zitronensaft würzen oder über Holzkohlenglut grillen sollte. In der Antike galten sie als »Delikatessen – die besten Austern stammen aus dem Lukriner See«.

Latini fällt ein ähnliches Urteil, nur ist er bezüglich der Sexualität und der Klassifizierung der Austern anderer Ansicht, da er sie als »heiß im ersten und feucht im zweiten Grad« einstuft. Er rät, reichlich Austern zu essen, die zu einer Pastete verarbeitet, mit verschiedenen anderen Zutaten vermischt, eingelegt oder gesalzen wurden. Schließlich macht er darauf aufmerksam, dass »Austern aus Tarent von hervorragender Qualität« seien.

Unter den vielen bekannten Zutaten sind auch die Erbsen, über die wir bislang noch nicht gesprochen haben. Im Gegensatz zu anderen Pflanzen zerstört Kochen die magische Wirkung dieses Gemüses. Gibt man eine Prise Bikarbonat ins siedende Wasser, kann man zumindest die Eigenschaften des Chlorophylls erhalten, die andernfalls verloren gehen würden. Isst man Erbsen, die bei Sonnenaufgang geerntet und mit einem Teelöffel Zucker und einem halben Glas Rotwein zubereitet wurden, sollte man dabei den magischen Schriften zufolge den Kopf stets nach Osten wenden. »Wenn sie von einer hohen Kletterpflanze stammen, sind die Schoten dieser Wunderpflanze gut für die junge Liebe. Die Schoten einer niedrig wachsenden Sorte verleihen alter Liebe neuen Schwung.«

Baldassare Pisanelli empfahl, Erbsen »sollten frisch, zart und nicht verunreinigt sein. Sie sind wohlschmeckend und machen Appetit – auch auf sexuelle Genüsse.« Er weist zudem darauf hin, dass sie sehr nahrhaft sind.

86 Wildkaninchen »Walpurgisnacht«

Zutaten

Ein Wildkaninchen oder ein anderes, nicht aus der Zucht stammendes Kaninchen, drei Schöpflöffel Agrest oder ersatzweise der mit Wasser verdünnte Saft von zwei Zitronen, Herz und Leber des Tiers, vier frische Würste, eine Hand voll Mandeln, die Kerne eines Granatapfels, zwei Zwiebeln, ein Hühnerei, fünf Pfund fetter Speck, eines davon in vier Scheiben geschnitten, ein Schweinenetz, ein Teelöffel Zucker, zwei Pint klares Wasser, vier Prisen Salz, zwei Prisen Ingwer, eine halbe Zimtstange, ein Pfund Brot, eine Schüssel Milch, zwei Körner runder Pfeffer, zwei Zweiglein Anis, zwei kleine Tassen Essig, zwei Schöpflöffel Kaninchenbrühe, zwei Quitten, zwei Schnapsgläser Aquavit, eine Hand voll Käse.

Zubereitung

Ein Wildkaninchen oder ein anderes Kaninchen, das nicht aus der Zucht stammt, säubern und ausnehmen. In drei Schöpflöffeln kaltem Wasser und drei Schöpflöffeln Agrest waschen. Den Agrest kann man ersetzen, indem man den Saft von zwei Zitronen mit der gleichen Menge Wasser mischt. Mit Feigenblättern trockentupfen.

Aus Herz und Leber des Tiers ein Hack herstellen und vier frische Würste ohne Haut, eine Hand voll gehackte Mandeln, die zerdrückten Kerne eines Granatapfels und zwei fein gehackte Zwiebeln dazugeben. Die Zutaten mit einem Hühnerei und einer Hand voll gewürfeltem Käse binden.

Das Kaninchen mit der Farce füllen. Vier Speckscheiben über die Bauchöffnung legen, dann das Kaninchen in ein Schweinenetz einnähen, das auf die Größe des Tieres zugeschnitten wurde.

Zwei Pfund fetten Speck in einem Topf auslassen und das Kaninchen hineinlegen. Anbraten. Einen Teelöffel Zucker und eine halbe zerstoßene Zimtstange mit einem Schnapsglas Aquavit verrühren. Das Kaninchen damit ablöschen und bei sanfter Hitze eine gute Stunde braten, dabei häufig wenden, bis es rundum schön braun ist.

Das Kaninchen aus dem Topf nehmen. Erneut aufschneiden, die Füllung herausnehmen und beiseite legen und das Kaninchen in große Stücke zerteilen.

Zwei Pfund gehackten fetten Speck mit zwei Prisen Ingwer, geröstetem, in Milch eingeweichtem und zerbröselten Brot, zwei zerstoßenen Körnern runder Pfeffer oder gemahlenem schwarzen Pfeffer, zwei Prisen Salz, zwei zerstoßenen Zweiglein Anis und dem Bratenfond verrühren. Die Soße in eine Kasserolle geben und die Kaninchenstücke hineinlegen.

Die Zutaten haben sich miteinander verbunden, wenn eine ganze mittelgroße Kerze heruntergebrannt ist[32]. Nun das Fruchtfleisch von zwei im Ofen gebackenen Quitten und ein weiteres Schnapsglas Aquavit sowie die beiseite gestellte Füllung dazugeben. Das Kaninchen und die Farce in der aromatischen Soße zu Ende garen. Sie werden überragend schmecken, wenn die Soße eingekocht ist.

Kommentar

Der Brocken im Harz war der wichtigste Ort für den Sabbat, die Versammlung aller Hexen, die in der Nacht zum 1. Mai, der so genannten Johannis- oder Walpurgisnacht, stattfand.

[32] Eine mittelgroße Kerze brennt in einer knappen Stunde herunter.

Das Fleisch eines Wildkaninchens ist genau wie das Fleisch eines Kaninchens, das nicht aus der Zucht stammt, sehr zäh, was jedoch im Mittelalter bevorzugt wurde – vielleicht weil man dieses Fleisch für besonders nahrhaft hielt. In der Tat galt auch das Fleisch von älterem Wild und Geflügel als ausnehmend gut.

Im Mittelalter und der Renaissance maß man dem Geschmack von Agrest und Essig, von Zitrusfrüchten und säuerlich schmeckenden Kräutern bei der Zubereitung der Gerichte eine sehr große Bedeutung zu. Wie bereits erwähnt, wird Agrest aus sauren Trauben (aber auch aus anderen säuerlichen oder sauren Substanzen) hergestellt. Dazu legte man ein grobes Tuch auf den Trester und ließ ihn einige Tage stehen, bis sich oben eine Flüssigkeit abgesetzt hatte und die Rückstände auf den Boden gesunken waren. Die auf diese Weise gewonnene klare Flüssigkeit ist der Agrest, der in Flaschen abgefüllt das ganze Jahr klar und frisch blieb.

Bei dieser Zubereitung verfeinern Herz und Leber des Tiers, Würste, Hühnerei, Brot und zahlreiche Gewürze nicht nur den Geschmack des durch zweimaliges Garen zarten Fleisches. Sie machen das Rezept auch so appetitlich, dass selbst weniger großen Feinschmeckern das Wasser im Mund zusammenläuft.

87 Hirschkalb auf schottische Art

Zutaten

Ein Stück aus der Rippe des Hirschkalbs (nicht weniger als fünf Pfund), zehn Holunderbeeren, fünf Prisen Salz, ein halbes Pfund Heringsfilets, sechs Büschel Majoran, ein Pfund fetter Speck, fünf Zwiebeln, eine kleine Tasse Malzschnaps, zwei Reiherhirne oder ersatzweise das Hirn eines Lamms, zwei gemahlene Körner langer Pfeffer oder zwei schwarze Pfefferkörner, eine Unze Ingwer, eine Kugel geriebene graue Ambra oder ersatzweise ein Viertel einer geriebenen Muskatnuss, eine Nelke, zwei Prisen Zimt, ein Hühnerei, eine Unze Safran.

Zubereitung

Für dieses Rezept wählt man den Teil vom Hirschkalb, der dem Herzen am nächsten ist: die Rippe. Das Fleisch in Stücke zu je drei Rippen schneiden, säubern und die Stücke mit einer Mischung aus zehn zerdrückten Holunderbeeren und drei Prisen Salz einreiben.

Zwei Reiherhirne oder ein Lammhirn zwei Stunden lang in Zitronensaft einlegen und in Stücke schneiden. Die gewässerten Heringsfilets mit dem Hirn und den Majoranbüscheln füllen und die Rippenstücke damit spicken.

Die Rippchen auf den Grill legen, bis sie außen braun und innen noch fast roh sind.

Die Stücke nacheinander zu einem Pfund gehackten Speck und fünf klein geschnittenen Zwiebeln in einen Topf geben. Anbraten, bis sie braun werden. Dann zwei Prisen Salz und nach Bedarf eine kleine Tasse Malzschnaps dazugeben.

Anschließend die Hitze reduzieren und das Fleisch mit zwei gemahlenen Körnern langer Pfeffer oder ersatzweise zwei frisch gemahlenen schwarzen Pfefferkörnern, einer Unze Ingwer, einer geriebenen Kugel graue Ambra oder ersatzweise einem Viertel einer geriebenen Muskatnuss sowie einer gemahlenen Nelke würzen.

Zugedeckt braten, bis ein mittelgroßer Destillierkolben halb leer ist[33].

Nach Ablauf der Garzeit zwei Prisen Zimt und ein mit einer Unze Safran verschlagenes Hühnerei dazugeben. Bei kräftiger Hitze legieren; anschließend durch ein Sieb passieren.

Rippchen und Soße servieren und heiß verzehren.

Kommentar

Das kalte, düstere Schottland mit seinen Lochs und den steil zum Meer abfallenden Klippen ist und bleibt das Reich der Hexen und Schauplatz ihrer Riten.

Das Hirschkalb ist ein Symbol für die reine Liebe. Es wird nicht nur wegen seines delikaten Fleisches gerne gegessen, das nach dem vorliegenden Rezept zubereitet noch besser schmeckt. Angeblich sollen sich zudem die amourösen Fähigkeiten dessen, der davon isst, verzehnfachen.

Des Weiteren möchten wir auf den Reiher eingehen. Genau wie der Kranich ist er ein Wandervogel, »dessen Hirn außergewöhnlich nahrhaft ist. Es fördert Harnausscheidung und Beischlaf. Darüber hinaus ist es heiß im ersten und feucht im zweiten Grad«, behauptet Pisanelli. Dem stimmt Ububchasym zu. Er betont dabei auch, dass Hirne von unbeschädigten Tieren vorzuziehen seien, die in entsprechend gutem Zustand sind.

[33] Ein mittelgroßer Destillierkolben leert sich in etwa einer Stunde, die Hälfte in ungefähr dreißig Minuten.

88 Babystörche auf Brot[34]

Zutaten

Storchenfleisch ist eine typisch mittelalterliche Delikatesse. Heute muss es durch Drosselfleisch ersetzt werden. Sechs Drosseln, ein Pfund fetter Speck, zwei Lammhirne, drei Lorbeerblätter, zwei Zwiebeln, sechs Nelken, sechs Scheiben Bärenschinken oder sechs Scheiben magerer Schinken, zwei Hand voll Pilze, drei Trüffel, eine halbe Prise schwarze Nieswurz (mittelalterliches Hexengewürz, von dessen Verwendung wir abraten – siehe Kommentar), eine Prise Alraune, die gleiche Menge Borretsch und wilder Fenchel, eineinhalb Schöpflöffel Brühe vom jungen Huhn, drei Hahnenkämme und die Geschlechtsorgane einer Ente (mittelalterliche Zutat, die man durch zwei Lammhoden ersetzen kann), sechs Scheiben Brot, eine Prise Goldpulver oder ersatzweise eine Prise getrockneter und geriebener Rogen der Meeräsche, Salz, Milch.

Zubereitung

In einer großen Kasserolle ein Pfund gehackten Speck, die beiden Lammhirne und die beiden Lammhoden – beide Zutaten klein geschnitten (siehe Zutaten) – mit drei zerstoßenen Lorbeerblättern und einer halbierten Zwiebel anbraten. In die beiden Zwiebelhälften steckt man genauso viele Nelken, wie der Name des geliebten Menschen Buchstaben hat. Hat der Name eine gerade Zahl von Buchstaben, verteilt man die Nelken gleichmäßig auf beide Hälften. Ist die Anzahl der Buchstaben ungerade,

[34] Für diese raffinierte Delikatesse ist eine Brotscheibe (*bisca*) unerlässlich. Es handelt sich hier um einen Begriff aus dem Spanischen, der vermutlich den Ursprung des Gerichtes, die Provinz Biscaya, verrät.

befindet sich auf der einen Zwiebelhälfte eine Nelke mehr. Wenn die Zutaten zu duften beginnen, die Drosseln bei sanfter Hitze ebenfalls in die Kasserolle geben, salzen und leicht anbraten.

Inzwischen den Bärenschinken oder einen anderen mageren Schinken in sechs Scheiben schneiden, eine Handvoll frische Pilze putzen und drei Trüffel schälen. Pilze und Trüffel in Scheiben schneiden.

Die Hitze noch weiter reduzieren, die Zutaten in die Kasserolle geben und alles zugedeckt garen lassen.

Mit einer halben Prise schwarze Nieswurz (wir raten von der Verwendung dieser Pflanze ab, die in gewissen Hexenrezepten aus dem Mittelalter verlangt wird) sowie einer Prise Alraune, der gleichen Menge Borretsch und wildem Fenchel würzen. Köcheln lassen, damit die Drosseln den Geschmack der Gewürze annehmen. Wenn der Bratenfond zu stark einkocht, nach und nach mit ein paar Löffeln Hühnerbrühe, insgesamt einem knappen Schöpflöffel, aufgießen.

Anschließend eine weitere Hand voll klein geschnittene Pilze dazugeben. Man kann entweder frische oder getrocknete, eingeweichte und abgetropfte Pilze verwenden.

Fertig garen (höchstens aber so lange, bis eine halbe mittelgroße Kerze heruntergebrannt ist[35]), die beiden mit den Nelken gespickten Zwiebelhälften aus der Kasserolle nehmen. Inzwischen haben sich ihre Kräfte auf das Gericht übertragen. Sechs dicke Scheiben Brot im Ofen anrösten und mit ein paar Löffeln kochend heißer Hühnerbrühe beträufeln.

[35] Eine halbe mittelgroße Kerze brennt in einer knappen halben Stunde herunter.

Die Brotscheiben auf tiefe Teller verteilen, mit dem Bärenschinken oder den Schinkenscheiben belegen. Dann die angedickte Pilz-Trüffel-Soße aus der Kasserolle darüber geben.

Die Drosseln auf die duftenden Brotscheiben legen und jeden Vogel mit einem weiteren Löffel Bratenfond beträufeln.

Jede Portion dieser Delikatesse mit einer Prise Goldpulver oder einer Prise getrocknetem und geriebenem Rogen der Meeräsche bestäuben und servieren.

Kommentar

Im Mittelalter war die Bisca eine Fleisch- oder Fischsuppe, die über eine Scheibe Brot gegossen wurde. Seit dem siebzehnten Jahrhundert versteht man darunter ein Gericht, bei dem das in einer fetten Brühe gekochte Fleisch oder Gemüse mit dem Brot zu einem dicken Eintopf eingekocht wird.

»Wie Kranich und Reiher sind Störche heiß und trocken im zweiten Grad. Am besten fängt man sie mit einem Jagdfalken. Störche stärken alle, die sich – auch im Dienste der Venus – besonders verausgaben. Leider sind sie schwer verdaulich. Dem lässt sich jedoch vorbeugen, indem man den Storch mit heißen Gewürzen und Kräutern zubereitet« (Latini).

Das Fleisch der Drossel wurde bereits diskutiert.

Im Mittelalter war man der Ansicht, man könne die Leistung des menschlichen Gehirns steigern und seinen Gedanken und Wünschen außerordentliche Kraft verleihen – besonders jenen, die sich während des Essens regten, indem man das Hirn eines Tiers aß.

Die schwarze Nieswurz ist eine Giftpflanze (die im vorliegenden Rezept verwendete Dosis ist nicht giftig), die in Italien, den Alpen, vom Appenin bis zur Basilikata, aber auch in Nordfrankreich zu finden ist. Ihre Wurzel enthält die giftige Aconitsäure, die Glykoside Hellebrin und Helleborein sowie das Saponin Helleborin. Geringe Dosen verringern den Herzschlag, hohe Dosen beschleunigen ihn und erhöhen auf diese Weise den Blutdruck. Hellebrin und Helleborein sind Lokalanästhetika, Helleborin ist zudem ein Nies- und Betäubungsmittel. Wie alle anderen aus der Pflanze gewonnenen Extrakte reizen diese Substanzen die Schleimhäute, besonders im Magen-Darm-Trakt, und können zu schweren bis schwersten Vergiftungen mit den bereits beschriebenen Symptomen führen. Weiterhin kann es zu Durchfall, Delirium, Schläfrigkeit, Kollaps sowie Tod durch Herzstillstand kommen. Eine Bewusstseinsveränderung tritt nicht ein.

Der Nieswurz wurde entweder mit Opium, weiteren so genannten »Aphrodisiaka« und Wein zu einem berauschenden Getränk vermischt oder mit anderen Zutaten zu »Glückspillen« verarbeitet, die Anfang des neunzehnten Jahrhunderts in Europa in Umlauf kamen.

Wo diese Mischungen ihren Ursprung hatten, ob in den arabischen Ländern oder in Indien, und seit wann es sie gibt, ist nicht bekannt. Aus den begeisterten Schilderungen lässt sich jedoch schließen, dass ihre Popularität mit ihrer Verbreitung in gewissen europäischen Kreisen und ihrem Ruf, wirkungsvolle und berauschende Aphrodisiaka zu sein, zunahm. Tabelle 1 zeigt die Zusammensetzung der »Glückspillen«.

Tabelle 1

Chemische Zusammensetzung der Glückspillen

Das Geheimnis der Glückspillen liegt im Zusammenwirken der verschiedenen pharmazeutischen Wirkstoffe. Die in den Präparaten enthaltenen Substanzen wirken an den Rezeptoren für folgende Stoffe:

Pflanze	**Wirkstoff**	**Rezeptoren für**
Mohn	Opiumalkaloide	Opiate
Stechapfel	Tropanalkaloide	Acetylcholin
Gewürze	Verschiedene Amphetamine (aus den ätherischen Ölen oder durch Aminierung gewonnen)	Catecholamine
Cannabis	Tetrahydrocannabinol (THC)	Cannabinoide
Büffelkäse oder -butter	Tryptophan	Serotonin
Brechnuss	Strychnin	ß-Carboline

Bei der Alraune handelt es sich um ein unter anderem auch in Europa beheimatetes Nachtschattengewächs. Ihre Wurzel verströmt einen starken Duft. Sie schmeckt bitter, ist meist fleischig und kann bis zu sechzig Zentimeter lang werden. Außergewöhnlich ist auch ihre anthropomorphe Form: Die Wurzel sieht aus wie die Miniatur einer menschlichen Gestalt, einer Frau oder eines Mannes. Auf Grund dieser Besonderheit regte die Alraune seit jeher die Fantasie der Menschen stärker an als jede andere Pflanze.

In Ägypten war sie unter dem Namen *apenum* bekannt. Sie galt als Erossymbol und wurde auch als Aphrodisiakum eingesetzt. Der Papyrus Ebers, das älteste überlieferte Rezeptbuch, beschreibt die Verwendungsmöglichkeiten und enthält Rezepte, in denen die Alraune in Wein, Honig und Milch gerührt wird.

Wie Theophrast und Dioskurides belegen, war es in der griechischen Kultur ähnlich. In Griechenland galt die besondere Aufmerksamkeit der Wirkung der Alraune als sexuelles Halluzinogen. Die Satyrn nahmen sie ein, um ihre Erregung zu steigern. Bei Dioskurides findet sich eine Reihe von Bezeichnungen für die Alraune, die ihre Verwendung widerspiegeln.

Die Römer nannten die Alraune *mela canina* oder *mela terrestre.*

Im Orient erfreute sich die Alraune ebenfalls großer Beliebtheit als erotisches Stimulans. Dort wurde sie sowohl wegen ihrer beruhigenden als auch wegen ihrer anregenden Wirkung verordnet, galt aber hauptsächlich als Mittel zur Verbesserung der Empfängnis. Diese Funktion haben ihre Früchte – oder Liebesäpfel – auch in der Bibel.

Um die Alraune ranken sich eine Vielzahl von Legenden: Im Mittelalter glaubte man gar, sie habe eine Seele und töte denjenigen, der versucht, sie der Erde zu entreißen, mit unmenschlichem Geschrei. Sie ließ sich nur dann aus der Erde ziehen, wenn sie zuvor mit dem Urin einer menstruierenden Frau benetzt worden war. Es gab auch besondere Schutzamulette für die, die eine Alraune ernten wollten, ohne sich in Todesgefahr zu begeben. Wenn man kein solches Amulett besaß, lockerte man die Erde um die Wurzel, band einen schwarzen Hund mit einem

Seil daran fest und lockte ihn mit Brotstückchen fort. Der Hund zog die Wurzel aus der Erde und starb. Erst jetzt, so glaubte man, sei der Zauber der Alraune gebrochen und die Pflanze unschädlich gemacht.

Eine weitere Legende besagt, dass Wurzel und Pflanze nur dort wachsen, wo der Samen eines erhängten Diebes auf die Erde gefallen ist[36].

Es wurde auch behauptet, Alraunen ernte man am besten an einem Freitag bei Sonnenaufgang mit Hilfe eines schwarzen Hundes auf die zuvor beschriebene Art und Weise. Die Ohren verschließt man zusätzlich mit Baumwolle und Wachs. Wieder andere meinten, die Alraune müsse zwischen Ostern und Christi Himmelfahrt bei Vollmond von einer reinen, jungfräulichen Kreatur in völliger Stille geerntet werden.

Natürlich machten sich die Hexen diese Wurzel sofort zu eigen und mischten sie in die Salben, mit deren Hilfe sie zum Sabbat flogen. Sie lösten die Alraune in Fett und rieben Achselhöhlen und Unterleib mit der Salbe ein, die auch über die Schleimhäute der Vagina aufgenommen werden und sich so im ganzen Körper verteilen konnte. Je nach Dosis nutzten die Hexen die Alraune als Aphrodisiakum, als empfängnisförderndes Mittel, als Halluzinogen oder als Gift.

Bereits im Mittelalter fand man heraus, dass diese Pflanze auch giftige Bestandteile besaß, was die moderne Wissenschaft bestätigt. Die Wissenschaftler entdeckten auch, dass gerade die Alraunwurzel große Mengen von Atropin, Skopolamin und anderen giftigen Alkaloiden ähnlicher Art enthält.

[36] Dieser Dieb durfte angeblich auch kein gewöhnlicher Dieb sein, sondern musste der Sohn einer Diebin sein, die ihn genau in dem Augenblick empfangen hatte, als sie einen Diebstahl beging.

Eine angebliche empfängnisfördernde Wirkung, über die sich schon Niccolò Machiavelli in seiner Komödie *Mandragola* lustig machte, konnte indes nicht nachgewiesen werden. Trotzdem blieben die mysteriöse Faszination und der Glaube an eine heilende Wirkung der Alraune bis heute in der Volkskultur erhalten.

Erst im Oktober 1991 wurden in Palermo zwei Personen mit Alraunenvergiftung in die Notaufnahme eines Krankenhauses eingeliefert. Im ersten Fall handelte es sich um eine 28-jährige Frau, die hundert Gramm Alraune eingenommen hatte, im zweiten um einen 34-jährigen Mann, der mehr als zweihundert Gramm zu sich genommen hatte. Es stellten sich folgende Symptome ein: Herzrasen, Zittern, Bewusstseinstrübung in Folge starker Erregung sowie erweiterte Pupillen. Nur durch die umgehende Behandlung konnte verhindert werden, dass die Patienten ins Koma fielen.

Beschäftigen wir uns kurz mit den in diesem Rezept verwendeten Hahnenkämmen und dem Geschlechtsorgan der Ente.

»Enten sind, genau wie die Gänse, heiß und trocken im zweiten Grad. Sie sind gut für Melancholiker, da diese davon zunehmen, schaden jedoch allen anderen, da sie den Köper übermäßig belasten. Dies kann man vermeiden, indem man etwas Borax zu sich nimmt.« (Latini) Borax ist ein Mineralsalz, das in Farbe und Transparenz dem Steinsalz ähnelt. Es hat einen leicht säuerlichen Geschmack. Wenn man ihn aus der Erde holt und der Luft aussetzt, färbt sich Borax rostbraun oder dunkelgrün. Seine Oberfläche bekommt einen öligen Glanz, daher wird er auch als fetter Borax bezeichnet. Raffinierter und gereinigter Borax ist weiß. »Er ist scharf, reinigt die Drüsen des Darmgekröses, löst Leber- und Milzzirrhosen auf und Menstruationsblutungen aus« (Pisanelli).

Wie bereits erwähnt, ist der Hahn ein stolzes, überaus mutiges Tier, das zwölf Hennen auf einmal zu befriedigen vermag. Alten Überlieferungen zufolge sollen seine Geschlechtsorgane die Samenproduktion des Mannes anregen. Zu diesem Zweck wurden sie getrocknet, pulverisiert und in einer Dosis von etwa einem Gramm geschluckt.

Was das Lamm angeht, so rät Baldassare Pisanelli: »Es sollte männlich, etwa ein Jahr alt und kurz vor der Geschlechtsreife sein. Es empfiehlt sich, Lammfleisch im Winter zu essen, da es während dieser Jahreszeit seine natürliche Feuchtigkeit verliert. Es ist reich an Nährstoffen, beugt Melancholie vor und tut denjenigen gut, die heißes Blut haben. Die Lunge des Lamms eignet sich zur Behandlung von Lungenkrankheiten. Epileptiker heilt man, indem man ihnen täglich zwei bis acht Tropfen Lammgalle verabreicht. Das Lab der Lämmer macht unempfindlich gegen Gifte. Lammfleisch tut Kleinkindern gut, schadet Phlegmatikern und macht die Magensäfte zäh, da es überaus viel Feuchtigkeit enthält.

Man sollte es mit Rosmarin, Salbei, Nelken und anderen heißen Gewürzen braten, um ihm die Feuchtigkeit zu entziehen. Das Lamm ist heiß im ersten und feucht im zweiten Grad, das Fleisch des Milchlamms ist feucht im dritten Grad. Im Vergleich zu dem lobenswerten Fleisch eines ein Jahr alten männlichen Lamms ist das Fleisch weiblicher Tiere kein gutes Nahrungsmittel. Das Fell eines frisch gehäuteten Lamms oder Schafs bringt blaue Flecken zum Verschwinden.«

Das von Widder und Schaf gezeugte Junge gilt fünf oder sechs Monate als Lamm. Danach ist es das erwachsene Tier des einen oder anderen Geschlechts. Wenn man es kastriert, bekommt man einen Hammel. Ububchasym schreibt, das Fleisch des Widders sei: »Heiß und feucht im ersten Grad. Am besten schmecken die feisten einjährigen Widder. Das Fleisch ist dem gemäßigten 'Magen zuträglich. Das Knochenmark des Widders ist ein lösendes Heilmittel und ein Weichmacher. Paniert wird es auch als Aphrodisiakum verabreicht. Es schadet denen, die leicht Ekel empfinden. Diesen bekämpft man mit einer stopfenden Brühe.«

Das Fett des Schafs, das zur Behandlung von Ruhr und Unterleibskoliken eingesetzt wird, findet auch in der Herstellung sexuell stimulierender Salben Verwendung.

Äußerlich angewendet wirkt Schafswolle schleimlösend. Aus der Wolle gewinnt man zudem das Wollfett, eine Art fetten Schleim. Äußerlich angewendet, macht es die Haut zart, es heilt und lindert Schmerzen, hilft bei Erkältung und erregt die Sinne. In jungen Wein gerührter Schafskot ist ein wirkungsvolles Aphrodisiakum.

89 Langusten »Tempelritter«

Zutaten

Zwei Langusten, vier Prisen Salz, drei Lorbeerblätter, eine Knoblauchzehe, eine Zwiebel, ein halbes Pfund fetter Speck oder eine kleine Tasse Olivenöl, zwei Unzen Mehl, eine kleine Tasse Aquavit, eine halbe Hand voll Rosinen, eine halbe kleine Tasse Agrest, ein Hühnerei, eine Prise Vanille, die gleiche Menge Ingwer, zwei Trüffel, der Saft von zwei Granatäpfeln, vier Nelken.

Zubereitung

Zu Beginn des Frühlings, wenn die großen Geister am ehesten geneigt sind, uns ihre Gunst zu schenken, hat dieses Gericht die größte aphrodisierende Wirkung. Es handelt sich um ein Rezept aus Akko, das im zwölften Jahrhundert mit ein paar Templern nach Italien gelangte.

Einen großen Topf mit Wasser füllen und zwei Prisen Salz, drei Lorbeerblätter, eine Prise frischen Knoblauch und eine Zwiebel hineingeben. Die Zwiebel genau in der Mitte mit einem Apfelzweig durchbohren. Das Wasser zum Kochen bringen.

Die Langusten hineingeben und etwa zehn Minuten kochen lassen. Die Krustentiere nicht aus dem Wasser nehmen, sondern im Topf abkühlen lassen.

Dann die Langusten herausnehmen, abtropfen lassen und am Bauch kreuzförmig einschneiden.

Das Fleisch der Languste in einen tiefen Teller geben und mit einem weiteren Teller abdecken. Ein Tischtuch unterlegen und mit einem Haselnusszweig oder dem Apfelzweig, mit dem zuvor die Zwiebel durchbohrt wurde, ein Dreieck auf die Tischdecke ziehen.

Sodann Füße und Scheren des Krustentiers aufbrechen. Das Fleisch daraus mit dem Fleisch vom Kopf der Languste in eine weitere Schüssel geben und beiseite stellen.

Nun drei Kränze aus Eisenkraut um den Teller winden, der in dem Dreieck steht, und die Kränze vier Mal um den Teller drehen. Nach jeder vollen Umdrehung spricht man den Namen des Objektes der Begierde laut aus und steckt eine Nelke in das Langustenfleisch.

Ein halbes Pfund fetten Speck bei sanfter Hitze auslassen, zwei Unzen Mehl sowie zwei Prisen Salz einrühren. Die Mehlschwitze nach und nach mit einer Tasse Aquavit aufgießen. Eine halbe Handvoll Rosinen dazugeben und mit einem Holzkochlöffel gut umrühren. Wenn die Soße andickt, eine halbe kleine Tasse Agrest dazugeben und mit einer Prise Vanille sowie der gleichen Menge Ingwer würzen.

Köcheln lassen. Ein Hühnerei verschlagen und mit den übrigen Zutaten unter die Soße rühren. Wenn die Soße erneut andickt, die Fleischstücke aus der beiseite gestellten Schüssel hineingeben.

Garen, bis das Fleisch des Krustentiers eine purpurne Farbe annimmt.

Mit zwei in Stücke geschnittenen Trüffeln verfeinern.

Zugedeckt einkochen lassen.

Die Soße kochend heiß auftragen und den Teller mit dem Langustenfleisch aus dem magischen Dreieck nehmen. Das Fleisch ist nun von positiven Einflüssen durchdrungen und kann serviert werden.

Diesen Leckerbissen genießt man lauwarm: Die Soße macht das Langustenfleisch zu einem wahren Wundermittel.

Kommentar

Akko war die letzte Festung der Tempelritter im Heiligen Land, die 1291 an die Sarazenen fiel.

Der Orden der »Armen Ritterschaft Christi vom Salomonischen Tempel« entwickelte sich aus einer Gruppe frommer Soldaten unter der Führung von Hugo von Payns, der einer Seitenlinie der Grafen von Troyes entstammte. Der Orden hatte die Aufgabe, die Pilger auf ihrem gefährlichen Weg von Jaffa, wo die Schiffe an der Küste von Palästina anlegten, nach Jerusalem und zurück zu beschützen. Die Ritter lebten nach der Ordensregel des heiligen Antonius und erhielten Rat und Führung vom Orden vom Heiligen Grab, der in Jerusalem seinen Sitz hatte. König Balduin von Bouillon, Nachfolger und Bruder von Gottfried von Bouillon, hieß sie willkommen und ließ sie im östlichen Flügel seines Palastes unterbringen. Genau dort, so glaubte man, habe früher der Tempel Salomons gestanden. Die Templer lebten nun Seite an Seite mit einem anderen bedeutenden Monument, der Al-Aksa-Moschee.

Das erste Siegel der Templer zeigt zwei Ritter auf demselben Pferd und sollte die Prinzipien von Armut und Brüderlichkeit darstellen, nach denen der Orden lebte. Doch die Ritter des neuen Ordens beklagten sich bald darüber, dass ihre Verdienste um das Christentum weder anerkannt noch bezahlt wurden. Schließlich kam es zu einem Treffen zwischen Hugo von Payns und Bernhard von Clairvaux, das zum Konzil von Troyes im Jahre 1128 und damit zur kirchlichen Anerkennung der Tempelritter führte. Die Kirche gab den Rittern eine weitere Ordensregel, die der Zisterzienser. Aus ihnen war nun ein kirchlicher Ritterorden geworden, der nur dem Gesetz Gottes unterstellt war.

Bald darauf versicherte das katholische Europa die Tempelritter seiner Zustimmung und legitimierte so ihre Schlachten sowie auch das damit verbundene Blutvergießen. Der Orden erhielt zahlreiche Schenkungen und wurde sehr schnell reich. Bereits 1147, als Ludwig VII. zum Kreuzzug aufbrach, hatten die Tempelritter die Funktion von Bankiers übernommen. Der Johanniterorden, der ebenfalls im Heiligen Land ansässig war, hatte sich ähnlich entwickelt. Er hatte jedoch keinerlei militärische Aufgaben, sondern war allein für die medizinische Versorgung zuständig.

Die Templer genossen zahlreiche Privilegien. So waren sie unter anderem der bischöflichen Weisungsgewalt entzogen und vom Zahlen des Zehnten freigestellt. Schon bald beschuldigten die Bischöfe die Tempelritter des Machtmissbrauchs und monierten den Bau ihrer Kirchen und Herbergen. Der Baustil der Templer orientierte sich an der runden Form der Jerusalemer Grabeskirche, oder Tempel des Herrn, sowie am achteckigen Grundriss der Grabeskirche, die sich ebenfalls in Jerusalem befindet.

Im Laufe der Zeit geriet der Orden, dessen Ruhmestaten ihm überall Anerkennung verschafft hatten, immer mehr ins Wanken, statt endgültig Fuß zu fassen. Das lag zum einen daran, dass die Ritter nicht mehr bereit waren, Opfer zu bringen, und zum anderen daran, dass sie den Neid der gesamten katholischen Welt auf sich gezogen hatten und diese sie nun der Habgier, der Sodomie und der Ketzerei bezichtigte und ihnen vorwarf, vom Glauben abgefallen zu sein und den Götzen Baphomet anzubeten, der häufig mit Mohammed gleichgesetzt wurde. Nach dem Fall Akkos, der letzten Bastion, im Jahr 1291 zogen sich Templer und Johanniter auf die Insel Zypern zurück. Die europäischen Könige, ganz besonders der König Frankreichs, forderten, die Tempelritter sollten sich mit den Johannitern zu einem Orden vereinigen und das Heilige Land zurückerobern.

Papst Klemens V. zitierte den letzten Großmeister des Ordens, Jakob von Molay, 1307 zu klärenden Gesprächen nach Paris, wo der Großmeister samt Gefolge verhaftet wurde. Nach einem Schnellverfahren erging das bereits erwähnte Urteil.

Das vorliegende Rezept stammt aus der Blütezeit des Ordens, als die Ritter, so lauteten zumindest die Vorwürfe, ein Leben in Reichtum und Zügellosigkeit führten.

Beschäftigen wir uns mit dem wichtigsten Bestandteil des Rezeptes, der Languste.

Latini schreibt: »Die Languste erfreut sich großer Beliebtheit und besitzt dreierlei Arten von Fleisch: Das Fleisch des Halses hat, ebenso wie das des Körpers, einen eigenen Geschmack. Wieder anders schmeckt das Fleisch in der Nähe des Schwanzes. Dieser Fisch (natürlich handelt es sich nicht um einen Fisch, sondern um ein Schalentier – *Anmerkung der Autoren*) ist zu jeder Jahreszeit, besonders aber im Herbst und im Frühjahr, ein Genuss. Die Weibchen haben das bessere Fleisch. Es ist sehr nahrhaft, aber nur schwer verdaulich. Die Languste ist heiß im ersten Grad, kalt im zweiten. Langusten findet man überall im Überfluss. Zu ihren positiven Eigenschaften zählt, dass sie den Geschlechtstrieb steigern. Langusten kocht man am besten in Wasser, Essig und Salz und serviert sie mit ausgefallenen Soßen.«

90 Goldbraune Creme

Zutaten

Drei Esslöffel Reispulver, ersatzweise weißes Mehl, vier Hühnereier, ein Entenei, ein Pint Milch, vier Esslöffel Olivenöl, ein Teelöffel Zucker, zwei Paradieskörner oder die gleiche Menge schwarzer Pfeffer, eine Prise Muskatnuss, zwei Prisen Salz.

Zubereitung

Drei Esslöffel Reispulver oder die gleiche Menge weißes Mehl in eine große Schüssel geben. Vier Hühnereier, ein Entenei sowie eine Prise Salz dazugeben. Die Zutaten kräftig mit dem Schneebesen verrühren, so dass eine glatte Mischung ohne Klümpchen entsteht.

Die Eiermasse langsam in ein Pint Milch rühren und bei kräftiger Hitze aufwallen lassen. Anschließend bei mäßiger Hitze zu einer dickflüssigen Creme einkochen.

Die Creme in eine breite Schüssel gießen und abkühlen lassen. Nun die Masse in Stücke schneiden und in vier Esslöffeln Olivenöl anbraten.

Die goldbraunen Stücke auf einen Teller legen und mit einer Mischung aus einem Teelöffel Zucker, zwei gemahlenen Paradieskörnern oder zwei gemahlenen schwarzen Pfefferkörnern, einer Prise Muskatnuss und, je nach Bedarf, zwei Prisen Salz bestreuen.

Dieser delikate Nachtisch wird kalt serviert.

Kommentar

Die kalorienreichen Zutaten verleihen dieser Creme ihre stärkende Wirkung, die von den sexuell anregenden Gewürzen noch gesteigert wird.

91 Eier »Jeannette Biscar«

Zutaten

Zwei schwarze Trüffel, vier Hühnereier, zwei Esslöffel alter Malvasier, ein Esslöffel Aquavit, ein Tropfen Zimttinktur oder eine Prise Zimtrinde, zwei Prisen Salz, zwei Paradieskörner oder ersatzweise zwei gemahlene schwarze Pfefferkörner, ein kleines Stückchen Bernstein oder ersatzweise vier Skrupel getrockneter und geriebener Rogen der Meeräsche, zwei oder drei Unzen fetter Speck.

Zubereitung

Dies ist ein Gericht für zwei Personen.

Zwei schwarze Trüffel mit allergrößter Vorsicht abschaben, abbürsten und in Scheiben schneiden. Dann reinigt man sie von allen negativen Einflüssen, indem man mit einem Magnetstein oder einem Magneten darüberfährt. Die Trüffelscheiben auf zwei feuerfeste Förmchen verteilen und mit je zwei Esslöffeln altem Malvasier sowie einem Esslöffel Aquavit beträufeln, der mit einem Tropfen Zimttinktur oder einer Prise Zimtrinde verrührt wurde.

Nun die folgenden Zutaten in der angegebenen Reihenfolge dazugeben: zwei Prisen Salz (eine Prise je Förmchen), zwei gemahlene Paradieskörner oder ersatzweise zwei frisch gemahlene schwarze Pfefferkörner sowie ein kleines Stückchen Bernstein (ein halbes Stückchen pro Förmchen), das man auch durch zwei Skrupel getrockneten und geriebenen Rogen der Meeräsche ersetzen kann.

Etwas ruhen lassen. Sodann einige Teelöffel ausgelassenen Speck in jedes Förmchen geben und diese ein paar Minuten in den heißen Ofen stellen. Die heißen Förmchen aus dem Ofen nehmen und in jedes zwei Hühnereier schlagen. In den Ofen zurückstellen, bis die Eigelbe fest sind.

Damit sich das Objekt der Begierde nicht den Mund verbrennt, sollte man die Förmchen vor dem Servieren einen Augenblick abkühlen lassen.

Kommentar

Jeannette Biscar, eine französische Hexe, kreierte zahlreiche Eierrezepte. Wie man erzählt, soll der Teufel selbst sie in Gestalt eines Ziegenbocks zum Sabbat begleitet haben.

Der alte Malvasier verbindet sich mit dem mit Trüffeln, Zimt, Paradieskörnern und Bernstein aromatisierten Aquavit zu einer nahrhaften Soße. Die Enteneier verstärken seine anregende Wirkung.

Ein magisches Utensil ist der Magnetstein. Er ist dafür bekannt, dass er Metall, ganz besonders das Eisen, anzieht. Der Stein wurde pulverisiert und unter Salben, Mittel und Cremes gerührt, die auf die Genitalien aufgetragen eine sexuell stimulierende Wirkung entfalten sollten.

92 Liebestorte

Zutaten

Fünf Tropfen Myrrhenextrakt, die gleiche Menge Fünffingerkrautextrakt (beide Zutaten sind typisch für Hexenrezepte des Mittelalters. Unseren Untersuchungen zufolge haben sie jedoch keinerlei Einfluss auf das Gelingen des Rezeptes. Wir haben sie lediglich angeführt, um dem Originaltext treu zu bleiben), zehn Tropfen Vanilleextrakt, ein Pfund Butter, fünf Hühnereier, ein halbes Pfund weißes Mehl, ein Pfund Aprikosen- oder Preiselbeerkonfitüre, zweieinhalb Pfund Honig.

Zubereitung

Das Rezept für diese Torte stammt aus dem *Grimoire* einer Hunnenprinzessin und Hexe, die im Spätmittelalter lebte. Es handelt sich hier um den Vorläufer der *Sachertorte.*

Mit der Zubereitung dieses Rezeptes beginnt man, wenn die Planetenstunde[37] des Mars verstrichen ist und die Planetenstunde der Sonne anbricht. Vor dem Kochen ruft man zuerst *Cromasis* als göttlichen Zeugen an; in der

[37] Eine Planetenstunde besteht nicht aus sechzig, sondern aus fünfundsiebzig Minuten.

dritten Stunde Merkurs bittet man um den Schutz *Holdas*.

Wenn man diese Regeln befolgt hat, löst man zehn Tropfen Vanilleextrakt, fünf Tropfen Myrrhenextrakt, die gleiche Menge Fünffingerkrautextrakt sowie ein Pfund Butter im Wasserbad auf. Die Mischung in eine Schüssel umfüllen und mit einem halben Pfund Honig sorgfältig zu einer dicken, sämigen Masse verrühren.

Nacheinander fünf Eigelbe zugeben und unterrühren. Ein halbes Pfund weißes Mehl einrieseln lassen und zum Schluss die fünf steif geschlagenen Eiweiß unterheben.

Eine Backform mit etwas Butter einfetten, einem Hauch weißem Mehl bestäuben und den Teig hineinfüllen.

Bei geringer Hitze im Ofen backen.

Nach dem Backen die Torte abkühlen lassen, bis die Planetenstunde der Venus etwa halb verstrichen ist. Waagerecht durchschneiden und mit einem Pfund Aprikosen- oder Preiselbeerkonfitüre füllen.

Die beiden Hälften wieder aufeinander setzen und mit zwei Pfund zerlassenem Honig bestreichen.

Die Torte ist fertig, wenn der Honig zu einer glänzenden Glasur getrocknet ist.

Kommentar

Alle Zutaten der Liebestorte sind anregend, blutstauend und kalorienreich.

Sein wunderbarer Duft und die beigemischten Essenzen machten den als »Smyrna« bekannten Myrrhenextrakt in der gesamten arabischen Welt zu einem beliebten Aphrodisiakum. Am Fünffingerkraut wie an der Schafgarbe schätzte man die anregende Wirkung. Um den gewünschten Effekt zu erzielen, trank man eine oder zwei

Stunden vor dem Liebesakt einen aus den Blättern der Pflanze gebrühten Tee oder kaute ein paar Stängel.

Aprikosen- und Preiselbeerkonfitüre bewirken einen leichten Blutstau im kleinen Becken und haben einen zarten, süßen Geschmack, der über die Geschmacksnerven die Sexualität anregt.

Hochinteressant ist auch die magische Zubereitung der Torte, mit der man beginnt, wenn die Planetenstunde des Mars abgelaufen ist. Die Planetenstunden berechnen sich nach dem Lauf der Planeten im Verhältnis zur Umlaufbahn der Erde. Im Gegensatz zur Sonnenstunde umfasst eine Planetenstunde fünfundsiebzig Minuten. Die Beschwörung von Cromasis in der dritten Merkurstunde und Holdas sichern dem Kuchen einen Platz in der Welt der teuflischen Versuchungen.

Die Hunnen

Im Jahre 370 nach Christus überquerten die in der asiatischen Steppe beheimateten Hunnen den Don. Sie breiteten sich überall in Mitteleuropa aus und plünderten alle Orte, durch die sie kamen. Unter der Führung Attilas schufen sie ein Reich, das unter anderem ganz Deutschland und alle Länder entlang der Donau umfasste. Nach dem Tod der *Geißel Gottes,* wie ihr schrecklicher König genannt wurde, brach das Imperium der Hunnen zusammen. In den eroberten Ländern, besonders in Österreich, Ungarn, im Trentino sowie in Süddeutschland, blieben nur einige verstreute Hunnenstämme zurück. Im Mittelalter blühte dort die Hexenkunst, und mancherorts hielt sie sich bis heute.

Modernen Anthropologen zufolge hielten besonders die Frauen dieses abergläubischen Volkes die alten Traditionen, Riten und Religionen am Leben, so wie es auch beim kleinen Volk in Großbritannien und in Nordfrankreich der Fall war. Den Platz ihrer Götter nahmen die Teufel ein, die einzigen übernatürlichen Wesen mit Hörnern, die die christlichen Eroberer kannten.

In den Landstrichen, in denen sie lebten, und für die Hexen der Hunnen war es typisch, dass sie die Menschen mit Süßigkeiten anlockten und sie sich so gefügig machten. Das zeigen das Märchen von Hänsel und Gretel, aber auch viele trentinische Sagen.

Süßigkeiten sind und bleiben die Waffe der hunnischen Hexen im Kampf um Liebe und Sex. So gelang es ihnen, auch junge Männer an sich zu binden, die sie andernfalls keines Blickes gewürdigt, geschweige denn als Partnerin in Betracht gezogen hätten. Darüber hinaus waren Süßigkeiten ein bewährtes Mittel, um neue Schüler zu gewinnen und deren Seele dem Teufel zu verschreiben.

Die Schokolade wurde im siebzehnten Jahrhundert erfunden. Der damals völlig neue Geschmack machte sie in kürzester Zeit zu einer beliebten und begehrten Leckerei.

Während des Wiener Kongresses im Jahr 1815 war Franz Sacher[38], der berühmte Küchenchef des Fürsten Metternich, mit der Erstellung des Menüs betraut. Er er-

[38] Sacher war der Rivale des großen französischen Kochs Careme, des Küchenchefs von Talleyrand.

setzte den Honig in der *Liebestorte* durch Schokolade, was so großen Anklang fand, dass die Schokolade zum Hauptbestandteil der Torte wurde. Unter dem Namen *Sachertorte*[39] wurde der mit Schokolade verfeinerte Kuchen zur bekanntesten und beliebtesten Süßspeise der Habsburger Monarchie. Die beste Sachertorte bekommt man auch heute noch in Wien, in der Konditorei Demel.

93 Nektar zur Freude des kleinen Volkes

Zutaten

Drei Hühnereigelbe, zwei Prisen Ingwerpulver, ein Viertel einer geriebenen Muskatnuss, zwei Esslöffel Honig, ein Skrupel Vanille, eine Prise Korianderpulver, der Saft eines Granatapfels, ausreichend Wacholderschnaps.

Zubereitung

Mit dem Schneebesen oder dem Mixer nacheinander drei Hühnereigelbe schaumig schlagen. Ein Viertel einer geriebenen Muskatnuss, zwei Prisen Ingwerpulver und zwei Esslöffel Honig dazugeben.

Gut umrühren. Eine Prise Korianderpulver, Saft eines Granatapfels sowie ein Skrupel Vanille hineingeben.

Zu einer homogenen Mischung verrühren und diese in ein Gefäß oder einen großen Krug aus Ton umfüllen.

Mit der gleichen Menge Wacholderschnaps auffüllen.

Sorgfältig mit einem Lorbeer- oder Eichenzweig um-

[39] Zu diesem Erfolg trug auch Frau Sacher mit der Eröffnung des berühmten Hotels Sacher und der angrenzenden Konditorei in der Philharmonikerstraße in Wien ihren Teil bei. Spezialität des Hauses ist und bleibt die *Sachertorte* – wie könnte es auch anders sein.

rühren. Heute kann man stattdessen auch den Mixer verwenden. Gut zudecken und zwei Wochen ruhen lassen.

Danach durch ein weißes Baumwolltuch filtern oder ein kleines Stück Mull nass machen, auswringen, falten, in ein Sieb legen und die Flüssigkeit hindurchgießen.

In eine Flasche füllen, und fertig ist das Getränk.

Kommentar

Über das so genannte kleine Volk haben wir bereits ausführlich gesprochen. Nach Ansicht von Margaret Murray und vielen anderen Anthropologen flüchteten sich die Ureinwohner der Britischen Inseln, Frankreichs und Deutschlands in die Wälder, um auf diese Weise den Übergriffen der Eindringlinge aus dem Osten, der Goten, Vandalen und Hunnen, zu entgehen. Sie lebten von der Viehzucht, pflegten die Traditionen, Religionen und Götter und dienten besonders dem Gehörnten Gott. Dennoch wurden sie im Laufe der Zeit von den anderen Stämmen aufgespürt und unterworfen und schließlich von ihnen geschluckt.

Die ethnische Gruppe des kleinen Volkes musste sich im direkten Kontakt mit den inzwischen christianisierten Eroberern fügen. Das kleine Volk ging in der anderen Kultur auf und tauschte seine Religion gegen das Christentum, ersetzte den Gehörnten Gott aber nicht durch den christlichen Gott, sondern durch den Teufel, den es im Geheimen anbetete.

Wie kam das kleine Volk zu seinem Namen? Vermutlich weil diese Menschen sehr viel kleiner waren als alle anderen. Elfen, Feen, Gnome, kleine Geister und Zwerge, also Wesen, die schnell laufen und sich flink vor Eindringlingen verstecken konnten, gehörten zum kleinen Volk. Sie ernährten sich von den Früchten des Waldes, die auch Bestandteil dieses Nektars sind, und aus denen sie auch Speisen und Tränke herstellten, die Sexualität und Fortpflanzung anregen sollten.

94 Le coq zu Ehren Zarathustras

Zutaten

Ein Pint Weißwein, zehn Tropfen Zimtessenz, zehn Tropfen Vanilleessenz, eine Prise Ingwer.

Zubereitung

Zehn Tropfen Zimtessenz, die gleiche Menge Vanilleessenz sowie eine Prise Ingwer in ein Pint Weißwein mischen.

Den gewürzten Wein durch ein weißes Tuch gießen oder ein Stück Mulltuch anfeuchten, auswringen, zur Hälfte falten, in ein Sieb legen und die zu filternde Flüssigkeit hineingießen.

In eine Flasche abfüllen und eine ganze Mondphase lang in einem dunklen Raum lagern.

Danach kann der Wein ausgeschenkt werden.

Kommentar

Zarathustra oder Zoroaster, wie er von Griechen und Römern genannt wurde, war der Begründer einer Religion, die ihre Blütezeit im sechsten Jahrhundert vor Christus hatte und auf dem immerwährenden Konflikt zwischen Gut und Böse basiert. Zarathustras Lehren wurden in bekannten Schriften wie der *Avesta* festgehalten, die auch die Grundlage des nach seiner höchsten Gottheit *Ahura Mazda* benannten *Mazdaismus* bildet. Der Mazdaismus wird manchmal auch als *Parsismus* bezeichnet, nach den Parsen, die ihn noch heute in Indien praktizieren. Auch Friedrich Nietzsche ging in seinem Werk *Also sprach Zarathustra* auf die Lehre Zarathustras ein.

Der *Zarathustrismus* ist eine Heilslehre, die – wie bereits erwähnt – von der Dualität der Gegensätze bestimmt ist. Er hat seinen Ursprung in zwei antagonistischen Prinzipien: einem guten und einem bösen Geist. Der gute Geist ist *Mazda,* »der Weise Herr«. Er unterscheidet sich theoretisch von der Sonne, der höchsten Gottheit der zarathustrischen Religion, die unter diesem Gesichtspunkt als monotheistisch gelten kann. Der böse Geist ist *Angra Mainyu.* Er ist kein Gott, sondern die Umkehrung der göttlichen Idee, der Antigott.

Auf diese beiden Wesen folgen zwei einander entgegengesetzte hierarchische Ordnungen: die unsterblichen Heiligen und die *antiamesas spentas*; danach folgen an untergeordneter Stelle zuerst die *Verehrungswürdigen,* dann die *Dämonen.*

Im Universum drückt sich dieser Dualismus in dem immerwährenden Kampf zwischen guten Kreaturen (wie dem Ochsen, dem Hund, essbaren Pflanzen und nützlichen Metallen) und bösen Kreaturen (wie dem Tiger, dem Wolf, der Schlange, giftigen Pflanzen und Metallen) aus. Der Mensch gehört weder der einen noch der anderen Gruppe an: Er verfügt über einen freien Willen und hat die Wahl. Entscheidet er sich für das »Gute«, findet er Zugang zur zoroastrischen Religion und ihren heiligen Schriften.

Wenn ein Mensch stirbt, verlässt seine Seele den Körper und begibt sich innerhalb der folgenden drei Tage zum *Cinvant,* der Brücke der Trennung, die Himmel und Erde voneinander teilt. Dort begegnet sie den drei Richtern *Mitthura, Sraosa* und *Rasnu. Rasnu* wägt nun die guten und schlechten Taten des Verstorbenen gegeneinander ab. Überwiegt das Gute, darf die Seele die Brücke überqueren und in den Himmel *Ahura Mazdas* aufsteigen, wo sie mit seinem spirituellen und transzendenten Prinzip wiedervereinigt wird. Überwiegen die schlechten Taten, wird die Brücke so schmal wie ein Haar. Der Verdammte fällt in den Abgrund der Unterwelt, wo er unbeschreibliche Qualen erleidet.

Im Zarathustrismus dauern weder das Paradies noch die Hölle ewig. Beide enden mit dem Weltuntergang, wenn ein Fluss aus geschmolzenem Metall die Welt überflutet. Die Verstorbenen werden wieder zum Leben erweckt: Die Guten bleiben unverletzt, die Bösen verschwinden aus der Welt, bis sie vom Feuer gereinigt sind.

Im Zarathustrismus waren kultische Handlungen den Priestern vorbehalten. Dieses Amt ging vom Vater auf den Sohn über, die Initiation dauerte sieben Jahre. Nach einer Lehre und verschiedenen Ausbildungen kam die Zeit als Kaplan, der schließlich die Priesterweihe folgte. Der Hohepriester wurde schließlich *Zarathushtrotema* genannt.

Wichtigster Bestandteil der Religion war der Feuerkult. Das Feuer durfte niemals ausgehen und nicht durch unreine Elemente wie den Kot von Tieren oder Kadaverteile genährt werden.

Aus diesem Grund kannten die Anhänger des Zarathustrismus auch keine Feuerbestattung oder Einäscherung. Sie legten die Körper der Verstorbenen auf Metallbahren und brachten sie zu dem so genannten Turm des Schweigens (*dakhma*), in den sie sie nackt hineinlegten. Dieser Turm war teilweise von einem trichterförmigen Dach bedeckt, in dessen Mitte sich ein Loch befand. Die

Leichname waren Wind, Wetter und Geiern ausgesetzt, bis nur noch die Knochen übrig blieben. Erst jetzt wurden die Skelette in eine Grube geworfen, die in einen Teil des Daches mündete.

Interessant ist für uns das Getränk, das so genannte *haoma*, das gewöhnlich nur die Gläubigen als Rauschmittel zu sich nahmen und dessen Zusammensetzung verloren ging. Bekannt ist lediglich, dass es Zarathustra verordnet worden war. Dieser untersagte jedoch den Gebrauch, nachdem er davon gekostet und seine Wirkung gespürt hatte. Erst nach seinem Tod wurde dieses Getränk wieder verwendet und zu einem wichtigen Bestandteil des Kultes.

Der Zarathustrismus hatte seinen Ursprung bei den Medern, verbreitete sich bei den Persern und erreichte seinen Höhepunkt unter den Sassaniden, die auf die griechisch-mazedonische Herrschaft folgten, sowie bei den Parsen, um schließlich unter islamischer Herrschaft weiter zu existieren. Der endgültige Niedergang des Zarathustrismus kam mit den Mongolen. Derzeit gibt es einen Kern von etwa 100 000 Gläubigen in der Nähe von Bombay, wo noch ein wunderbarer *dakhma* zu bewundern ist. In Persien überlebten nur in schwer zugänglichen Regionen vereinzelte Gruppen von zehn- oder zwölftausend Menschen.

Kehren wir zu unserem Rezept, einem Gewürzwein, zurück. Wie manche meinen, geht seine Zusammensetzung auf das verloren gegangene Rezept des *haoma* zurück. Das Getränk ist zitronengelb und erinnert an den Saft der reifen Früchte des Zitronatzitronenbaums. Wein von Reben, die auf einem Hügel wachsen, verstärkt sein typisches Aroma. In größeren Mengen wirkt es berauschend und macht schließlich betrunken, doch seine Wirkung lässt schnell nach. Es verdünnt die Ausscheidungen und wärmt. Den Namen *le coq*, die französische Bezeichnung des Hahns, Protagonist erotischer Fabeln wie der altfranzösischen Fabliaux, der Canterbury Tales, Tausendundeinernacht und der Fabeln Jean de la Fontaines, trägt es wegen des starken sexuellen Reizes, den es auslöst.

95 Posse d'amour

Zutaten

Zwei Hühnereigelb, ein Pint Rotweindestillat, ein Pint Sauerkirschschnaps, ein Pint starker Malvasier, eine Prise Alraune, sieben Tropfen Zimttinktur, die man auch durch ein Stück Zimtstange ersetzen kann, eine Prise Rettich, drei Lattichblätter.

Zubereitung

Zwei Hühnereigelbe mit einem Apfel- oder Lorbeerzweig oder einem Schneebesen verschlagen. Man kann auch einen Mixer verwenden. Einen Drittelliter Rotwein, die gleiche Menge Sauerkirschschnaps sowie die gleiche Menge starken Malvasier dazugeben.

Sorgfältig umrühren. Eine Prise Alraune, sieben Tropfen Zimttinktur oder eine großzügige Prise Zimtrinde sowie eine Prise geriebenen Rettich einrühren.

Erneut sorgfältig umrühren, die Mischung in ein Gefäß gießen und sorgfältig verschließen.

Drei Tage an einem kühlen Ort ruhen lassen, dabei zweimal täglich umrühren.

Nach Ablauf der Ruhezeit acht kleine Löcher in drei gewaschene und magnetisierte Lattichblätter stechen und die Blätter auf ein Tuch legen. Die Mischung darübergießen oder einfach durch ein Sieb filtern, das mit zwei Schichten angefeuchtetem und ordnungsgemäß ausgewrungenem Mulltuch ausgelegt wurde.

Das Getränk in eine Flasche füllen und bei Bedarf zwei kleine Gläser davon trinken. Zwischen dem ersten und dem zweiten Glas sollte man so viel Zeit verstreichen lassen, wie es dauert, bis ein Drittelliter durch den Destillierkolben gelaufen ist[40].

Kommentar

Dieser Liebestrank besteht zu einem Drittel aus Rotwein, der dem Körper gleich fünfmal gut tut: Er fördert den Beischlaf, ist leicht verdaulich, erhöht die Harnausscheidung und macht den Teint rosig. Er dämpft den scharfen Geruch von Körperschweiß und macht ihn sogar wohlriechend. Ähnlich positiv wirkt er auf die Seele: Er verleiht Hoffnung, Kühnheit und Weitsicht, mildert Arroganz, unterstützt noble Gedanken und hehre Ziele und weckt die Lebensgeister.

Der Malvasier, ein süßer Weißwein, macht das zweite Drittel des *Posse d'amour* aus, während das letzte Drittel aus Sauerkirschschnaps besteht. Wie man weiß, hat eine solche Mischung aus verschiedenen Wein- und Schnapssorten eine deutlich stärkere Wirkung. Dazu kommen aphrodisierende Kräuter wie die Alraune. Früher glaubte man, dieser Trank steigere die Potenz. Die Rettichwurzel, ein weiterer Bestandteil des Tranks, ist in dieser Hinsicht besonders wirkungsvoll.

[40] Diese Menge lässt sich in etwa eineinhalb Stunden destillieren.

96 Holdas Bier

Zutaten

Ein Pint Bier, ein Pint Wacholderschnaps, drei Hühnereier, ein Entenei oder ersatzweise zwei weitere Hühnereigelbe, eine halbe geriebene Muskatnuss, zwei Prisen Ingwer, zwei Prisen Alraune.

Zubereitung

Ein Pint Bier erwärmen. Das lauwarme Bier mit der gleichen Menge Wacholderschnaps vermischen, dann drei Hühnereier und ein Entenei (siehe Zutaten) dazugeben.

Mit einem Stock aus Sandelholz umrühren, heutzutage kann man sich die Arbeit auch mit einem Mixer erleichtern. Mit einer halben geriebenen Muskatnuss, zwei Prisen Ingwer und der gleichen Menge Alraune würzen.

Fünfmal von einem Tongefäß ins andere umfüllen. Zwei Gefäße sollten dafür genügen. Anschließend die Flüssigkeit langsam aus einer Höhe von einer Handbreit (11 Zentimeter), dann aus einer Höhe von einem Fuß (etwa 33 Zentimeter) in das jeweils andere Gefäß schütten.

Auf diese Weise wird das Getränk schaumig und cremig. Wer ein Tässchen davon trinkt, wird ausgesprochen fröhlich.

Kommentar

Der wichtigste Bestandteil des Rezeptes ist das Bier. Dieses alkoholische Getränk entsteht durch das Vergären verschiedener Körner wie Weizen, Gerste, Hafer und Reis unter Zugabe von Hopfen und Malz. Soll das Bier Holdas einen dunkeren, roten Farbton haben, verwendet man dunkles Bier. Ob hell oder dunkel – Bier ist immer ein erfrischender, nährstoffreicher Durstlöscher. Es erleichtert das Zunehmen, wirkt berauschend, macht trunken und verursacht Blähungen und plötzlichen starken Harndrang. Es bewirkt einen kräftigen Blutstau im kleinen Becken, erregt die Sinne und erleichtert das Einschlafen.

Der beigemischte hochprozentige Wacholderschnaps verstärkt seine erotisierende Wirkung noch.

Die Eier geben Kraft, Gewürze und Alraune dienen als Aphrodisiaka.

97 Wasser der Fröhlichkeit

Zutaten

Zwei Skrupel Rosmarin, drei Prisen Kreuzkümmelsamen, drei Prisen Bärenklau, zehn Blätter der Tollkirsche, ein Teelöffel Zimtpulver, zwei Pint klares Wasser (ersatzweise ein erstklassiges Mineralwasser ohne Kohlensäure), vier Pint Birnenschnaps, dreißig Tropfen Orangenblüten-Urtinktur.

Zubereitung

Das *Wasser der Fröhlichkeit* setzt man im Juni, etwa zur Sommersonnwende, bei Vollmond an.

Zwei Skrupel Rosmarin, drei Prisen Kreuzkümmelsamen, die gleiche Menge Bärenklau, zehn Blätter der Tollkirsche sowie einen Teelöffel Zimtpulver vermischen.

Anschließend ein Drittel klares Wasser oder ersatzweise ein Drittel erstklassiges Mineralwasser ohne Kohlensäure mit zwei Drittel Birnenschnaps sowie dreißig

Tropfen Orangenblüten-Urtinktur vermischen. Sechs Pint von dieser Mischung zu den Gewürzen geben.

Die Flüssigkeit in ein dunkles Gefäß füllen und mindestens zehn Tage ziehen lassen.

Nach Ablauf der zehn Tage die Mischung zehn Minuten aufkochen. Den abgekühlten Sud durch ein angefeuchtetes, sorgfältig ausgedrücktes und in ein Sieb gelegtes Mulltuch filtern und in eine Flasche füllen.

Morgens und abends je einen Teelöffel davon einnehmen.

Kommentar

Hier handelt es sich um ein aus anregenden Substanzen hergestelltes Destillat. Die wichtigste davon ist die Tollkirsche, deren wissenschaftliche Bezeichnung *atropa belladonna* lautet. Ärzte, Kräuterkundige, Magier und Hexen gaben ihr diesen Namen, da sie die Pupillen erweitert und, so sagte man, den Augen der Frauen mehr Tiefe verleihe. Der erste Teil der Bezeichnung, *Atropos,* ist der Name der Parze, die mit ihrer Schere den Lebensfaden der Menschen durchtrennt, und warnt vor dem tödlichen Gift dieser Pflanze. Die Wirkung der Tollkirsche basiert zum größten Teil auf dem betäubenden, halluzinogenen und sympathikomimetischen Einfluss des Alkaloids Atropin.

Aylmer Bourke Lambert riet, Atropin nur äußerlich anzuwenden. Eine Einnahme oder Injektion könne dazu führen, dass man aus dem Schlaf nicht mehr erwacht. Die im *Wasser der Fröhlichkeit* enthaltene Menge Atropin ist nicht gesundheitsschädlich, da die Dosis gering und die Substanz in sehr viel Flüssigkeit gelöst ist. Ein weiterer wichtiger Bestandteil des Rezeptes ist der Birnenschnaps. Ububchasym bezeichnet die Birne als »kalt im ersten, feucht im zweiten Grad. Sie unterstützen den schwachen Magen. Sie rufen Koliken hervor. Diese bleiben aus, wenn man andere Speisen hinterher isst.« Latini schreibt der Birne eine reinigende Wirkung zu, außerdem soll sie die Verdauung von Pilzen erleichtern. Birnen, die – wie es sich gehört – zum Abschluss einer Mahlzeit in einem guten, duftenden Wein serviert werden, sollen den Sexualtrieb anregen. Vom Genuss wilder, saurer und geschmackloser Birnen rät Latini ab. Bei der Verwendung von Birnenschnaps dürfte sich dieses Problem aber gar nicht erst stellen.

98 Tonikum

Zutaten

Ein halbes Pfund Borretsch, ein halbes Pfund Koriander, zehn Pint Most, drei Prisen geriebene Muskatnuss, zwei Prisen Pimpinelle, zwei Prisen zerstoßener Ziest, eine halbe Tasse Zitronatzitronenessenz.

Zubereitung

Ein halbes Pfund Borretsch und ein halbes Pfund Koriander in zehn Pint Most einrühren.

Aufkochen lassen, bis eine dünnflüssige Mischung entstanden ist.

Abkühlen lassen. Die Mischung mit drei Prisen geriebener Muskatnuss, einer halben Tasse Zitronatzitronenessenz, zwei Prisen Pimpinelle und der gleichen Menge zerstoßenem Ziest würzen.

Zehn Tage ruhen lassen. Anschließend durch ein Leinentuch oder ein anderes weißes Tuch gießen. Zum Filtern kann man auch drei Mulltücher anfeuchten, auswringen und über ein Sieb legen. In Flaschen abfüllen.

Wenn man jeden Abend nach dem Essen ein kleines Glas davon trinkt, kehrt die Kraft bald zurück.

Kommentar

Bei diesem Tonikum handelt es sich um mit Gewürzen, aphrodisierenden Kräutern, Zitronatzitronenessenz und Muskatnuss aromatisierten Most.

Latini empfiehlt, nur große, reife Zitronatzitronen aus warmen Herkunftsländern zu verwenden und nach dem Pflücken noch etwas mit dem Verzehr zu warten. Der berühmte Koch und Gastronom hält sie für ein hervorragendes Gegenmittel gegen alle Gifte. Darüber hinaus soll ihre Schale Speisen aller Art verdaulich machen und den Atem erfrischen. Die Zitronatzitronen selbst sind schwer verdaulich, weshalb man abends von ihrem Verzehr absehen sollte, da sie dann Schwindelgefühle verursachen können. Latini schreibt: »Schale und Samen sind heiß im zweiten Grad, das Fruchtfleisch ist kalt und feucht. Ihre Säure ist kalt und trocken im dritten Grad. Im rohen Zustand sind Zitronatzitronen ungenießbar, doch wenn man etwas Zucker dazugibt, werden sie weich. Ausgesprochen wohltuend sind sie, wenn sie in Wein serviert werden. Die besten Zitronatzitronen kommen aus dem Libanon oder aus dem Gardaseegebiet. Die unangenehmen Nebenwirkungen der Zitronatzitrone verhindert man, indem man einen hervorragenden Wein dazu trinkt.«

Der Ziest besitzt längliche Blätter von bitterem Geschmack, die in der Saison blühen. Noch vor dem Mittelalter glaubte man, die Pflanze stärke Herz und Geist und fördere die Wundheilung.

Ein weiteres erwähnenswertes Heilkraut ist die Pimpinelle, die auf ungepflegten Feldern wächst, aber auch im Garten ausgesät werden kann. Das weit verbreitete Kraut wird häufig zum Würzen von Salaten verwendet, da der Geschmack seiner Essenz der Gurke ähnelt. Schon früh glaubte man, die Pimpinelle helfe gegen die Pest, wirke adstringierend, blutstillend und harntreibend, bewirke die Ausscheidung von Nierensteinen und Nierengries. Mit Wein genossen soll sie das Herz leicht und fröhlich machen, Hemmungen beseitigen und für die Freuden der Venus empfänglich machen.

99 Wein der Canidia

Zutaten

Ein kleines, fast volles Fass (fünf bis sechs Liter) junger Weißwein, sieben Prisen Zimtpulver, zwei Prisen Vanille, die gleiche Menge Ingwer und Galgant (wer keinen Galgant bekommt, kann stattdessen die doppelte Menge Ingwer verwenden), zehn Blätter von der Tollkirsche oder ersatzweise fünf Tropfen Tollkirschenextrakt, zwei Nelken.

Zubereitung

Das vorliegende Rezept stammt aus der Zeit der Kreuzzüge und wurde seither einige Male verändert.

An einem Frühlingstag sieben Prisen Zimtpulver, zwei Prisen Vanille, die gleiche Menge Ingwer und Galgant (siehe Zutaten) sowie zehn Blätter der Tollkirsche oder fünf Tropfen Tollkirschenextrakt in ein kleines, fast volles Fass (fünf bis sechs Liter) mit jungem Weißwein mischen.

Das Fass verschließen und zwei oder drei Tage in die

Sonne oder neben eine Wärmequelle stellen, damit der Inhalt zu gären beginnt.

Anschließend die Mischung eine Woche kühl lagern.

Nach Ablauf der Lagerzeit den Wein durch ein Sieb gießen, das mit zwei Lagen angefeuchtetem und ausgewrungenem Mulltuch ausgelegt wurde. Zwei in je drei Teile zerteilte Nelken zwischen die beiden Mullschichten legen.

Das Getränk in Flaschen abfüllen.

Ein Gläschen von diesem Wein, und das Blut kocht vor Verlangen – heißt es zumindest.

Kommentar

Canidia war eine berühmte Hexe, die zur Zeit von Kaiser Augustus in Rom lebte. Horaz erwähnt sie häufig, und man sagt, sie habe schwarze Magie und Schadenszauber praktiziert sowie Menschen mit Hilfe von Wachsfiguren verzaubert. Weiter hieß es, sie soll sogar in der Lage gewesen sein, den Mond von seinem Platz zu rücken und ihn vom Himmel herabzuziehen. Ungeachtet der von Augustus erlassenen Moralgesetze genoss sie den Schutz der wichtigen Damen aus den besten Kreisen der kaiserlichen Gesellschaft. Nach einem langen Leben in Wohlstand starb sie eines natürlichen Todes.

Basis des vorliegenden Rezeptes ist ein junger Weißwein, der mit Gewürzen und Kräutern aromatisiert wird, denen man eine sexuell anregende Wirkung zuschreibt.

Wenn dieser Wein zum Boten des Eros wird, gewinnt Canidias Zauber nach Jahrhunderten seine Macht und seinen Einfluss zurück.

100 Vinum Libidinae

Zutaten

Quellwasser oder ersatzweise Mineralwasser, Honig, Aquavit, drei Prisen Zimtrinde, drei Prisen Kardamompulver, zwei Prisen Mazis, zwei Prisen Galgant, ersatzweise zwei Prisen Ingwer.

Zubereitung

Einen großen Krug zu drei Viertel mit Quellwasser oder Mineralwasser füllen und ein Viertel flüssigen Honig hineingeben.

Einige Zeit kräftig mit der Hand oder dem elektrischen Mixer rühren. In einem geeigneten Gefäß mit der gleichen Menge Aquavit aufgießen und die kurz vor der Zubereitung magnetisierten Kräuter dazugeben. Jede Prise der folgenden Gewürze muss mit Daumen, Zeige- und Mittelfinger abgemessen werden: drei Prisen Zimtrindenstücke, drei Prisen Kardamompulver, zwei Prisen Mazis, die gleiche Menge Galgant. Der Galgant kann auch durch die gleiche Menge Ingwer ersetzt werden.

Die Mischung zehn Tage und zehn Nächte zugedeckt ziehen lassen.

Dann durch sieben angefeuchtete, sorgfältig ausgedrückte und in ein Sieb gelegte Mullschichten filtern und in Flaschen abfüllen.

Kommentar

Diese Mischung aus Honig und aphrodisierenden Gewürzen basiert auf einem sehr alten Rezept, dessen sexuell anregende Wirkung stärker ist, als die Summe der Bestandteile vermuten lassen würde. Alle Zutaten wurden bereits erörtert und beurteilt.

Den Galgant kann man, sollte er nirgends erhältlich sein, auch durch Ingwer ersetzen, da dieser nicht nur ähnlich aussieht, sondern mit seinem pikanten, leicht moschusartigen, aber nicht zu bitteren Aroma auch ähnlich schmeckt. Galgant ist eine in China heimische Pflanze, die bereits seit langer Zeit verwendet wird. In vielen Manuskripten wird dieses aromatische Rhizom auch als Garigal bezeichnet.

101 Mandelmilch

Zutaten

Sieben Hand voll Mandeln (ungefähr ein Pfund), zwei oder drei Pint Wasser.

Zubereitung

Die einfachste Art und Weise, Mandeln abzuziehen, ist diese: Zwei oder drei Pint Wasser in einem Topf zum Kochen bringen. Sieben Hand voll Mandeln (ungefähr ein Pfund) hineingeben und warten, bis das Wasser erneut aufkocht.

Das Wasser abgießen und die Mandeln mit kaltem Wasser abschrecken. Anschließend in ein großes Gefäß geben und mit klarem Wasser bedecken. Zwei bis drei Stunden ruhen lassen. Jetzt lassen sich die Mandeln problemlos abziehen.

Früher wurden die Mandeln zuerst im Mörser zu einem feinen Brei zerstoßen, dann goß man nach und nach das Wasser dazu, in dem sie zuvor eingeweicht wurden. Heute gibt man die Mandeln mit dem Wasser in einen Mixer und püriert sie so lange, bis eine dicke, weiße Flüssigkeit entsteht.

Die Flüssigkeit anschließend durch drei Mullschichten filtern: Das Mulltuch zuvor anfeuchten, ausdrücken und in ein Sieb legen. Auf diese Weise erhält man eine klare Milch, die frei von Mandelstückchen ist.

Mandelmilch verfeinert viele Gerichte. Sie ist ein hervorragender Durstlöscher und eine angenehm stärkende Erfrischung in den Pausen des Liebesspiels.

Kommentar

Die wichtigste Zutat der Mandelmilch wurde bereits erörtert. Da die in Bittermandeln enthaltene Blausäure tödlich sein kann, sollte man nur Süßmandeln zur Herstellung der Mandelmilch verwenden. Mandeln bekommt man bei jedem Obst- und Gemüsehändler. Die Nüsse sollten trocken und von einer kräftig goldbraunen Schale umgeben sein.

Die Mandelmilch hat viele Eigenschaften. Wir beschränken uns hier auf diejenigen, die auch den Hexen bekannt waren.

Die Kräuterhexen glaubten vor allem, Mandelmilch mache eine schöne Haut, und empfahlen sie zur Reinigung und Pflege sowie zum Aufhellen eines dunklen Teints oder bräunlicher Male im Gesicht. Noch heute ist die Mandelmilch Basis vieler Hautpflegemittel.

Der zweite große Einsatzbereich der Mandelmilch ist die Küche – auch die Hexenküche. Diese Frauen wussten sehr genau, wie die Zutaten in den Rezepten zu dosieren waren. Die Mandelmilch mit ihrem delikaten Aroma rundet nicht nur viele Gerichte ab, ohne ihren Geschmack zu verfälschen. Während der Fastenzeit und an den von der

Kirche vorgeschriebenen Fasttagen war sie auch ein hervorragender Ersatz für Kuh-, Schafs- oder Ziegenmilch. Aus diesem Grund war es für die Kupplerhexen einfacher und bequemer, Mandelmilch in ihren Rezepten zu verwenden – denn die meisten ihrer Kunden wollten zwar auf weltliche Vergnügungen nicht verzichten, aber dennoch den Schein wahren und heuchlerisch ihre Seelen schützen.

102 Pflaumensoße

Zutaten

Zwanzig getrocknete Pflaumen, zwei Tassen Rotwein, fünf Esslöffel Agrest oder ersatzweise fünf Esslöffel mit fünf Tropfen Zitronensaft vermengter Apfelessig, eine halbe Zimtstange, vierzig Mandeln, zehn Tollkirschenblätter, eine Hand voll Bauernbrot, ein Teelöffel Zucker, zwei Prisen Salz, zwei Prisen Ingwer, zwei Prisen Zimt.

Zubereitung

Zwei Tassen Rotwein und fünf Esslöffel Agrest oder ersatzweise fünf Esslöffel mit fünf Tropfen Zitronensaft vermischten Apfelessig in ein großes Gefäß geben und mit einer halben zerstoßenen Zimtstange aromatisieren. Zwanzig getrocknete Pflaumen kurz in dieser Flüssigkeit einweichen. Die Einweichdauer sollte fünf Minuten nicht überschreiten.

Das Fruchtfleisch der Pflaumen mit vierzig gehackten Mandeln, zehn Tollkirschenblättern und einer Hand voll geröstetem und in derselben Mischung wie die Pflaumen eingeweichtem Brot in einen Mörser geben. Zum Schluss einen Teelöffel Zucker darunter mischen. Die Zutaten im Mörser pürieren. Ein Mixer erleichtert heute diese Arbeit. Die Paste anschließend durch zwei Mullschichten oder ein Sieb passieren und in einen Topf geben.

Den Topf bei sanfter Hitze auf den Herd stellen. Die Soße mit zwei Prisen Salz, der gleichen Menge Ingwer und Zimtpulver abschmecken.

Die Soße ein paar Minuten erwärmen, damit sie etwas eindickt. Sie sollte nicht kochen.

Man kann sie sowohl warm als auch kalt servieren.

Kommentar

Diese duftende, aromatische Soße hat sehr große Ähnlichkeit mit einer Soße aus frischen Früchten, die Maestro Martino da Como, ein berühmter Koch und Autor des Buches *Libro de arte coquinaria*, empfiehlt.

Wir können jedoch bestätigen, dass es sich bei dem vorliegenden Rezept, das aus der Zeit der Kreuzzüge stammt, um deren Vorgänger handelt. Damals wurden die Gewürze aus dem Orient importiert und galten als so wertvoll, dass hohe Summen dafür gezahlt wurden.

Die in diesem Rezept verwendeten Zutaten wurden bereits besprochen. Bleibt nur anzufügen, dass diese Soße hervorragend zu gebratenem Fleisch schmeckt. Aber auch zu anderen Gerichten serviert, erfreut sie den Gaumen.

Es ist durchaus legitim, das Urteil den Feinschmeckern oder Neugierigen selbst zu überlassen, die mit den besonderen geschmacklichen Vorlieben vergangener Tage experimentieren und daraus für die Gegenwart ihren Nutzen ziehen möchten.

103 Goldene Soße

Zutaten

Zwei Scheiben Bauernbrot, eine Tasse Weißwein, drei Lorbeerblätter, eine Prise Fenchelsamen, drei Prisen Kardamompulver, eine oder zwei Prisen weißer Pfeffer, zwei Prisen Salz, drei Prisen Ingwer, zwei Prisen Safranfäden oder ersatzweise die gleiche Menge Safranpulver, eine halbe kleine Tasse Essig.

Zubereitung

Zwei Scheiben Bauernbrot anrösten. Eine Tasse Weißwein mit drei zerstoßenen Lorbeerblättern und einer Prise Fenchelsamen aromatisieren, die Mischung in einen tiefen Teller gießen und das Brot darin einweichen.

Das eingeweichte Brot ausdrücken, vorsichtig in einen Topf bröseln und mit drei Prisen Kardamompulver, der gleichen Menge Ingwer, zwei Prisen Safranfäden oder ersatzweise der gleichen Menge Safranpulver würzen.

Die Mischung bei sanfter Hitze erwärmen. Mit einer halben kleinen Tasse Essig, die mit zwei Prisen Salz gewürzt wurde, ablöschen. Köcheln, bis die Flüssigkeit von der Mischung aufgesogen wurde.

Durch ein Mulltuch oder ein Sieb passieren. Wer die Soße lieber etwas schärfer hat, gibt eine oder zwei Prisen weißen Pfeffer dazu.

In einer Schüssel oder Sauciere servieren. Die Soße kann sowohl warm als auch lauwarm verzehrt werden.

Kommentar

Es handelt sich hier um eine gelbliche, sämige Soße. Die verwendeten Zutaten wurden bereits alle besprochen.

Die goldene Soße schmeckt hervorragend zu Rindfleisch und verstärkt allgemein den Geschmack von Fleisch. Darüber hinaus macht sie auf Grund ihrer Zusammensetzung auch die raffiniertesten Gerichte besser verdaulich.

Schlussbemerkung

Wir haben hundert Rezepte, die verführen, erregen oder die Sinnlichkeit wieder erwecken sollen – Lustlosigkeit ist heute in den Industrieländern ein weit verbreitetes Problem –, niedergeschrieben und kommentiert. Da mag die Frage, die sich im Übrigen auch viele Forscher stellen, gestattet sein, ob wir dabei auf echte Aphrodisiaka gestoßen sind. Bevor wir sie beantworten können, müssen wir freilich erst die Bedeutung des Begriffs Aphrodisiakum klären. Er leitet sich vom Griechischen *afrodisiuzein* ab, »das Vergnügen kosten«. Bis heute bezeichnet man damit Substanzen, die in der Lage sind, die sexuelle Erregung oder die sexuelle Leistungsfähigkeit zu steigern. Leider müssen wir gestehen, dass keines der Mittel den dauerhaften Potenzverlust eines Mannes rückgängig machen kann, bei dem alle bekannten Therapien erfolglos blieben. Bei der Frau, der so genannten passiven Sexualpartnerin, ist das Problem weniger offensichtlich. Der Nachweis einer aphrodisierenden Wirkung könnte einzig über ihre Fruchtbarkeit erfolgen, die im Übrigen von dem Gefühl sexueller Anziehung und dem Orgasmus vollkommen unabhängig sein kann und sich erfahrungsgemäß erst im Nachhinein manifestiert. Im Hinblick darauf bestätigt sich die von vielen Autoren geteilte und in der *Encyclopedia Britannica* vertretene These: »Es gibt keine Aphrodisiaka.«

Versteht man jedoch – wie wir – unter einem Aphrodisiakum eine Substanz, die innerhalb gewisser Grenzen in der Lage ist, die männliche Potenz anzuregen und zu steigern, so kann man dieser These nicht zustimmen. In Anlehnung an die zuvor erwähnte Begriffsdefinition sind wir im Gegenteil von der Existenz stimulierender Substanzen überzeugt, die wir als Sekundäraphrodisiaka oder Aphrodisiaka *tout court* bezeichnen.

Diese sind allerdings von den Mitteln abzugrenzen, die in Form einer Tablette oder einer Injektion verabreicht werden und unabhängig von den äußeren Umständen Wirkung zeigen, was bei den Sekundäraphrodisiaka bis auf wenige giftige Substanzen nicht der Fall ist. In seinem Buch *Ne pas dételer* behauptet Docteur Besançon, es gebe nur zwei wirksame Aphrodisiaka: Kantharidin und Phosphor – und beide Substanzen sind giftig. Andere Quellen, beispielsweise der Verfasser des entsprechenden Eintrags in der *Encyclopedia Atlantica*, erwähnen ein drittes Aphrodisiakum: die Yohimbe, die aus der Rinde des afrikanischen Yohimbe-Baumes gewonnen wird. Honoré de Balzac kennt ebenfalls drei Aphrodisiaka: Tabak, Alkohol und Kaffee. Gerade Vertreter der hoch entwickelten asiatischen Heilkunst, der afrikanischen und amerikanischen Traditionen, aber auch der von den alten europäischen Stämmen gepflegten Heilkunde bestätigen die Existenz weiterer potenzsteigernder Pflanzen.

Wir dagegen glauben nicht an die Existenz spezieller Aphrodisiaka, sondern meinen, dass gewisse Substanzen oder Nahrungsmittel in bestimmten Situationen und bei Menschen, die für Gaumenkitzel und Tafelfreuden besonders empfänglich sind, durchaus aphrodisierend wirken können. Möglicherweise entscheiden diese Faktoren zusammen mit der Gemütsverfassung des Einzelnen und einer von magischen Ritualen angeregten Fantasie über den Erfolg der vorliegenden Rezepte. Aus dem Zusammenhang gerissen, dürften die raffiniert zubereiteten Leckerbissen nur wenig Wirkung zeigen, selbst wenn sie vorwiegend aus vermeintlichen Aphrodisiaka (siehe *Encyclopedia Atlantica*) wie Trüffeln, Muscheln, Schalentieren, Fisch, Wildbret, pikanten Beilagen und verschiedenen Gemüsesorten bestehen und mit alkoholischen Getränken serviert werden.

Es gibt keine allgemein gültigen Regeln für die kulinarische Verführung. Wir glauben jedoch, dass nur ein Menü, das alle fünf Sinne des Partners anspricht, den gewünschten Effekt erzielen wird.

Die äußere Erscheinung des Verführers sollte eine Augenweide sein. Eine behagliche Atmosphäre sowie ansprechend angerichtete Speisen sind dem Vorhaben ebenfalls dienlich. Dabei sollte die anregende Wirkung, die der Anblick des Partners auf Gastgeberin oder Gastgeber haben kann, nicht außer Acht gelassen werden, da sich diese schließlich auch auf den Gast selbst überträgt.

Die Ohren verwöhnt man mit angenehmer Musik oder Gesprächen, die das Interesse des Gegenübers erregen. Komplizierte Themen sollte man dabei besser meiden. Mit ein wenig Selbstironie kommt man manchmal am leichtesten zum Ziel. Es ist auch gut zu wissen, dass bestimmte Themen nicht nur das Ego einer möglichen Gespielin oder eines möglichen Gespielen stärken, sondern sie oder ihn auch aus der Reserve locken oder vorhandenes Misstrauen abbauen können. Kurz gesagt, wirkt es sich positiv auf alle Beziehungen aus, wenn man das Selbstvertrauen des Gegenübers stärkt. Wer will, kann nun sogar von den magischen Ritualen erzählen, die zur Zubereitung der Mahlzeit gehören, oder auflisten, welche Zutaten sie zum Liebesmahl machen. Das Objekt der Begierde wird es sowieso nicht glauben, sondern sich wieder einmal auf seine faszinierende Ausstrahlung verlassen. Nun kann der Verführer oder die Verführerin den nächsten Schritt umso besser tarnen.

Mit Berührungen sollte man sehr sparsam umgehen. Sie übermitteln dem Partner nicht nur Botschaften, sondern schüren darüber hinaus sein Verlangen. Bestimmte Gesten, wie das Essen mit den Händen, können die Verbindung zum Partner stärken, wodurch sich die eigene Erregung möglicherweise auch auf den anderen überträgt. Vermutlich wird auch der Kontakt zwischen Lebensmitteln und Mund sowie den empfindsamen Schleimhäuten als lustvoll empfunden, sei es nun als geschmackliches oder sinnliches Erlebnis.

Gerüche, dazu zählen nicht nur anregende Düfte, sondern auch die spezifische Duftnote des jeweils anderen Geschlechts[2], spielen ebenfalls eine wichtige Rolle. Sie können den Geschmack des Menüs verstärken und zum Liebesboten werden.

Wie wir bereits betont haben, ist der fünfte Sinn, der Geschmackssinn, von entscheidender Wichtigkeit, wenn es darum geht, die Sinnlichkeit wieder zu erwecken oder anzuregen. Der Geschmackssinn ist der Sitz höchster Gaumenfreuden. Ist er befriedigt, vermag er auch andere sinnliche Momente zu einem besonderen Genuss zu machen, denn wer eine raffinierte Mahlzeit zu schätzen weiß, genießt vermutlich auch einen Kuss. Die Dichtung vergleicht den Mund häufig mit einer saftigen Frucht – fast so, als wäre der Kuss, der häufig der Beginn eines auch erotischen Einvernehmens ist, etwas Essbares.

Brillat-Savarins Definition der Gastronomie klingt fast,

[2] Der Geruch der Sexualsekrete vom jeweils anderen Geschlecht werden oft als angenehm, vom eigenen Geschlecht als unangenehm empfunden.

als spräche er über die Fleischeslust: »Feinschmeckerei ist eine leidenschaftliche, wohlüberlegte, Gewohnheit gewordene Schwäche für alle Dinge, die dem Gaumen schmeicheln.« Dann fügt der große Gastronom hinzu: »Feinschmeckerei ist die Feindin aller Exzesse; wer sich betrinkt oder überisst, läuft Gefahr, gestrichen zu werden.«

Curnonsky behauptet: »Beinahe alle großen Liebhaber sind zugleich Feinschmecker und machen nur solchen Schönheiten den Hof, die ein köstliches Mahl zu schätzen wissen. Alles andere wäre ein sowohl psychologischer als auch physiologischer Fehler. Man muss die Liebe genießen, wie der besondere Leckerbissen, der sie ist. Neben dem Divan, dem Altar der Liebe, sollten Eis, Früchte, feines Gebäck, Likör und Wein bereitstehen. Doch nichts eignet sich besser, um die Leidenschaft zu entfachen und die von der Liebe Ermatteten zu stärken, als gut gekühlter, trockener Champagner. Der Champagner ist der Wein der Liebe, das Elixier, das die Sinne erregt und das Verlangen schürt.« Man sollte also den Rat Stéphane Mallarmés in *Nachmittag eines Fauns* befolgen: »Den Mund zu öffnen für den wirksamen Geist des Weins.«

Wie bereits erwähnt, gibt es ebenso wenig ein Aphrodisiakum, das eine anatomisch begründete Impotenz oder gänzlich verloren gegangene Sexualität wiederherzustellen vermag, wie es möglich ist, den sprichwörtlichen Blinden wieder sehend zu machen. Doch wenn die Augen, um im Bild zu bleiben, schwach sind, kann eine entsprechende Brille die Sehschärfe korrigieren und verbessern. Aphrodisiaka entfalten ihre Wirkung auf ähnliche Weise. Gerichte mit anregenden Substanzen können die Potenz folglich nur steigern, und wirken besonders dann, wenn man sie in bestimmten Situationen zu sich nimmt. Der Großteil der aphrodisierenden Nahrungsmittel, die der modernen Wissenschaft bekannt sind, wurde bereits von den Hexen verwendet, die behaupteten, der Teufel selbst habe sie ihnen verraten. In der Tat gibt es eine Vielzahl historischer Anekdoten zu diesem Thema.

Curnonsky zitiert einen Forscher aus Marchands Team mit der Frage: »Wollt Ihr Eure Manneskraft erhalten, ja sie vielleicht sogar noch steigern? – Nichts einfacher als das: Trinkt jeden Morgen ein kleines Glas Cognac mit einem Eigelb.« Wie wir inzwischen wissen, macht der hohe Phosphorgehalt das Gelbe vom Ei zu einem beliebten Bestandteil zahlreicher Liebestränke und unendlich vieler Liebesrezepte. In Marokko rühmt man die Wirkung einer Mischung aus Eigelb und dem Fruchtfleisch von Pflaumen.

Heinrich IV. von Frankreich pflegte sich mit einem kleinen Glas Armagnac zu stärken, bevor er der schönen Gabrielle, der Gräfin von Vermeil, Madame de Gramot, Roche Guyo oder einer seiner anderen zahlreichen Geliebten seine Aufwartung machte.

Alexandre Dumas war nicht nur ein großer Romancier, sondern auch ein unübertroffener Koch. Er schwor auf ein aus Hammelhoden zubereitetes erotisches Rezept.

Dem Geschmack von Ingwer, Nelken, Pfeffer, Kardamom, Zimt und Muskatnuss schrieb man eine derart sinnesentflammende Wirkung zu, dass Abt Petrus Venerabilis verbot, diese Gewürze in der Abtei von Cluny zu verwenden.

Schenkt man Ovids *Ars amandi* Glauben, kurbeln Rauke, auch Liebeskraut genannt, weiße Zwiebel und Knoblauch die Spermaproduktion an. François Rabelais erweitert diese Liste mit Spargel, Wacholderbeeren, Brunnenkresse, Sellerie, Estragon oder Drachenkraut sowie den als Fruchtbarkeitskraut geltenden Salbei.

Wie man sich erzählt, soll die Geburt Heinrichs IV. einer getrüffelten Gänseleberpastete und sehr viel Wein zu verdanken sein.

Die wahren Kenner aphrodisierender oder teuflischer Gerichte in Frankreich waren aber die Köche Katharina von Medicis. In seinem Buch *Das Leben der galanten Damen* beschreibt sie Pierre de Bourdeille, Seigneur de Brantôme, folgendermaßen: »Sie wussten kulinarische Köstlichkeiten und Sinnlichkeit zu vereinen, und ihr Wissen war ebenso groß, wenn nicht sogar größer, als das der Mediziner.«

Katharina schrieb vielen Lebensmitteln eine aphrodisierende Wirkung zu. Sie liebte Artischocken, die – so sagte man – in Wein gekocht »das Feuer der Venus entzünden«. Dieses Geheimnis war übrigens auch den Pariser Gemüsehändlern nicht unbekannt, und an den Gewürzständen konnte man kandierte Artischocken als Aphrodisiaka kaufen. Gleiches galt für Distel, Schalotte, Zucchini, Sellerie, Steinpilze, dicke und grüne Bohnen sowie Zwiebeln, Erbsen, Reis und verschiedene Salatsorten.

Madame de Montespan mischte Liebestränke für Ludwig XIV., die sie mit grauer Ambra und Moschus aromatisierte, als sich erste Anzeichen des Alters einstellten. Der wunderbaren Wirkung eines von einem begabten Höfling zubereiteten Leckerbissens soll es zu verdanken sein, dass die Königinmutter Ludwig XIV. nach zwanzig kinderlosen Ehejahren empfing. Madame de Montespan wiederum kreierte ein aphrodisierendes Rezept aus Pökelzunge und weißen Trüffeln in Pilzsoße. Weiße Trüffel sollen der Legende nach an der Stelle gewachsen sein, an der Herkules' Same auf die Erde fiel. Brillat-Savarin zufolge können sie »bei bestimmten Gelegenheiten die Frauen nachgiebiger und die Männer feuriger machen«. Und schon Galen hatte behauptet: »Trüffel bewirken eine allgemeine Erregung, die für Sinnlichkeit empfänglich macht.«

Die Gräfin Dubarry, die Geliebte Ludwigs XV., kreierte ein Kiebitzgericht für den König. Der Kiebitz, der wie der Spatz als heißes Nahrungsmittel galt, symbolisierte außerordentliche Potenz. Aristoteles berichtet gar, dieser Vogel kopuliere dreiundachtzig Mal in einer Stunde. In dem Rezept der Gräfin Dubarry werden die Kiebitzeier in einer großzügig mit Paradieskörnern und Muskatnuss gewürzten Soße aus Gänseleber und Trüffeln serviert. Dazu kommt der kräftige Geschmack von Wildbret und Hühnernieren. Das Gericht wurde auf gekochten Artischockenherzen angerichtet.

Madame de Pompadour, die unübertroffene Rivalin der Gräfin Dubarry, vertraute dagegen auf die Wirkung der Spanischen Fliege. Bereits ein Jahrhundert vor ihr empfahl Marschall Richelieu die Pastillen, die den giftigen Wirkstoff Kantharidin enthalten, seinen Geliebten. Der maitre en titre des Königs schlürfte zudem gerne eine Tasse Schokolade, die mit reichlich Vanille aromatisiert war.

Joseph Favre schreibt in seinem 1895 veröffentlichten *Wörterbuch der Küchenkunst* Fische, Meeresfrüchte und Schalentiere seien gleichermaßen wirkungsvolle Aphrodisiaka: »Ein sechzigjähriger Mann, der sich ein paar Tage lang an eine derartige Diät hält, gewinnt die Manneskraft seiner Jugend zurück – die Illusionen eines Zwanzigjährigen bleiben ihm freilich erspart.«

Können wir daraus nun schließen, dass alle oder zumindest viele Nahrungsmittel Aphrodisiaka im Sinne unserer Definition sind? Ja. Vorausgesetzt, sie wurden gewissenhaft zubereitet und treffen voll und ganz den Geschmack dessen, der sie verzehrt. Der oder die Betreffende sollte ihrerseits zumindest etwas Wert auf gutes Essen legen. Will man die Sinnlichkeit anregen, sollten die Portionen eher knapp bemessen sein. Zuviel des Guten macht behäbig und schläfrig, und es ist ratsam, sich von der Tafel zu erheben, wenn man noch etwas Appetit hat, wie Brillat-Savarin und Curnonsky betonen. Letzterer schließt mit folgender Begründung den Käse aus der Gruppe der Aphrodisiaka aus: »Eine gute Mahlzeit ohne Käse gibt es ebenso wenig wie einen Käse, der nicht im Magen liegt.« Er beschließt das Kapitel mit dem Satz: »Spart mit dem Käse, nicht aber mit dem Wein«, mahnt gleichzeitig aber zur Zurückhaltung und zu maßvollem Genuss. Collè beantwortet die Frage einer Marquise nach der Wirkung des Weins mit den Worten: »Etwas Wein verleiht Fröhlichkeit und Scharfsinn, lässt uns schöne Sätze und galante Offerten formulieren. Zuviel Wein schläfert ein.«

Curnonsky warnt vor zu viel Champagner vor einer Liebesnacht: »Anfangs regt er an, später betäubt er.« Jean Nicolas Corvisart, Leibarzt Napoleons und unter anderem der Erfinder des Verfahrens des Thorax-Abklopfens, trank ihn zu jeder Mahlzeit: Wie es heißt, wusste er zu Beginn des Abends unvergleichlich brillante Anekdoten zu erzählen. Wenn die Unterhaltung beim Dessert langsam lebhafter wurde, wurde er dagegen ernst, schweigsam, manchmal sogar melancholisch.

Wir sollten jedoch nicht vergessen, welche wichtige Rolle Vorstellungskraft und Fantasie bei der Liebesküche spielen, und zweifellos beruht darauf der Erfolg des größten Teils der von uns diskutierten, so genannten Aphrodisiaka. Zudem möchten wir uns diesem Zitat Michel de Montaignes anschließen: »Je größer die sexuelle Befriedigung eines Menschen, desto edler sind seine Gedanken. Erotik und Gesundheit sind somit eins: Sie verlaufen in den gleichen Bahnen.«

Philosophie und Religion dulden Aphrodisiaka, solange sie ausschließlich innerhalb der Ehe zum Einsatz kommen, wie Nicholas Vanette 1690 schreibt. Der französische Autor nennt zu diesem Zweck Rezepte für eine gesunde Leidenschaft, für Fruchtbarkeit und Harmonie innerhalb und außerhalb der Familie. Interessanterweise betont er, wie wichtig die Wahl des richtigen Zeitpunktes in der Liebe ist – nämlich genau vier bis fünf Stunden nach dem Essen –, damit das Ambiente, die Speisen und alkoholischen Getränke ihre größtmögliche Wirkung entfalten können. Wenn die Mahlzeit keine negativen Folgen für die Sexualität haben soll, darf der Magen nach dem Essen weder zu voll noch zu leer sein.

Seit Urzeiten versteht sich auch das Hochzeitsmahl in diesem Sinne: Es ist das Band, das Tisch und sexuelle Potenz, Sexualität und Fruchtbarkeit miteinander verbindet. In der ersten Zeit und bei den frühen Völkern wurde sehr einfach gefeiert. Der Clan und die Stammesgemeinschaft waren jedoch immer in die Zeremonie eingebunden, die dem Paar Potenz, Kraft und Fruchtbarkeit schenken sollte.

Mit jedem Zeitalter, das für die großen Zivilisationen anbrach, ging ein Teil der ursprünglichen Bedeutung verloren, und das Hochzeitsmahl wurde immer mehr zum Statussymbol. Diese Entwicklung ist bereits im Ägypten, China, Griechenland und Rom der Antike ebenso wie in Europa nach dem 11. Jahrhundert festzustellen. Vom fünfzehnten bis achtzehnten Jahrhundert trugen ihr besonders der Adel und die wohlhabenden Bevölkerungsschichten Rechnung. Heute hat sie alle sozialen Schichten durchdrungen. Viele Eltern tun alles und sind notfalls auch zu schmerzlichen Opfern bereit, um sich die besten Friseure, einen bekannten Schneider und einen angesagten Tischdekorateur leisten zu können. Sie mieten Traumkarossen, oft Rolls-Royce oder Oldtimer, für den, wie die Werbung verheißt »Schönsten Tag im Leben«! Bei all diesen Träumereien wollen wir, da es sich ja zugleich um den offiziellen Beginn des Sexuallebens zweier junger Menschen handelt, das Hochzeitsessen nicht vergessen. Es sollte aus den unterschiedlichsten Leckerbissen bestehen, die eine fruchtbare Sexualität verheißen, und mit der traditionellen Hochzeitstorte und Champagner für alle enden.

Der Ziel des Hochzeitsessens bleibt jedoch immer gleich: Essen, sexuelle Anziehung, leidenschaftlicher Sex, Fruchtbarkeit – selbst wenn es sich zu einem solch üppigen Menü auswächst wie das, das anlässlich der Hochzeit des Grafen D'Ascoli Marulli mit Donna Vittoria Capano im März 1690 serviert wurde. Mit dieser Sinfonie der Delikatessen, diesem Überfluss einzelner Gänge und Zurschaustellung »aphrodisierender« Nahrungsmittel möchten wir unsere Erläuterungen der »Teufelsrezepte« beschließen.

BANKETT
anlässlich der Vermählung
SEINER EXZELLENZ,
DES GRAFEN D'ASCOLI,
MARULLI,
mit
DONNA VITTORIA CAPANO.

Die Gäste aßen von silbernen Platten zu je vier Gedecken und zwei Schüsseln pro Gedeck. Geladen waren vierzig Damen, jede in Begleitung ihres Ehegatten und ihrer Eltern, am Fasttag im Monat März.

Die Tafel bog sich unter den verschiedensten kalten Gerichten, in deren Mitte folgende vier Figurinen aus Zuckerwerk standen:

1. Amor mit Pfeil und Bogen in der Hand, der Wappen, Zepter und Kronen mit Füßen trat, alles aus goldenem Zuckerwerk.

2. Eine Fama, die Trompete im Mund, ihre Gestalt umgeben von verschiedenem Blattwerk; die Schüssel, in der sich die Figur befand, über und über voll mit spiegelnden, kandierten Früchten, umgeben von bunten Bändern; dazwischen Nelken aus Zuckerwerk, die weit aus der Schüssel herausragten; alles mit Gold verbrämt und den ungefähr vier Handbreit hohen Wappen Ihrer Exzellenzen, der Eheleute, geschmückt.

3. Im hinteren Teil der ganz und gar aus Arabesken und goldverbrämtem Laub bestehenden Schüssel befand sich eine weitere Figur, die Statue des Herkules, der den Löwen besiegt.

4. Die Figur des Atlas, der die Weltkugel auf seinem Rücken trägt, war ganz in Blau gehalten und mit Gold verbrämt. Das Becken, in dem sich diese Gestalt befand, war vollkommen hinter bizarrem Laubwerk sowie Arabesken und vielen anderen goldverbrämten Blüten aus Zuckerwerk verborgen.

Es folgten die nachstehenden kalten Gerichte

1. Drei wie Delphine geformte Seebarschpasteten mit den Wappen Ihrer Exzellenzen, der Brautleute, sowie mit Gold und Silber geschmückt.

2. Fischpasteten, in tiefe Reliefformen gepresst, geschmückt mit Gold und Silber.

3. Große Doraden vom Grill, mit einer feinen Soße aus

Oliven, Pinienkernen, hauchfeinen Zitronatzitronenscheiben in Essig, Kapern, Zucker und Zimt; angerichtet mit Granatapfelkernen und Limonenscheibchen und mit einem Hauch von Gold und Silber garniert.

4. Seezungen, oder Seezungen auf Karpfenart, mit Borretschblüten garniert und umgeben von Marzipangirlanden, geschmückt mit einem Hauch von Gold und Silber.

5. Thunfischspecksalami in Sirup, rundum angerichtet mit Langustenscheiben und schmalen, gebackenen Bandnudeln, bedeckt von einem fächerförmigen Deckel, der von vier Marzipanlöwen getragen wird, mit einem Hauch Gold und Silber geschmückt.

6. Ganzer Knurrhahn in buntem Aspik; dekoriert mit bearbeiteten Limonenscheiben, Gold und Silber, bedeckt von einem über und über dekorierten und mit Gold und Silber verbrämten fächerförmigen Deckel.

7. Pizzen oder geröstete Mürbteigscheiben mit marmoriertem Eis und kandierten Früchten, geschmückt mit Gold und Silber.

Erster warmer Gang

Eine Suppe auf römische Art, mit Spargelspitzen, Fischaugen, Austern, Sellerie- und Distelherzen, Artischockenstücken, Scheiben von Thunfischspecksalami und Langusten sowie kleinen Fischküchlein; mit feinen Limonenscheibchen garniert.

Zweiter Gang

Gebratene Leber, die Milch verschiedener Fische, kleine Rostbraten, ebenfalls vom Fisch, Spargelspitzen, Artischockenviertel, kleine Tintenfischchen; dazwischen Küchlein aus Reis und Milch, so groß wie eine spanische Olive; angerichtet mit Tatar, bunten, mit Gewürzen gefüllten Marzipanscheiben, Backwerke nach deutscher Art und Limonenscheiben.

Dritter Gang

Für jeden ein Pastetchen, gefüllt mit einer mit Zitrone abgeschmeckten Fischfarce, Schildkrötenstücken, weißen Trüffeln, Herzmuscheln, Garnelenschwänzen, kleinen Fischküchlein und ganzen Pistazien; serviert im eigenen Sud aus Mandelmilch und Zitronensaft; bedeckt mit einem durchlöcherten Deckel aus Marzipan, glasiert mit Zucker.

Vierter Gang

Gebratener Umberfisch, jeder etwa ein Pfund schwer, mit Gewürzen und Kräutern im Topf gegart, an einer Soße aus Garnelen, gemahlenen Pinienkernen, Meeresfrüchten und der angedickten Brühe, dekoriert mit zuckerglasierten Fruchthäppchen und ganzen Limettenscheiben.

Fünfter Gang

Mit einer Farce aus Muskatellerbirnen, Sauerkirschen und Marzipan gefüllte Barbe; angerichtet mit halbierten, eingemachten Quitten und weißen Anasini, dazwischen Limonenscheiben, mit einem Deckel serviert.

Sechster Gang

Große gekochte Umberfische an einer Soße aus Pinienkernmilch, Zitronensaft und etwas Zucker; darauf Sellerie- und Distelstücke, kleine Stückchen Thunfischspecksalami, Lachsscheiben, weiße Trüffel, Spargelspitzen und kleine Büschelchen weißer Fenchel; dekoriert mit Kaviarhäppchen, Scheiben von Ove Taraghe und Tatar in Grün, Weiß und Rot, mit Kräutern und Gewürzen bestreut.

Siebter Gang

Auf dem Grill in Papier gegarte Streifenbarben mit gutem Öl, Salz, Paffarina, Pinienkernen und fein gehackten Kräutern; zwei Barben in einem Papier.

Achter Gang

Rostbraten vom Stör, auf der Schnittfläche gegart, an einer Soße aus aromatischem Essig, zerkleinertem Nussgebäck und passenden Gewürzen.

Neunter Gang, genannt Raù

Gebackene Fische, Lachsstückchen, gebratene Barben und Doraden nach Karpfenart an einer aus Pinienkernen, Pistazien, Garnelen- und Langustensud gekochten und mit den üblichen Gewürzen sowie Zitronensaft abgeschmeckten Soße; der Rand des Tellers wurde mit kleinen, mit einer Masse aus Marzipan, dem Fruchtfleisch von Sauerkirschen, eingekochter Milch, Zucker und Zitronensaft gefüllten Pasteten, Kaviarhäppchen und Limettenscheiben dekoriert und mit Granatapfelkernen bestreut.

Zehnter Gang

Getrocknete Seezunge mit gekochten Drachenköpfen, Distelstückchen, Genueser Pilzen, Trüffelscheiben, Mairitterlingen, Thunfischspecksalamistücken, gerösteten Maroni, Kichererbsen, Selleriestücken und den üblichen Gewürzen an einer Langustensoße; angerichtet in einer rundum mit Arabesken geschmückten und mit bunten Anasini besetzten Teigschatulle.

Elfter Gang
Eine mit verschiedenen Zutaten gefüllte Meerspinne je Gast.

Zwölfter Gang
Große gegrillte Zahnbrassen, gespickt mit Streifen von Thunfischspecksalami und mit Austern, Herzmuscheln, Garnelenschwänzen, Trüffelscheiben sowie kandierten Muskatellertrauben gefüllt; mit eingemachten Quitten angerichtet, dazwischen weiße Anasini und Limettenscheiben, an einer Sardellensoße serviert.

Dreizehnter Gang
Ein maurisches Gericht mit Scheiben vom Aal und Umberfisch, dazu Langustenstücke sowie Morcheln, mit wenig Soße im Topf gegart und an einer Soße aus Marseille-Pflaumen und aufgehäuften Mandeln serviert; der Tellerrand mit Anasini und Pistazien dekoriert.

Vierzehnter Gang
Mürbgebäck.

Die Gedecke waren nach Laune mit verschiedenem Blattwerk dekoriert, so dass sie sehr schön anzusehen waren; davor befanden sich folgende vier Teller:

Ein Salat mit Oliven, Thunfischspecksalami, Sardellen, Kapern, Paffarina, Pinienkernen und anderen edlen Zutaten, umgeben von einem Kranz aus Granatapfelkernen.

Auf dem nächsten Teller ein mit Kräutern und anderen Zutaten zubereiteter Knurrhahn auf gerösteten Weißbrotscheiben, umgeben von Ranken aus verschiedenfarbigen Anasini.

Ein weiterer Teller mit Stücken gewässerter Thunfischspecksalami, Scheiben von Ova Taraghe, Kaviarhäppchen und verschiedenen Sorten Tatar unterschiedlicher Farbe sowie Granatapfelkernen.

Ein weiterer Teller mit mancherlei Soßen, in Form des Malteserkreuzes angerichtet und von einem Kränzchen umgeben.

Zweites Büfett

Bergamottbirnen.
Rosenäpfel.
In Sirup eingelegte Spanische Äpfel.
Kardonen mit Salz und Pfeffer.
Sellerie mit Salz und Pfeffer.
Artischocken.
Weiße und blaue Trauben.
Mandeln.
Esskastanien mit Pfeffer.

Als die Früchte abgeräumt waren, wurden zwölf Konfektschalen aufgetragen. Man wusch sich die Hände. Das wunderbare Fest endete mit hervorragender Musik, vorgetragen von den besten Stimmen Neapels und berühmten Trompetenspielern, zur Freude und unter dem Jubel aller.

Glossar

Maßangaben in den Rezepten

Gewichte
1 Quentchen = ⅛ römische Unze = 3,54 g
1 Gran = 1/24 Skrupel = 0,0059 g
1 Skrupel = ⅓ Quentchen oder 1/24 römische Unze = 1,18 g
1 altrömisches Pfund = 340 g
1 römische Unze = 1/12 römisches Pfund = 28,33 g

Hohlmaße
Pint = 0,568 Liter

Festmaße
1 Prise = die Menge, die man mit drei Fingern aufnehmen kann
1 Hand voll = die Menge, die man in der geschlossenen Hand halten kann
1 gute Hand voll = die Menge, die man in der offenen Hand halten kann

Die Zutaten
Auf den verzeichneten Seiten finden Sie Informationen zu den einzelnen Zutaten und ihrer Wirkung sowie die eine oder andere Anekdote. Zudem wird die mythologische und esoterische Bedeutung der einzelnen Pflanzen oder Tiere geklärt.

Zutatenregister

Bibliographie

Agrippa, Cornelio. E.: *La filosofia occulta e la magia*. Rom, Edizioni Mediterranee, 1972.

Alaimo, Giuseppe: *Streghe, demoni e inquisitori*. Roma, Edizioni Mediterranee, 1990.

Allende, Isabell: *Aphrodite. Eine Feier der Sinne*. Frankfurt am Main, Suhrkamp, 1999.

Antidotario Romano Latino et volgare. Rom, Faniotti, 1963.

Apicius: *Das Apicius-Kochbuch aus der altrömischen Kaiserzeit*, ins Deutsche übersetzt und bearbeitet von Richard Gollmer. Leipzig, Reprint-Verlag, 1909.

Apuleius: *Der goldene Esel*. Frankfurt am Main, Insel Verlag.

Baskin, Wade: *Dictionary of Satanism*. New York, Philosophical Library, 1972.

Schaubert, Else von (hg.): *Beowulf*. Paderborn, Verlag Ferdinand Schöningh, 1963.

Bertaldi, Ludovico: *Regole della sanità et della natura de' cibi*. Di Ugo Benzo senese con le annotazioni di G. Ludovico Bertaldi. Turin, Heredi G. Domenico, 1620.

Boccaccio Giovanni: *Das Dekameron*. Frankfurt am Main, Insel Verlag, 1999.

Bockenheim, J. (de): *Cuisinier du Pape Martin V.*, Le »*Registre de Cuisine*«. In: »Mélanges de l'Ecole française de Rome«. 100, 2, 1988.

Bolens, L.: *La cuisine andaluse, un art de vivre XI-XIII*[ème] *siècle*. Paris, Polina à Luçon, Albin Michel, 1990.

Bondi, Clemente: *Poemetti e rime varie*. Venedig, Storti, 1778.

Bonnefons, N. (de): *Le jardinier françois, qui enseigne a cultiver les ares, et herbes potagers*. Amsterdam, Raphael Smith, 1655.

Bonomo, Giuseppe: *Caccia alle Streghe*. Palermo, Palumbo, 1985.

Brillat-Savarin Jean Anthèlme: *Physiologie des Geschmacks*, Frankfurt am Main, Insel Verlag, 1979.

Bruyerin Champier, J.B.: *De re cibaria, Lugdunium*. Apud S. Honoratum, 1560.

Buhler: Ms 19. *Unveröffentlicht*. New York, Pierpont Morgan Library.
Calderon de la Barca, Petro: *Il mago prodigioso*. Roma, Signorelli, 1970.
Camporesi, Piero: *I balsami di Venere*, Milano, Garzanti, 1989.
Canon, C.: *Book of Enoch*. Society for promoting Christian Knowledge, 1962.
Casanova de Seigalt, Giacomo: *Geschichte meines Lebens*. Berlin, Aufbau TB, 1998.
Chaucer, Geoffrey: *Canterbury-Erzählungen*. Frankfurt am Main, Insel Verlag, 1987.
Conti, N.: *Athenae Idipnosophisticarum sivi Coenae Sapientium, Libri XV*. Venedig, A. Arrivabene, 1561.
Corrado, V.: *Il cuoco galante*. Neapel, Stamperia Raimondiana, 1773.
Costantino Africano: *De Coitu*. Lugdunium.
Cournowsky, N.: *Nouveau traité des exicitants modernes*. Paris, Le Clée d'or, 1950.
Crisci, G.: *Lucerna de corteggianti ove, in dialogo si tratta diffusamente delle corti*. Domenicum Roncagliolum, 1634.
Crowley, Aleister: *Magick in Theorie und Praxis*. Lüchow, Phänomen-Verlag, 1999.
David-Néel, Alexandra: *Magia d'amore e magia nera*. Genua, Fratelli Melita, 1988.
De Gubernatis, Angelo: *La mytologie des plantes ou les legendes du regne vegetale*. II vol. Reproduction de l'edition de Paris 1878. Mailand, Archè, 1976.
Del Dosso, E.: *Erbe e piante magiche*. Mailand, Messaggerie Pontremolesi, 1989.
Del Rio, Martino: *Disquisitionum magicarum Libri Sex*. Louvain, 1599–1600.
Del Tufo, G.B.: *Ritratto o modello delle grandezze, delitie e meraviglie della nobilissima città di Napoli*. Unveröffentlichte Schrift aus dem 16. Jahrhundert, Bearb. von Calogero Tagliavini. Agar, 1959.
Del Turco, G.: *Epulario e segreti vari (1620–1623)*. Bearb. von Anna Evangelista. Bologna, 1992.
Descrizione del convitto e delle feste fatte a Pesaro per le nozze di Costanzo Sforza e Camilla d'Aragona nel maggio del 1475. Neudruck,

bearbeitet von M. Tabarrini zur Hochzeit von Florestano und Elisa Conti de Larderel. Firenze, G. Barbera, 1870.
Di Maggio, F.: *Ricettario afrodisiaco*. Mailand, Service, 1989.
Di Maria, C.: *Enciclopedia della magia e della stregoneria*. Mailand, G. De Vecchi, 1984.
Doppet, A.: *Traité du fouet ou aphrodisiaque externe*. Paris, 1788.
Due (I) *sontuosissimi convinti fatti a papa Clemente Quinto nel 1308, descritti da Anonimo fiorentino testimone di veduta*. Hrsg.von Gaetano Milanesi. Florenz, Le Monnier, 1868.
Duffreigne, J.P.: *Le Genie des orifices – Esthetique des plaisirs de la table e du lit*. Paris, Beffond, 1995.
Dumas, Alexandre: *Le grand dictionnaire de cuisine*. Barcelona, Henri Veyrier, 1987.
Durante, Castore: *Herbari nuovo*. Rom, Bartholomeo Bonfandino et Tito Diani, 1585.
Enciclopedia delle specie. Übersetzt von Alessandra Magrì. Bearbeitet von Mary Bryce. Rom, Gremese, 1986.
Escoffier, Auguste: *Kochkunstführer*. Gießen, Pfanneberg, 1993.
Evelyn, John: *Acetaria*. London, B.Tooke, 1699.
Fabbri Dall'Oglio, M.A.: *I sapori proibiti*. Rom, Garamond, 1983.
Gier, Albert: *Fabliaux*. Französische Schwankerzählungen des Hochmittelalters. Stuttgart, Reclam, 1985.
Felici, Costanzo: *Dell'insalata e pinate che in qualunque modo vengono per cibo dell'homo*. Bearbeitet von Guido Arbizzoni. Urbino, Quattroventi, 1986.
Feste (Le) del conferimento del patriziato romano a Giuliano e Lorenzo de' Medici. Erzählt von Paolo Palliolo Fanense. Bologna, Gaetano Romangoli, 1885.
Firpo, Luigi. *Gastronomia del Rinascimento*. Turin, UTET, 1974.
Frammento di un libro di cucina del secolo XIV. Hrsg. von Olindo Guerrini zur Hochzeit Carducci-Gnaccarini. Bologna, Zanichelli, 1887.
Frati, L.: *Libro di cucina del secolo XIV*. Livorno, 1899. Nachdruck von A. Forni. Sala Bolognese.
Frazer, James George: *Der goldene Zweig*. Das Geheimnis von Glauben und Sitten der Völker. Reinbek, Rowohlt, 1989.
Frazer, James George: *L'avvocato del Diavolo*. Il ruolo della superstizione nelle società umane. Rom, Donzelli, 1996.
Gardner, Gerald B: *Witchcraft today*. London, Rider, 1954.

Gardner, Gerald B.: *The Meaning of Witchcraft*. London, Aquarium Press, 1959.
Garzoni, T. *La piazza universale*. Venedig, G. Valentini e A. Giuliani, 1617.
Giovio, P.: *De pesci romani*. Venedig, 1560.
Gottschalk, D.: *Histoire de l'alimentation et de la gastronomie depuis la preistore jusq'à nos jours*. Paris, Edition Hippocrate, 1948.
Granado, D.: *Libro del arte de cozina*. Madrid, 1599.
Haining, Peter: *Hexen. Wahn und Wirklichkeit in Mittelalter und Gegenwart*. Oldenburg, Stalling, 1977.
Hastur, H. *What You Always Wanted to Know About Sex in Witchcraft*. Wilmington, Eros Publ., 1972.
Hieatt, Constance B.: *An Ordinance of Pottage*. An Edition of Fifteenth Century Culinary Recipes in Yale University's; MS Beinecke 163.
Historia plantarum. MS 459 der Biblioteca Casanatense in Rom.
Huson, Paul: *Il dominio della Magia Nera. Guida practica per streghe e stregoni*. Rom, Astrolabio, 1971.
Huxley, Aldous: *The Devils of Loudun*. Penguin Books, London, 2001.
Jeanneret, M.: *Des mets et des mots. Banques et propos de table à la Renaissance*. Paris, 1987.
Jung, Carl Gustav: *Über die Natur. Das vergessene Wissen der Seele*. Düsseldorf, Walter Verlag, 1997.
King, Francis: *Il cammino del serpente*. Rom, Edizioni Mediterranee, 1979.
Kirchefer: *La Magia del Medioevo*. Bari, Laterza, 1993.
Kolosimo, Caterina: *Il libro delle piante magiche*. Mailand, Mondadori, 1977.
Kramer, Heinrich: *Der Hexenhammer. Malleus Maleficarum*. München, dtv, 2000.
Küchenmeisterei. Nürnberg, Peter Wagner, 1940.
Lando, O.: *Commentario delle più notabili et monstruose cose d'Italia*. Venedig, 1584.
Latini, Antonio: *Lo scalco alla moderna*. Neapel, Parrino & Mutii, Bd. I, 1692, Bd. II, 1694.
Laurioux, Bruno: *Tafelfreuden im Mittelalter. Die Eßkultur der Ritter, Bürger und Bauersleut*. Augsburg, Bechtermünz, 1999.
Lemeny, N.: *Dictionnaire ou Traité universal des drogues simples*.

Venedig, G. Bertella, 1751.
Livre de cuysine tres utille e prouffittable. Lyon, 1542.
Livre (Le) de Taillevert grand cuisiner de France. Lyon, Huguetan, 1615.
Lorris, Guillaume de und Meung, Jean de: *Der Rosenroman*. Tübingen, Niemeyer, 1966.
LSR: *L'art de bien traiter*. Paris, J. de Pugz, 1674.
Lupano, V.: *L'uso delle erbe nella magia*. Mailand, Armenia, 1991.
Maciotti, Maria: *Miti e magia delle erbe*. Rom, Newton Compton, 1993.
Magnus, O.: *Historia delle genti et della natura delle cose settentrionali… nel regno di Svezia e Scozia*. Venedig, Giunti, 1565.
Malinoski, B.: *The Dynamics of Cultural Change*. New Haven, Yale University Press.
Malinoski, B.: *The Foundation of Faith and Moral*. New York, 1944.
Malizia, Enrico: *Il viaggio fantastico di Hieronimus Bosch*. Rom, CA.DI.GE., 1990.
Malizia, Enrico: *Le droghe*. Rom, Newton Compton, 1996.
Malizia, Enrico: *Das Hexenrezeptbuch* (mit einem Vorwort von Hilde Ponti). München, Goldmann, 2000.
Malizia, Enrico und Ponti, Hilde: *Coca e Cocaina*. Rom, Newton Compton, 1992.
Manuscript of the Wellcome Insitute for the History of Medicine, WMS 211.
Marchiaro, Claudio: *Il libro del Diavolo*. Padua, MEB, 1988.
Marino, Roberto: *Medicina e magia – Segreti e rimedi in due manoscritti salernitani del '700*. Rom, Bulzoni, 1991.
Markale, Jean: *Die Druiden. Gesellschaft und Götter der Kelten*. München, Goldmann, 1989.
Messia, Pietro: *Dialoghi (Medicina e magia)*. Venedig, Plinio Pietrasanta, 1983.
Michelet, Jules: *Die Hexe*. Wien, Promedia, 1988.
Die Erzählungen aus den Tausendundein Nächten. 12 Bände. Frankfurt am Main, Insel Verlag, 1997.
Miller, Arthur: *Hexenjagd*. Ein Drama in zwei Akten. Frankfurt am Main, Fischer, 1984.
Ministero dei Beni Culturali e ambientali: *La Cucina della memoria*. Rom, Istituto Poligrafico di Stato, 1993.
Moulin, L.: *Les liturgies et la table*. Paris, Minchel, 1988.

MS 226: Musée Masséna. Nice Bibliothèque de Cessole, in: G. Rebora: *La cucina medievale tra oriente e occidente*. Miscellana Storica XIX. 1530–60, 1987.
Mulon, M.: *Deux traités inédites d'art culinaire médiéval (Tractatus de modo preparandi et condienti omnia e Liber de coquinaria)*, in: »Bulletin philologique et historique«. Bd. I. 396–420. Paris, 1971.
Munchbled, R.: *Magie et Sorcellerie in Europe du Moyen Age a nos Jours*. Paris, A. Colin, 1994.
Murray, Margaret Alice: *The God of Witches*. London, Oxford University Press, 1974.
Murray, Margaret Alice: *The Witchcraft in Western Europe*. London, Oxford University Press, 1921.
Nola, Alfonso di: *Enciclopedia delle Religioni*. Florenz, 1978.
Nola, Alfonso di: *Il diavolo*. Rom, Newton Compton, 1987.
Nola, R.: Libro de cozina. Toledo, 1525.
Nostradamus, M.: *Le vray et parfaict embellissement de la face. Seconde partie contenant la façon et manière de faire toutes confitures liquides tant in sucre, miel, qu'en vi cuit*. Anversa, 1557. Nachdruck Paris, 1979.
Partner, Peter: *The Knights Templar and Their Myth*. Inner Traditions Intl. Ltd., 1990.
Pascal, C.: *Dei e Diavoli*. Genua, I Dioscuri, 1988.
Pasini, Willy: *Il cibo e l'amore*. Mailand, Mondadori, 1994.
Pennethorne, Hughes: *Witchcraft*. London, Penguin Books, 1994.
Petronio, Alessandro: *Del vivere degli uomini e come mantenere la sanità*. Rom, D. Base.
Piazza, Dalia: *Le erbe dell'amore*. Demetra.
Pisanelli, Baldassare: *Trattato di cibi e del bere*. Kommentiert, ausgewählt und bearbeitet von Dr. F. Gallina. Carmagnola. Bellone, 1589.
Pisanelli, Baldassare: *Trattato della natura de' cibi et del bere*. Rom, Bartholomeo Bonfandin e Tito Diani, 1583.
Porta, G.B.: *Ville*. 12 Bände. Frankfurt, Wecheli, 1492.
La pratique de faire toutes confitures, condiments, distillations d'eaux oderiférantes et plusieurs autres recettes très utiles. Lyon, 1555. Nachdruck Paris, 1992.
Proust, Marcel: *Auf der Suche nach der verlorenen Zeit*. Frankfurt am Main, Suhrkamp, 1999.

Rabelais, François: *La Sciomachie et festins faits a Rome au palais de Monseigneur Reverendissime cardinal du Belley*. In: Legatura Ouvres complètes. Lyon, 1549. Nachdruck Paris, 1994.
Rätsch, Christian: *Pflanzen der Liebe*. Aphrodisiaka in Mythos und Geschichte. Reinbek, Rowohlt, 1985.
Redon, Odile, Sabban, Françoise und Serventi, Silvano: *Die Kochkunst des Mittelalters*. Wiesbaden, Panorama Verlag, 1991.
Reich, Wilhelm: *Die Entdeckung des Orgons I. Die Funktion des Orgasmus*. Köln, Kiepenheuer und Witsch, 1987.
Riley, Gillian: *Renaissance Recipes. Painters and Food*. San Francisco, 1993.
Robert, M.: *Les vertues therapeutiques du chocolat*. Paris, Artulen, 1990.
Romain, Hippolyte: *I menu della seduzione – A tavola con Casanova*. Mailand, Mondadori, 1998.
Romoli, D.: *La singolar dottrina*. Venedig, 1560.
Rosselli, G.: *Opera nuova chiamata Epulario*. Venedig, 1516.
Roselli, S.F. di Romoli: *Mes secrets à Florence au temps des Médicis*. Florenz, 1593. Hrsg. von Rodrigo De Zayas, Paris, 1996.
Rouanet, M.: *La cuisine amoreuse, coutoise et excitant*. Toulouse, Lombardiere, 1990.
Roustan, A.: *La cuisine de l'amour*. Paris, Laffont, 1970.
Sabban, Françoise und Serventi, Silvano: *A tavola nel Rinascimento*. Bari, Laterza, 1996.
Sande, C.: *A la table de George Sand*. Toledo, Flammarion, 1987.
Scolari, F.: Dizionario di Arti magiche. Mailand, Mesaggerie Pontremolesi, 1990.
Scully, T.: *Du fait de Cuisine*. Chiquart, maitre, in: »Vallesia Bulletin annuel de la Bibliothèque et Archives cantonales du Valais, de Musée de Valèreet de la Majorie«. XL. 1985.
Shaw, George Bernard: *Cesar and Cleopatra: A History*. Viking Press, 1950.
Thomas von Aquin: *Fünf Fragen über die intellektuelle Erkenntnis*. (Quaestio 84–88 des 1. Teils der Summa de theologia). Hamburg, Felix Meiner Verlag, 1986.
Thuruthy, E.S.: *La reincarnazione nelle grandi religioni*. In: »Quante vite viviamo«. Rom, LAS, 1995.
Tolkien, John Ronald Reuel: *Der kleine Hobbit*. München, dtv, 1999.
Valli, Benedetta: *Seduzioni a tavola*. Novara, De Agostini, 1995.

Vázquez Montalbán, Manuel: *Unmoralische Rezepte*. München, Piper, 2001.
Vincent, J.D.: *Biologie des passions*. Paris, Odile, 1994.
Weddeck, H.E.: *Guida agli afrodisiaci e dei rimedi d'amore*. Mailand, Sugar-Co, 1969.
Weyer, Johann: *De Proestigis Demonum*. Basel, 1563.
Weyer, Johann: *De Lamis*. Basel, 1577.
Zotter, Hans: *Das Buch vom gesunden Leben.* Die Gesundheitstabellen des Ibn Butlan. Graz, Akademische Druck- und Verlagsanstalt, 1988.